SILKE SCHÄFER

Podenco für Anfänger

Das Buch

Es gibt immer ein erstes Mal, so auch für den ersten Hund im eigenen
Haushalt. „Podenco für Anfänger" beschreibt die Entscheidungsfindung
und die Vorbereitung sowie die ersten Wochen mit dem vierbeinigen
Mitbewohner und seine Fortschritte.

Die Autorin

Silke Schäfer ist gelernte Grafische Zeichnerin und lebt in Duisburg. Als
ein beruflicher Wechsel in eine künstlerisch vergleichsweise trockene
Sparte nötig war, blieb sie trotzdem – oder gerade deshalb – ihrer Liebe
zu Bild und Wort treu. Nach zwei Büchern im Themenbereich Fantasy
und einer Anthologie mit Katzengeschichten schreibt sie im vorliegenden Buch über ihre Erfahrungen als Erst-Hundehalter.

SILKE SCHÄFER

Die Geschichte einer Adoption
von **A**ussuchen bis **Z**uhause angekommen

Bibliografische Information der Deutschen Nationalbibliothek:
Die Deutsche Nationalbibliothek verzeichnet diese Publikation
in der Deutschen Nationalbibliografie; detaillierte bibliografische
Daten sind im Internet über dnb.dnb.de abrufbar.

Herstellung und Verlag:

BoD – Books on Demand, Norderstedt

ISBN 9 783755 739555

Wenn du dich in einen Hund verliebst,
betrittst du in vielerlei Hinsicht
eine neue Umlaufbahn, ein Universum,
in dem es nicht nur neue Farben gibt,
sondern auch neue Rituale, neue Regeln
und eine neue Art der Verbundenheit.

Caroline Knapp

Danksagung

Mit der Hilfe und Unterstützung vieler lieber Menschen ist dieses Buch entstanden. Sie waren Miguel und mir in diesem Prozess Berater, Gassi-Begleiter, Mutmacher und Informationszuträger. Außerdem Zuhörer, Ideengeber, Vorbilder, Tröster, Ansporner und Testleser. Und noch eine Menge mehr.

Ich danke hiermit allen ganz herzlich, sowohl fürs Mitmachen beim Buch als auch für das freundliche Coaching und die geduldige Beantwortung immer neuer Fragen, die ich stellte (und noch stellen werde).

Wenn Miguel schreiben könnte, würde er sich wahrscheinlich ebenfalls bedanken, denn diese lieben Menschen sind der Grund, dass sein Frauchen so entspannt mit ihm umgeht. Darum geht an dieser Stelle ein Extra-Dank an My Dog Fuerteventura, die ihn als anfängertauglich eingestuft und mir vorgeschlagen hatten.

Ich weiß nicht, ob er sich selbst ebenfalls für einen Anfängerhund gehalten hat, aber für uns passt es.

Silke Schäfer

Inhaltsverzeichnis

Vorwort

Der erste Hund, ein Abenteuer. Dauernd passiert irgendetwas zum ersten Mal, Lernschritte reihen sich schwindelerregend schnell aneinander, und die leise Stimme im Hinterkopf fragt zwischendurch, ob das alles wirklich eine gute Idee war.

Der Anfang von etwas völlig Neuem kann sich kaum auf Erfahrungswerte stützen. Ich beschloss, ein Hundetagebuch zu führen, das anderen Erst-Hundehaltern vielleicht nützlich sein könnte. Denn die fast unausweichlichen Fehleinschätzungen, Umwege und Versäumnisse können dadurch ja vielleicht abgemildert, wenn schon nicht ganz vermieden werden.

Dieses Buch ist für all jene Menschen geschrieben, die Tiere lieben, die sich einen Hund anschaffen wollen, darunter besonders für solche, die speziell an Podencos interessiert sind.

Die ersten Kapitel handeln von der Vorbereitung, sie hat in meinem Fall einen langen Zeitraum eingenommen. Es ging um unterschiedlichste Überlegungen und Vergleiche, außerdem Entscheidungen, die mal leichter, mal schwerer waren.

Dann zog mein Hund endlich ein, und ich hielt die ersten hundert Tage unseres neuen Zusammenlebens fest. Bei der Überarbeitung für das Buch erscheint mir aus heutiger Sicht vieles naiv, aber so war das eben anfangs. Ich nehme an, dass in anderen Haushalten ähnliche Szenen passiert sind. Die Texte dokumentieren Momentaufnahmen, sie sind Bilder der Vergangenheit.

Beziehungsentwicklung ist ein fließender Prozess, der mal schneller, mal langsamer fortschreitet. Das ist so zwischen Menschen, ebenso zwischen Mensch und Tier.

Denn letztlich ist jeder Hund eine Persönlichkeit, und mein Podenco ist einer von vielen. Seine Geschichte soll dazu beitragen, den Weg zum ersten Hund bewusster zu gehen. Sicher ist sie nicht beispielhaft auf alle Hunde anwendbar, aber ich hoffe darin für jeden hundebegeisterten Mitmenschen etwas

Neues, Interessantes oder eine Anregung zu haben, sodass Mensch und Tier davon profitieren können.

Während ich dies schreibe, liegt mein Hund hinter mir auf dem Kuschelkissen und schläft. Beim Spaziergang sind wir auf dem Rückweg pitschnass geworden. Er ist jetzt warm zugedeckt, gleich mache ich die Heizung an.

Ein Leben mit Hund ist auf vielerlei Weise anders als ohne. Es ist anstrengender, lustiger, begrenzter, befreiender, gesünder, entspannter, teurer, emotionaler – und noch vieles mehr. Ich wünschte, ich hätte das alles schon früher haben können. Doch besser spät als nie, also hat das jetzt alles seine Richtigkeit.

Ergänzend ein paar Worte zum vorliegenden Buch: Ich verwende der flüssigeren Lesbarkeit halber sowie aus meiner persönlichen Überzeugung den ganz konservativen und rein grammatischen Plural (generisches Maskulinum) und streue keine Gendersternchen ein. Wer darauf Wert legt, möge sie bitte in Gedanken ergänzen.

Im Innenteil gibt es ein paar schwarzweiße und farbige Abbildungen. Die Druckqualität wäre auf anderem Papier besser gewesen, doch habe ich mich aus Gründen der günstigeren Preisgestaltung für diese Alternative entschieden. Ich bitte um Nachsicht.

Und noch etwas: Für die Nennung von Firmen, Herstellern, Organisationen oder Produkten erhalte ich keine Vergütung.

Im Oktober 2021
Silke Schäfer

Wie ich auf den Hund kam

Träumen darf man ja …

September 2018

Ich bin in Recklinghausen beim CITA und bewundere wieder die schönen mediterranen Hunde. Vorhin kam mir in den Sinn, dass es ja theoretisch möglich ist, im kommenden Jahr mit einem anderen Gedankengrund hier zu sein. Und zwar mit dem Radar auf „Suche" eingestellt.

Hier sind viele Hunde mit SUCHE ZUHAUSE gekennzeichnet. Etliche Tierschutzorganisationen sind vertreten und stellen ihre Schützlinge persönlich vor.

Sehr gut, diese Möglichkeit zum persönlichen Kennenlernen. Ich glaube, das würde ich bevorzugen.

Sogar Moderatorin Simone Sombecki ist hier und macht sozusagen ein Tiere-suchen-ein-Zuhause-Spezial.

Ich habe mein Skizzenbuch eingepackt, aber hier herrscht eine solche Unruhe – gar nicht einmal seitens der Hunde, die sind fast alle sehr entspannt. Aber die Menschen veranstalten ein ziemliches Gewusel.

Mal sehen, ob ich nachher doch irgendwo einen ruhigen Platz am Rand finde und ein bisschen zeichne.

Auf der Windhundrennbahn in Recklinghausen, anlässlich des CITA – Sommerfest mediterraner Hunde – nahm vor drei Jahren mein Hundetagebuch seinen Anfang (hier gekennzeichnet durch die andere Schrifttype). Zunächst schrieb ich selten und nur unregelmäßig etwas auf, das ist mangels Hund ja auch verständlich.

Die Sache nahm Fahrt auf, als bald darauf mein Arbeitsplatz wegrationalisiert wurde, nur wenige Jahre vor der Rente. Da ich nicht ernsthaft mit einer glücklichen Fügung in Gestalt einer neuen Stelle rechnete (und in dieselbe Sparte auch nicht zurückwollte), gestattete ich meinen Gedanken mehr Zielbewusstsein.

August 2019

Seit dem ersten August bin ich offiziell arbeitslos. Theoretisch könnte ich jetzt damit anfangen, mich nach einem Hund umzusehen. Aber ganz so einfach ist es nicht, erst muss die Wohnung „fertig" sein. Heißt im Klartext, ich sollte sie so hundgerecht umgeräumt und geordnet haben, dass sie möglichst pflegeleicht ist, zusätzlich sollten Futterplatz, Hundedecke, Schlafkissen etc. ihre festen Positionen finden.

Anfang August war Sommerfest im Moerser Tierheim. Ich war dort und habe mich wegen einer Tätigkeit als ehrenamtliche Gassigängerin erkundigt. Nein, hieß es, sie brauchen derzeit niemanden. Außerdem gebe es keine Hunde, die für Gassi-Anfänger geeignet seien.

Es bestünde aber die Möglichkeit, dort Katzenstreichlerin zu werden. Ich habe ein entsprechendes Infoblatt mitgenommen. Bin mir aber nicht sicher, ob es das ist, was ich will.

Katzen streicheln kann ich auch zuhause, meine beiden alten Kater Naoko und Taki sind ja froh, dass ich jetzt so viel da bin. Es wäre andererseits natürlich ein Weg, um überhaupt etwas in dieser Richtung zu unternehmen und im Tierheim Anschluss zu bekommen. Werde aber auch mal woanders nachfragen.

Oktober 2019

Letzten Dienstag hätte ich eigentlich mein drittes Gassigehen im Tierheim Kamp-Lintfort haben können. Aber ich bin nicht hingefahren. Mein Bauchgefühl sagte mir, das ist nicht das Richtige. Die erste Tour machte ich mit einem Chihuahua und die zweite mit einem Pudel, doch beide Male kam ich mir irgendwie fehl am Platze vor.

Ich habe also darüber nachgedacht, habe meinem Gefühl nachgespürt. Tatsächlich ist es so, dass ich erstens die dortige Spazierstrecke nicht sonderlich mag; das ist mir zu viel Straße, eine zu stressige Situation. Und zweitens lerne ich dabei nicht wirklich etwas bzw. nicht das, was ich lernen möchte. Denn die Hunde sind (natürlich!) nicht bereit, mit mir, einer völlig Fremden, unter diesen Bedingungen eine noch so lockere Beziehung aufzunehmen. Dazu braucht es doch den häufigeren Kontakt mit immer demselben Hund. Und in der häuslichen Atmosphäre stelle ich mir das auch besser vor, raus aus dem Tierheim.

Also muss ich mir überlegen, wie ich jetzt weitermache. Doch nur zum Katzenstreicheln nach Moers? Und dann weitersehen? Solange ich von zuhause aus noch kein grünes Licht geben kann, ist eine ernstgemeinte Suche sowieso Unsinn.

November 2020

Ein Jahr ist um, die Arbeitslosigkeit schreitet voran, darum bin ich fest entschlossen, nach Ablauf der zwei Jahre in vorgezogene Rente zu gehen. Das wäre ab dem kommenden August.

In diesem Jahr war wegen Corona so gut wie nichts normal, sämtliche Planung dafür wurde über den Haufen geworfen. Die Zeit habe ich für das Katzenbuch „Felimania" genutzt, und mein Lebensprojekt EIGENER HUND rückt nun in erreichbare Nähe. Doch die Suche wird nicht einfach. Das große C hält die Welt auch weiterhin im Griff und blockiert auch die Arbeit der Tierschutzorganisationen.

Dieses Jahr war ich häufig mit Tina und ihrem Hund Sparky im Moerser Stadtpark zum Spazierengehen verabredet. Wir haben dann ein bisschen herumgesponnen, dass wir später zu viert dort entlangschlendern. Sie mit ihrem, ich mit meinem Hund. Zukunftsträume mit dem Potential zur Verwirklichung.

Eine schicksalhafte Begegnung

Wenn der Bauch das Denken übernimmt

Ich fange an mit der Frage, die man mir vermutlich noch mehrfach stellen wird: Wie kommst du denn auf die Rasse? Oder: Warum ausgerechnet ein Podenco?

Die kurze Antwort lautet: Bauchgefühl. Weil das aber nicht sehr aussagekräftig ist, gibt es hier die lange Version.

Paris, 1976, Marché aux Puces

Ich war mit Freunden für ein Wochenende per Reisebus in die französische Hauptstadt an der Seine gefahren, um den Eiffelturm zu besuchen, den Triumphbogen zu sehen und ganz allgemein das französische Flair kennenzulernen. Zum Wunsch-Besichtigungsprogramm gehörte auch ein Gang über den berühmten Flohmarkt.

Es war ein sonniger Tag, der Flohmarkt ein bunter und geschäftiger Ort, ich schlenderte voller Begeisterung umher, alle Sinne auf Empfang gestellt.

Etwas links von mir zog meinen Blick an. Ein Trödler hatte seine Waren aus dem Kofferraum seines PKWs heraus aufgebaut, wie viele andere auch.

Doch hier gab es diesen besonderen Blickfang. Oben auf dem Autodach lag – nein, thronte – ein Hund. Braun, die großen Ohren in entspannter Aufmerksamkeit auf das Geschehen ringsum gerichtet, die Haltung ähnlich der bekannten Anubis-Statue aus dem Grab des Tut-Anch-Amun.

Ich konnte die Augen nicht abwenden. Das, ganz genau das war für mich der Inbegriff des Hundseins. Ich fragte also den Trödler, was das für eine Rasse sei. Die Übersetzung dessen, was er mir erklärte, lautete „Pharaonenhund".

Natürlich. Wie hätte er auch anders heißen sollen.

Dieses Bild blieb immer in meinem Kopf, als Ideal eines Hundes. Da sich für mich die Frage nach einem eigenen Hund aber nicht stellte (da voll berufstätig und noch ohne eigene Wohnung), beließ ich es dabei.

Nach ein paar Jahren war es an der Zeit, eigene vier Wände um mich zu haben, und ich richtete mir meine erste Wohnung ein. Mein erster vierpfötiger Mitbewohner war Katze Míriel, aus dem Tierheim Moers. Sie blieb nicht lange allein.

Ich stellte fest, dass ich mich mit Katzen wohlfühlte und hatte meist zwei von ihnen bei mir, eine Zeitlang sogar drei.

Der Gedanke an einen Hund geriet weit in den Hintergrund, verschwand aber nie völlig.

A wie Aussuchen

Der Spagat zwischen Wunsch und Wirklichkeit

Als nach vielen Jahren der Berufstätigkeit erste Gedanken über die bevorstehende Rentenzeit aufkamen, drängte sich ein Gedanke in den Vordergrund. Er lautete: „Wenn ich dann in Rente bin, habe ich ja Zeit für einen Hund."

Inzwischen wusste ich eine Menge mehr über Hunde ganz allgemein und über Pharaonenhunde besonders. Zum Beispiel hatte ich einen gesehen, einen echten. Im ägyptischen Museum in Kairo war das, und er war mumifiziert. Jemand vor mehreren tausend Jahren hatte seinen Hund so geliebt, dass er ihn mumifizieren und bestatten ließ.

Allerdings hatte er Hängeohren, das war eine untypische Optik. Auf den Wandmalereien sind diese Hunde meist mit Stehohren dargestellt.

Ja, ich wusste mittlerweile auch, dass diese Art Hunde als „Urtyp" bezeichnet wurde und dass es mehrere Rassen gab, alle ums Mittelmeer herum und auf den Inseln. Dem Äußeren nach entsprach der Podenco Ibicenco meinem Idealbild am ehesten.

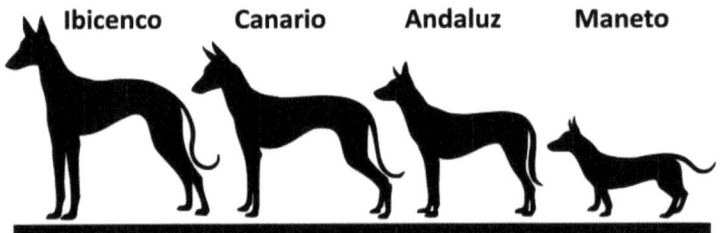

Dies ist nur eine sehr grobe Darstellung der Unterschiede in Größe und Statur, die Schultermaße gehen von über 70 cm bis runter auf 30 cm.

Und was war mit dem Wesen der Hunde? Passte das überhaupt? Um dem auf die Spur zu kommen, habe ich mir viele Gedanken gemacht, auch was andere Rassen angeht, habe deren Statur, typische Eigenschaften und Körpergröße, ihre Bedürfnisse und meine Bedürfnisse verglichen.

So hoffte ich, nach dem Ausschlussprinzip die möglichen Kandidaten besser eingrenzen zu können.

Größe

Keinesfalls sollte der Hund kleiner sein als meine Kater, also kein Handtaschenformat, kein Chihuahua, den man unwillkürlich auf den Arm nehmen will, sobald etwas gefährlich erscheint (und das kann in dem Zusammenhang recht viel sein). Kein Winzling, der sich selbst als groß und respekteinflößend empfindet, von anderen aber nur als süüüß abgestempelt wird. Damit waren schon mal ziemlich viele Rassen aus dem Rennen.

Aussehen

Keine Plattnase. Keine Lefzen, die so schwer herunterhängen, dass auch die unteren Lidränder nachgeben. Keine Ohren, die so verformt sind, dass sie schwer sauberzuhalten sind oder beim Trinken im Wassernapf hängen, siehe zum Beispiel Bassets und Cockerspaniels. Ich steh' auf Stehohren. Keine kurzen Beine oder im Verhältnis zu langer Rücken, was das Treppensteigen zu anstrengend macht. Unterm Strich: Keine züchterischen Extreme, die ein Minus an Lebensqualität und ein Plus an Krankheitsanfälligkeit bedeuten können.

Fellbeschaffenheit

Nichts, was alle paar Wochen den Besuch beim Hundefriseur erfordert. Denn mit meinen eigenen Haaren machte (und mache) ich auch keinen Aufstand. Damit fielen schon mal alle Pudel raus. Auch keine zu lange Matte, keine zu dichte Unterwolle, keine Dreadlocks. Denn die Sommer werden hier auch immer heißer.

Temperament

Bloß keinen Big-Will-To-Please-Typen, der mich alle Nasenlang fragt, was er für mich tun kann. So lustig das auch wohl wäre ob der Namensgleichheit, aber ein Schäferhund würde nicht zu mir passen. Da ich weder über ein eigenes Haus noch über einen großen Garten verfügte, war alles aus dem Bereich Herdenschutzhund ebenfalls kein Thema. Die allseits so beliebten Retriever-Vertreter und Labradore fielen durch wegen ungebremster Gefräßigkeit und „Überproduktion". So nett diese Hunde auch sein mögen – wenn eine Rasse Mode wird, tut ihr das nicht gut. Die lachenden Verdiener sind nur die Vermehrer.

Kein Hochleistungssportler. Auch in jüngeren Jahren hätte ich einem Husky nicht das Leben bieten können, das ihn glücklich machen würde. Wirklich schöne Hunde, aber – nein.

Kein Wächter. Es sollte keine Diskussion darüber entstehen, wer die Wohnung betreten darf und wer nicht. Spitz, Hovawart & Co., solche Naturen waren damit raus.

So hakte ich gedanklich eine Rasse nach der anderen ab, wobei ich gar nicht auf Rasse fixiert dachte. Ich war durchaus offen für Mischlinge. Aber je nach Art der Elterntiere zeigten ja auch diese Hunde gewisse rassetypische Merkmale, welche sie aus meinem Beuteschema ausschloss.

Unterm Strich blieb immer der Podenco übrig. Dieser so untypische Hund, von dem es hieß, er habe auch eine Menge Katzenartiges an sich.

Kein Problem, mit Katzen kannte ich mich aus. Im Idealfall ergäbe das eine dritte, größere Katze, die im Gegensatz zu den anderen „Wau" sagt und mit der ich zum Pinkeln etc. rausgehe. Na ja, so einfach nicht, aber in der Tendenz.

Alter

Dann dachte ich über das Alter nach. Ja, Welpen sind süß. Aber muss ich mir mit meinen Sechzig Plus noch Kindererziehung antun? Lieber einen, mit dem ich sozusagen schon vernünftig reden kann, von dem auch ich etwas lernen kann und der in sich schon ein gesetzterer Typ ist. Vielleicht fünf, sechs Jahre alt. Auch sieben.

Dazu kommt, dass Welpen – weil sie ja so süß sind – doch gute Chancen auf Adoption haben, ältere Tiere häufig nicht. Sie müssen länger warten oder haben nie einen Interessenten. Wir Alten müssen zusammenhalten.

Rüde oder Hündin?

Bei meinen Miezen hatte ich mich seit einigen Jahren auf Kater eingeschossen. Das passte vom Wesen einfach besser, deshalb nahm ich an, dass es in der Hundewelt ähnlich war.

Oder, um es salopp auszudrücken: Es reichte, wenn es eine Zicke im Haushalt gab, nämlich mich.

Zwei Kater und ein Rüde dagegen, das würde hoffentlich eine harmonische Männer-WG ergeben.

Der nächste logische Schritt wäre also die konkrete Suche auf den Seiten der Tierschutzorganisationen gewesen, aber ein kritischer Rundgang durch meine vier Wände machte mir klar, dass ich erst umräumen musste, um Platz für Hundekorb, Futterstelle und Leinengarderobe zu schaffen. Dabei war es mit dem Umstellen einiger Möbel nicht getan, ganze Zimmer wollte ich in ihrer Nutzung tauschen. Da hatte ich noch einen Batzen Arbeit vor mir, die ich wegen der Corona-Beschränkungen größtenteils allein schaffen musste.

Aber das sollte mich nicht aufhalten.

Der Suchlauf wird gestartet

Von der Theorie endlich in die Praxis

Dezember 2020

Dies ist ein Tagebuch, das sozusagen rückwärts zählt. Es sind noch X Tage bis zum Einzug meines Hundes – die Zahl kenne ich natürlich noch nicht, das macht es mir auch spannend.

Ein wenig hat sich inzwischen getan. Schon vor einer ganzen Weile habe ich mich in der Facebook-Gruppe „Podencos/Galgos in Deutschland" angemeldet, für ein bisschen gedanklichen Anschluss Da werden auch immer wieder zur Vermittlung stehende Hunde gepostet. Und auf der Website „Tiervermittlung" habe ich einen Suchlauf mit den wichtigsten Eingrenzungen gestartet, nämlich die Eigenschaften Anfängergeeignet und Katzenfreundlich.

Vor zweieinhalb Wochen entdeckte ich so den Rüden Castle, acht Jahre alt und auf einer Pflegestelle im näheren Postleitzahlen-Bereich. Mein Bauchgefühl sagte mir, dass dieser hübsche Kerl passen könnte, sofern seine Verträglichkeit mit Katzen geklärt wäre.

Ich schrieb also eine Mail an die Organisation. Man antwortete mir, dass Castles Verhältnis zu Katzen nicht bekannt sei, man werde aber gern versuchen, das herauszufinden.

Tage vergingen, dann Wochen. Heute schrieb ich wieder hin, denn ich will nicht nach einem anderen Hund schauen, solange ich hier keine Rückmeldung erhalten habe.

Antwort: Ja also, man wisse es immer noch nicht so genau, denn die Testkatzen hatten sich als zu scheu erwiesen, außerdem gebe es außer der meinen noch eine weitere Anfrage für den Hund, und die prüfe man gerade.

Gut. Das wollte ich ja nur wissen.

Den Rest des Abends habe ich wieder auf der Seite „Tiervermittlung" verbracht und noch einigen anderen.

Im Tierheim Essen sitzt seit acht Wochen ein Podenco im passenden Alter. Katzenfreundlich ist er auch, doch er bleibt nicht gern allein. Dazu müsste ein zweiter Hund vorhanden sein, doch damit kann ich nicht dienen.

Ja, Podencos sind gesellig und sozial, und zwei Hunde machen vielleicht nicht viel mehr Arbeit als ein Hund (wird jedenfalls häufig behauptet), aber die Kosten wären dann etwas, das ich nicht stemmen könnte.

Also streiche ich den braunen Vasco in Essen auch wieder von meiner Liste.

Es gibt derzeit nur wenige Podencos auf deutschen Pflegestellen, wie ich heute gesehen habe. Mit Galgos dagegen wird man geradezu totgeschmissen – ist aber einfach nicht mein Beuteschema.

Dazu kommt, dass einerseits wegen Corona viel adoptiert wurde und „weg" ist, andererseits durch die strengen Reisebestimmungen kaum Hunde aus Spanien rauskommen. Mit dem Flieger jedenfalls nicht, sonst wäre „Körbchen gesucht" meine erste Anfragestelle nach einem passenden Hund gewesen. Seit vielen Jahren kenne ich diese Initiative und finde, dass man dort gute Hilfe leistet.

Und dann die Jahreszeit – einige Ziele werden im Winter gar nicht angeflogen. So kann die „Tierhilfe Menorca" laut Auskunft auf der Website erst ab Mai wieder Hunde zu deutschen Pflegestellen bringen. Sie haben eine speziell für Podencos in Kaiserslautern, das ist für mich zwar nicht gerade in der Nähe, aber es wäre eine Option. Dort sind jetzt nur noch zwei Hunde (vor ein paar Wochen waren es noch fünf!), eine Hündin und ein Maneto-Rüde. Auch ein Maneto ist ein Podenco, wenn auch mit kürzeren Beinen, quasi die Dackel-Version. Hübsch, aber nicht das, wonach ich suche.

Mit Kaiserslautern wird es also auch nichts.

Idee: Warum nicht das Schwarmwissen anzapfen?

In der Facebook-Gruppe habe ich die Frage formuliert, ob jemand von einem passenden Podenco auf einer Pflegestelle weiß. Vielleicht ist das der richtige Weg.

Hallo Ihr Lieben, allmählich gerate ich näher an den Zeitpunkt, einen Hund adoptieren zu können. Und weil "C" gerade alles sowieso verlangsamt, möchte ich schon mal meine Fühler ausstrecken.
Wenn ihr von einer Pflegestelle wisst, wo ein (gern älterer) katzenverträglicher Podenco sitzt ... vielleicht sogar nicht allzu weit vom Ruhrgebiet weg ...
Pflegestelle deshalb, weil mir als Hundeanfänger mehrfach geraten wurde, den Hund erst persönlich kennenzulernen. Finde ich okay, schließlich soll er auch seine Meinung zu mir äußern können.

Ich habe es ja nicht eilig. Mit meiner Umräumerei hier komme ich nur langsam voran, nächste Woche ist mein Geburtstag, dann kommen die Feiertage ... eigentlich habe ich genug um die Ohren. Aber ich fühle auch zunehmend deutlicher, dass ich mein Leben neu strukturieren möchte, dass ich vor allem ein Leben auch außerhalb meiner vier Wände will, um nicht komplett den Anschluss zu verlieren. Denn so in der Art fühlt es sich an.

★

Wie das Leben so spielt ... mittags war ich noch relativ mutlos, weil die Antworten in der Gruppe mir nicht wirklich weiterhalfen. Obwohl ich dachte, meine Frage präzise gestellt zu haben, kamen überwiegend allgemeine oder zumindest unpassende Vorschläge: Die Pflegestellen befinden sich in Spanien, der Hund braucht einen Ersthund oder ländliches Umfeld, oder es handelt sich um einen Galgo.

Ich fühlte mich vor die Überlegung gestellt, eventuell doch einen weiblichen Podenco oder sogar einen Galgo in Betracht zu ziehen. Andererseits sagte ich mir, dass ja sicher auch wieder neue Hunde auf freigewordene deutsche Pflegestellen ziehen würden, ich müsste eben dranbleiben.

Am Nachmittag öffnete ich eine Nachricht, in der mir eine Dame schrieb, sie hätte vielleicht genau den richtigen Hund für mich. Es gebe bei ihr einen Podenco, der ein Problem mit Männern habe, und ob ich denn allein lebe …?

Nach kurzem Hin-und-her-Schreiben telefonierten wir etwa eine Dreiviertelstunde. Ein Foto schickte sie mir auch: Nando, Podenco Canario, fünf Jahre alt, rotweiß und ein Bild von einem Hund. Er stammt aus einer privaten Rettungsaktion und lebt seit zwei Jahren bei ihr. Und nach ihrer Aussage wäre Nandos Traumzuhause ein reiner Frauenhaushalt.

Jetzt sieht die Welt schon ganz anders aus. Das Frauchen heißt Claudia, sie wohnt in der Nähe von Hameln, nach Silvester wollen wir uns treffen. Ich werde morgens losfahren und einen Tag lang Nando in seinem gewohnten Umfeld erleben und beobachten (und er mich). Wenn es zwischen ihm und mir funkt, könnte ich ihn direkt mitnehmen, sagte sie. Ich habe mit ihr aber vereinbart, dass sie ihn in einem Gegenbesuch zu mir bringt. Dann hat er einen Tag zum Eingewöhnen, bevor sie wieder nach Hause fährt, und die Vergesellschaftung mit den Katzen ist vielleicht auch einfacher.

Theoretisch könnte ich in, sagen wir, vier Wochen schon Hundemama sein. Dann heißt es jetzt Gas geben mit der Umräumerei, damit der Junge in ein einigermaßen geordnetes Umfeld kommt. Bestimmt wird es noch einige Dinge geben, die ich nachjustieren muss, aber die Basis sollte schon stimmen.

Ja, so kann's gehen. Diese Entwicklung hat was von Schicksal. Seit zwei Jahren sitzt Nando dort, aber bisher hat es mit einer Vermittlung nicht geklappt. Als ob er genau auf mich gewartet hätte.

Unter diesem Aspekt ist es dann auch nicht mehr bedauerlich, dass es mit Castle nichts geworden ist und auch nicht mit Vasco.

Bin ich zu euphorisch? Vielleicht. Aber dies ist seit langer Zeit mal wieder etwas, worauf ich mich freuen kann. Ob es nun genau dieser oder doch ein anderer Hund wird – das nächste Jahr wird mich öfter, nein, regelmäßig an der frischen Luft im Grünen sehen.

Auf welche Weise sich mein Leben noch ändern wird, lässt sich schlecht voraussehen, aber das lasse ich locker auf mich zu kommen.

Die anderen Pläne – das Schreiben, Zeichnen und Malen – bleiben ja bestehen. Vielleicht packe ich im Sommer mal meine Farben ein und zeichne draußen meinen Hund. Oder ich fotografiere ihn.

Ein Schritt nach dem anderen. Zunächst steht Möbelrücken für mich auf dem Programm, all die Kisten und Kartons müssen auch weg. Damit habe ich noch reichlich zu tun.

★

Ich räume um. Und während ich den Katzen ihren Mittags-Snack gebe, erscheint die erste Idee zu einem Buchtitel in meinem Kopf: „Podenco für Anfänger – Wie ich doch noch auf den Hund kam". Das klingt doch ganz gut!

Mannomann, war das eine Plackerei heute. Ich muss mir überlegen, wo Nando nachts schlafen soll. Ein Zwei-Meter-Bett kommt nicht in Frage, das bewältige ich nicht mehr. Aber ich könnte mir vorstellen, etwas zu konstruieren, das sich seitlich anschieben lässt, in etwa gleicher Höhe. Dann hätten die Katzen weiterhin die Seite rechts von mir, das Hundebett käme auf die linke Seite. So könnten die Jungs sich nicht ins Gehege geraten.

Claudia meinte, der Nando würde eher zu mir unter die Decke kriechen. Na, mal sehen. Wenn ihn meine nächtliche Wühlerei nicht stört und wir uns arrangieren können --- auch gut.

★

Keine Ahnung warum, aber heute habe ich einen Durchhänger. Dabei war der Tag insgesamt zufriedenstellend; ich war wieder fleißig und bin gut vorangekommen.

Vielleicht geht mir einfach diese Corona-Isolation auf den Geist. Naoko zieht sich derzeit öfter zurück. Er ist alt – ob er damit die ersten Anzeichen zeigt, dass er schwächer wird? Manchmal habe ich auch den Eindruck, dass er nicht mehr gut hört.

Zum Schreiben hatte ich heute keine Lust.

Wie wäre es mir in einer solchen Situation mit Hund gegangen? Ich wäre mehrmals rausgegangen, hätte mich bewegt und Frischluft getankt. Auf jeden Fall eine Verbesserung der Umstände.

★

Heute hat Claudia mir ein Filmchen geschickt, wie Nando eine Katze zum Spielen auffordert. Und ein Foto, wie er zusammengerollt auf dem Sofa schläft, die Katze ganz entspannt neben ihm.

Das macht wirklich Mut, dass es hier auch klappen wird, nach einer Eingewöhnungszeit natürlich.

Sonntage sind bei uns Muttertage. Zukünftig würde also ein Vierbeiner mit dazugehören. Ich habe es heute meiner Mutter erzählt, meine Nichte war auch gerade zu Besuch. Sie finden Nando hübsch, vor allem die Ohren.

Wenn er später sonntags mitkommt, wird statt eines Mittagsschläfchens ein Spaziergang gemacht. Aber damit kann ich leben.

Gestern kam mir noch die Idee, ob ich parallel nach einem kleineren Auto, diesmal mit Heckklappe, suchen soll. Kommt wohl drauf an, wie ich ihn transportieren kann bzw. was er gewöhnt ist. Das muss ich dann mit Claudia besprechen.

★

B wie Besorgungsliste

Anschaffungen für ein Leben mit Hund

Inzwischen stelle ich mir für die verschiedenen Lebenssituationen vor, wie sie sich mit Hund darstellen würden. Ich könnte ihn nicht überallhin mitnehmen, darum müsste er auch mal alleine bleiben können. Zum Einkaufen, zu Arztbesuchen, bei etlichen Gelegenheiten passt es nicht. Die erste Woche halte ich mir möglichst frei und kann mit Nando schon mal üben.

Vieles muss noch angeschafft werden, oder es gibt Details, die ich bei Claudia noch erfragen will. Was mir aber bis zu unserem Treffen einfällt, halte ich hier schon mal fest:

Futternapf

Trinknapf

Unterlage, abwischbar, für den Futterplatz

Hundebett oder Hundekissen

Leinengarderobe

Aufbewahrung Mäntelchen

Aufbewahrung Pflegeartikel

Auto: Sicherheitsgurt und Abdeckplane für die Rückbank

Schleppleine

Leckerchenbeutel für unterwegs

Futterdummy

Tütenspender

Gassigeh-Beutel

Leuchthalsband

Gummistiefel

Regenhut, Regenmantel

Krallenpflege-Set

Fellbürste

Hundehandtuch
Hundeshampoo
Hausflur: Pfoten-Säuberungsstation

Anderes muss organisiert, verglichen, erledigt werden:
Anmeldung zur Hundesteuer
Sachkundenachweis 20/40
Hunde-Haftpflichtversicherung
Hunde-Krankenversicherung
Wo gibt es einen umzäunten Hunde-Freilauf?
Registrierung/Ummeldung bei TASSO

Die Liste liegt offen auf dem Schreibtisch, ein Stift daneben. Wann immer mir etwas dazu einfällt, kann ich es hinzufügen (oder ändern oder wegstreichen, wenn es doch nicht so sinnvoll erscheint).

Jahreswechsel

Das letzte Silvester allein

Dezember 2020

Die Feiertage sind wie ein einziger, nicht enden wollender Sonntag an mir vorbeigezogen. Heute ist ein echter Sonntag, der sich aber kaum von den vorherigen Tagen unterscheidet. Er wird wohl auch einer der letzten sein, die ich auf gewohnt faulenzerische Weise hier bei meiner Mutter verbringe.

Irgendwann werde ich nach dem Abwasch nicht mit Decke und Kissen aufs Sofa ziehen, sondern das Mittagsschläfchen wird zugunsten eines Spaziergangs mit Nando ausfallen. Na schön, gerade heute wäre es wohl auch damit nichts geworden. Draußen regnet und stürmt es, und nach allem, was ich bisher über Podencos gelesen habe, kneifen die dann lieber alles zusammen und warten auf besseres Wetter.

Von hier aus ist man ganz schnell auf dem Kirmesplatz. Ganz ideal, um sich ein wenig die Pfoten zu vertreten. Da geht die Nachbarin aus dem Parterre mit Labrador Emma auch gern hin.

Mama fragte mich heute, ob ich die finanzielle Zusatzbelastung jeden Monat schon mal durchkalkuliert hätte. Ja, habe ich gemacht. Und seit der Änderung meiner Lebensweise aufgrund von Corona habe ich so viel Geld weniger ausgegeben, dass Nando praktisch schon mit drin ist. Wenn ich das beibehalte, werde ich für die Haushaltskasse kaum mehr brauchen als früher.

★

Januar 2021

Heute in einer Woche weiß ich Genaueres. Ich habe Claudia angeschrieben und das kommende Wochenende für meinen Besuch vorgeschlagen. Sie hat zugesagt. Nächsten Samstag um diese Zeit werde ich also wissen, ob und wann Nando bei mir einzieht.

Ein Rückblick auf den Jahreswechsel: Um das gesellige Treiben draußen und somit die Ansteckungsgefahr zu verringern, war der Verkauf von Raketenböllern zuletzt verboten worden, doch leider nicht das Böllern grundsätzlich. Das wiederum hätten viele Menschen – und nicht nur Tierfreunde – sich gewünscht. Trotzdem war die Hoffnung auf ein ruhigeres Silvester groß.

Tatsächlich gab es nicht einen solchen Krach wie in den vergangenen Jahren, denn hier im vorderen Teil meiner Straße wurde nicht geböllert. In den Nebenstraßen ringsherum schon, aber es dauerte auch nicht ganz so lange.

Wenn Nando also Angst vor Feuerwerk hat, werde ich ihm das auch in Zukunft nicht ersparen können (Claudia meinte, ich solle am besten im Auto mit ihm irgendwo herumfahren, wo es nicht knallt), denn die Katzen lasse ich auch nicht allein damit und bleibe zuhause.

Ich war heute zu Mamas Geburtstag, dabei habe ich mir vorgestellt, dass ich Nando vielleicht ein paar Kunststückchen beibringen könnte. Zum Beispiel wäre es doch süß, wenn er nächstes Jahr ein Körbchen tragen könnte, mit Mamas Geburtstagsgeschenk drin.

Mal abwarten, ob er an so etwas überhaupt Spaß hat.

Es gibt noch viel vorzubereiten. Ich muss Dinge neu anschaffen, auch für mich. Ein Paar anständige Gummistiefel, die sind absolut unverzichtbar. Auch wenn Podencos vielleicht nicht viel Lust auf Regen haben – wir werden ja trotzdem rausgehen müssen. Die Rheinwiesen sind nach einem Schauer auch nicht so schnell abgetrocknet wie man möchte.

Meine hundeerfahrene Freundin Mila (sie wohnt nebenan und hat eine kesse kleine Dackeldame namens Akina) hat mir die Marke Aigle empfohlen; teuer aber haltbar und jeden Cent wert. Ich glaube, die leiste ich mir.

Die Organisation hier innerhalb der Wohnung muss ebenfalls weitergehen. Leider ist der Recyclinghof jetzt im zweiten Lockdown geschlossen. Ich müsste aber dringend einige Dinge aus dem Keller entsorgen, damit ich dort Platz habe für andere Dinge, die ich aus der Wohnung hinunterbringen kann, um hier Platz für mein Möbel-Tetris zu bekommen.

Vermutlich schaffe ich nicht alles innerhalb weniger Wochen, aber was ich allein bewältigen kann, will ich angehen.

★

Es ist beschlossene Sache – morgen fahre ich Nando besuchen. Ich nehme allerdings den Zug, das ist bei den unsicheren Wetterverhältnissen momentan die entspanntere Lösung.

Wir werden etwa sechs Stunden miteinander haben, um festzustellen, ob wir gut zueinander passen oder nicht. Und ich muss mich dann auch nicht sofort entscheiden. Claudia ist mittlerweile ebenfalls von dem Gedanken weggekommen, dass ich den Hund abends mit zurück nehmen könnte (was per Zug ja sowieso nicht ginge).

Wir werden beiderseits drüber schlafen und den Tag sacken lassen. Wie sie beim Telefonat gestern sagte, ist er das Alleinsein nicht gewöhnt. Das müsste also trainiert werden. Auch Mila hat mir noch einmal zugeraten, dass ich die Sache ruhig angehen soll. Es muss für alle Beteiligten passen, nicht nur für mich. Das sehe ich auch so.

Und ich muss mir keine Sorgen machen, falls der berühmte Funke nicht überspringt. Es kommen ständig neue Podencos in die Vermittlung. Vor ein paar Tagen zum Beispiel einer namens Argus, auf einer Pflegestelle in Wuppertal. Aber solange Nando als möglich gilt, nehme ich keinen anderen Kontakt auf.

★

C wie Check

Bestandsaufnahme und viele Fragen

Abgesehen von den ganz allgemeinen Fragen, die man sich unbedingt stellen sollte, bevor man einen Hund adoptiert, gibt es auch solche bezüglich der individuellen Lebensführung.

Zunächst also diese:

> Habe ich genug Zeit, mich um einen Hund zu kümmern und ihm die Zuwendung zu geben, die er braucht?

> Kann ich mir Hund, Zubehör, Futter, Versicherung und sonstige Extras finanziell leisten?

> Ist mein wohnliches Umfeld geeignet und erlaubt mein Vermieter die Hundehaltung?

> Wer springt für mich ein, wenn ich mal krank werden sollte oder aus einem anderen Grund verhindert bin?

Sind diese grundlegenden Voraussetzungen geklärt, geht es in die Details des täglichen Lebens. Es hilft, einen typischen Tag gedanklich durchzuspielen und dabei den geplanten Hund mit einzubeziehen. Und dann all die Abweichungen vom Alltag, denn die wird es ja auch weiterhin geben.

Meine Fragen lauteten so:

> Welche Routen für große und kleine Gassirunden bieten sich an, die ich ab Haustür zu Fuß gehen kann?

> Welche davon kann man auch im Hochsommer gehen, mit genug Schatten und pfotenfreundlich kühlem Boden?

> An welchen Stellen draußen befinden sich Abfalleimer?

> Wo könnten wir uns unterstellen, wenn uns ein Regenguss überrascht? Zum Beispiel überdachte Bushaltestellen, Toreinfahrten, Markisen und so?

> Wie transportiere ich den Hund am besten in meinem Auto?

Wie organisiere ich mich, wenn ich einkaufen muss, den Hund aber noch nicht allein zuhause lassen will? Welcher Supermarkt bietet einen überdachten (also im Sommer nicht aufheizbaren) Parkplatz?

Da ein Hund mit Jagdtrieb besser an der Leine bleibt: Wo gibt es in meinem Umkreis hoch (!) umzäunte Freilaufflächen für Hunde? Könnte ich im Winter oder bei Dauerregen vielleicht irgendwo in eine Reithalle?

Welche empfehlenswerten Hundeschulen gibt es in der Nähe und welche davon ist eventuell sogar auf Windhunde spezialisiert?

Soziale Medien: Welche Gruppen gibt es, in die ich eventuell eintreten möchte, um dort Gleichgesinnte zu finden, die mir als Anfänger auch mal Ratschläge geben könnten?

Ist meine Garderobe schon passend bestückt oder muss ich noch für mehr Outdoor-Kleidung sorgen?

Wer im Familien- und Freundeskreis hat eine Hundeallergie, mag keine Hunde oder ist aus anderen Gründen zukünftig nur noch eingeschränkt besuchbar?

Wo in der Wohnung verstaue ich all die Hundesachen und wo richte ich einen bequemen, ruhigen Liegeplatz ein?

Welche Reiseziele gäbe es für mich, wenn ich den Hund mitnehmen will? Und falls das nicht geht, welche Hundepensionen gibt es im Umkreis?

Die folgenden Fragen sind hundespezifische, die habe ich mir für meinen Kennenlern-Termin mit Nando notiert, um sie mit Claudia durchzugehen und um mich auf ein Leben mit ihm bestmöglich vorbereiten zu können:

Wie verhält er sich beim Tierarzt?

Kann ich ihn einfach hochheben und auf den Tisch stellen?

Lässt er sich überall untersuchen und berühren?

Sollte er dort sicherheitshalber einen Maulkorb tragen?

Zuhause: Kann ich ihn überall untersuchen und berühren?

Ohren nachsehen und saubermachen – lässt er das zu?

Zähne putzen: Ist er das gewöhnt oder ist das nötig?

Pfoten- und Krallenpflege: Wie und wie oft?

Wolfskrallen: Was muss damit beachtet werden?

Gassigehen: An welche Zeiten ist er gewöhnt?

Kann er eine Weile allein bleiben?

Welche Grundkommandos kann er schon?

Gibt es etwas, das er kategorisch ablehnt?

Welches Spiel oder Spielzeug bevorzugt er?

Ist er eine Wasserratte oder eher nicht?

Hätte er Spaß daran, Tricks zu lernen?

Welche Futtersorte und -menge bekommt er momentan?

An welche Fütterungszeiten und -mengen ist er gewöhnt?

Welche Leckerchen mag/verträgt er?

Ist er Frühaufsteher oder schläft er gern lange?

Bei Freilauf: Wie hoch müsste ein Zaun sein?

Würde er andernfalls drüberspringen?

Buddelt und mäuselt er gern?

Wälzt er sich gern in etwas? Schafskacke zum Beispiel?

Lässt er sich gut baden/abduschen?

Neigt er zum Klauen, wenn Lebensmittel offen liegen?

Zerbeißt er Dinge aus Langeweile oder Stress?

Ist er tollpatschig und reißt Dinge um/herunter?

Diese Listen sind weder vollständig noch lassen sie sich auf jedermanns Lebensumstände anwenden. Doch man sollte sich die Fragen wenigstens einmal gestellt und über eine Antwort nachgedacht haben. Und zwar bevor die Situation eine sofortige Reaktion erfordert.

Blind Date mit Podenco

Eine besondere Verabredung

Januar 2021

Ich sitze im Zug und bin auf dem Rückweg nach Hause. Im Geiste begleitet mich Nando, ich bin noch ganz hin und weg von seiner sanften, unaufdringlichen Art. Claudia hat mit uns auch ein gutes Gefühl, das sind schon mal gute Voraussetzungen.

Bis auf die Tatsache, dass er mit dem Alleinbleiben nicht so gut zurechtkommt, scheint alles gut zu passen. Ich werde ihn in den nächsten Tagen gedanklich bei mir integrieren und die verschiedenen Situationen durchspielen.

Mein Bauchgefühl sagt mir jedenfalls: Das ist ein Hund, dem du vertrauen kannst.

★

Eine Nacherzählung des gestrigen Tages: Um sechs Uhr beendet der Wecker meinen viel zu kurzen Schlaf. Viertel nach acht sitze ich im Zug und bin heilfroh, dass ich meine Tasche schon am Tag zuvor gepackt habe. Nichts vergessen? Nein, alles da. Selbstgebackene Hundekekse, Fotoapparat, Notizbuch.

Halb zwölf komme ich in Hameln an, auf dem Bahnsteig keine Frau mit Hund, um mich abzuholen. Ich gehe runter, auch die Halle so gut wie menschen-, vor allem hundeleer. Ich gehe hinaus auf den Vorplatz und schaue mich suchend um. Ein wartender Taxifahrer beobachtet mich hoffnungsvoll, aber nein, an mir wird er heute nichts verdienen.

Da hinten kommt eine Frau mit Hund. Ja, das ist unverkennbar ein Podenco. Sie sind es!

Nando nähert sich vorsichtig, schnüffelt an meiner Hand. Als ich in die Hocke gehe, um ihn nicht so zu überragen, flüchtet er lieber hinter Claudia. Nein, das Bahngleis wäre für ihn zu viel gewesen.

Im Auto wagt Nando sich ein paarmal näher heran, um mich zu beschnuppern. Claudia wohnt ein Stück außerhalb in einem umgebauten alten Dorfgasthof. Hinten raus gibt es einen hoch umzäunten Auslauf für die Hunde, das ist natürlich praktisch.

Im Eingangsbereich kriegt Nando die Pfoten gesäubert, das sieht nach einer Selbstverständlichkeit aus. Würde ich auch so machen. Oben in der Wohnung empfängt uns der Rest des Rudels; zwei weitere große Podencos, ein mittelhoher Mix und zwei Manetos. Alle sind neugierig, aber das ist kein nervöses Gewusel. Mittendrin ist Nando, der jetzt in der sicheren heimischen Umgebung leichter Kontakt zu mir aufnimmt.

Meine selbstgebackenen Hundekekse kommen gut an. Alle Hunde nehmen sie vorsichtig, es gibt kein Gerangel, keinen Streit. Nando erscheint mir als der Sanfteste von allen.

Claudia und ich sitzen uns am großen Küchentisch gegenüber und haben viel zu erzählen. Unter dem Tisch, auf einem weichen Polster, hockt Nando wie in einer sicheren Höhle und hat nur einen kurzen Weg zu meinen Händen. Scheu vor Berührung hat er offenbar nicht.

Auch als alle Kekse verteilt sind und das Rudel sich auf andere Plätze verzogen hat, bleibt er bei uns und kommt immer wieder zu mir. Ob er irgendwie spürt, dass ich für ihn eine wichtige Rolle spielen kann? Oder ist es bloß die Nähe zu Claudia in Verbindung mit etwas Neuem, das er erkunden kann?

Claudia will mir zeigen, wie sich Nando draußen verhält, also brechen wir zu einem Spaziergang auf. Mäntelchen und Sicherheitsgeschirr anziehen, das läuft routiniert und ohne Gezappel. Wieder ins Auto, zwei der anderen Hunde kommen auch mit.

Wir fahren ein paar Kilometer höher in den Wald. Hier liegt Schnee, es sieht zauberhaft aus. Es ist völlig still, kein Mensch weit und breit, eine weiße Märchenwelt. Jetzt lerne ich Nandos andere Seite kennen. Er ist voll auf den Wald konzentriert, die Leine ist fast immer auf Spannung, Augen und Ohren sondieren permanent die Umgebung.

„Hier sind so viele spannende Wildgerüche", sagt Claudia. „So ist er aber nur im Wald. Bliebest du länger und würdest morgen mit ihm in die Felder gehen, hättest du praktisch einen anderen Hund an der Leine."

Es ist schon ein Kraftakt, die geschätzten 25 Kilogramm von Nando zu halten, wenn er nach vorn strebt. Es gibt aber auch Momente, da läuft er bei uns. Ich finde den Spaziergang insgesamt in Ordnung und ärgere mich bloß, dass ich den Fotoapparat nicht eingesteckt habe. Der liegt gerade warm in Claudias Küche, und hier wären so stimmungsvolle Motive …

Wieder zurück, gibt es erneut die Reinigungsprozedur im Flur, alles ganz entspannt. Wir ziehen wieder in die Küche, Claudia kocht neuen Kaffee, dann gehen wir meine Fragenliste durch. Vieles kann ich mittlerweile aus eigener Beobachtung beantworten.

Nando lässt sich von mir bekraulen. Einen Moment gibt es, da hat er die Augen zu und ist völlig weg. Ich mache Claudia darauf aufmerksam und sage: „Wenn er eine Katze wäre, würde er jetzt schnurren." Sie schaut ihn an und meint dazu: „Ja, ich glaube, du tust ihm gut."

Den Eindruck habe ich auch. Ganz aus eigenem Antrieb kommt Nando immer wieder zu mir und genießt meine Berührung. Und er hält Blickkontakt, ist sanft und unaufdringlich.

Der Nachmittag geht schnell um, Claudia fährt mich wieder zum Bahnhof. Wir haben beide ein gutes Gefühl, dass das klappen kann, und wir würden auch in enger Verbindung bleiben. Warum nicht ein kleiner Sommerurlaub im schönen Weserbergland?

Claudia sagt zu mir: „Wenn das alles gut läuft und ihr beiden euch miteinander eingelebt habt, dann könntest du doch vielleicht irgendwann über einen zweiten Hund nachdenken. Das wäre so toll für ihn."

Bestimmt. Aber so etwas hängt von vielen Dingen ab, die ich jetzt noch gar nicht absehen kann. Ich behalte es im Hinterkopf, doch ein Schritt nach dem anderen.

Der nächste ist, hier zuhause alles so weit wie möglich fertig zu machen und Nando herkommen zu lassen. Claudia schlägt zwei Wochen zur Probe vor. Nach Ablauf dieser Zeit sollte sich erkennen lassen, ob er sich wohlfühlt oder ob er sein gewohntes Leben so sehr vermisst, dass ich keine Alternative für ihn bin.

Nun habe ich eine Nacht drüber geschlafen und sehe Wohnung und Garten mit anderen Augen. Mein Bett ist 1,40 m breit – passt Nando auch noch mit rein? Oder brauche ich eine andere Lösung?

Morgens zuallererst könnte ich ihn zum Pinkeln in den Garten lassen, das würde uns die morgendliche Planung sehr erleichtern. Sicher wird mir noch mehr auffallen, werde mir alles notieren.

Dann räume ich hier also mal flott weiter, um Platz zu schaffen für einen großen, netten Jungen.

★

D wie Drüber schlafen

Fühlen und Denken in Einklang bringen

Wir verlassen uns gern auf unser Bauchgefühl. Oder jedenfalls viele von uns. Andere sind mehr rational veranlagt und möchten gern alles mit dem Verstand regeln.

Bei der Adoption eines Haustieres, ganz egal welches, muss die Entscheidung dafür von beiden Bereichen abgesegnet werden. Da hilft es, wenn kein Druck entsteht, wenn beide Seiten (oder eigentlich alle drei, das Tier sollte auch beachtet werden) Zeit bekommen. Eine Entscheidung unter Druck wird später zu oft bereut.

Im Idealfall befindet sich der Hund, den man adoptieren möchte, in so gut erreichbarer Nähe, dass man ihn einige Male besuchen und in seinem gewohnten Umfeld kennenlernen kann.

Bei größerer Entfernung sollte mindestens eine Tagestour drin sein, besser ein Wochenende oder sogar ein kleiner Urlaub. Nehmt euch die Zeit, sie ist wichtig.

Und ganz egal, wie das Kennenlernen verlaufen ist – danach müssen Bauchgefühl und rationales Denken Gelegenheit bekommen, sich zu entfalten. Die Eindrücke müssen verarbeitet werden, man sollte mit anderen Leuten drüber sprechen und sich deren Meinung oder Fragen anhören. Schon indem man das Erlebte in eigene Worte fasst, werden Gedanken in Gang gesetzt, denen zu folgen wichtig ist.

Lebt der Hund in einem ausländischen Tierheim, ist noch mehr Achtsamkeit gefragt. Die Tierschutzorganisationen wollen ihre Schützlinge ja nicht nach dem Motto „Hauptsache raus da" vermitteln, sondern sie möchten ein optimales Mensch-Hund-Gespann zusammenführen. Sollte euer Bauchgefühl etwas anderes sagen, geht lieber auf Abstand.

Mit vielen Fragen und mit einer Vorkontrolle soll geprüft werden, ob der Hund, für den man sich beworben hat, der geeignete

Kandidat ist. Möglicherweise gibt es etwas zu verändern oder nachzurüsten (wie in meinem Fall die Erhöhung der Gartenumgrenzung), oder die Orga könnte auch einen anderen Hund vorschlagen, der zu den Gegebenheiten besser passt. Haltet euch flexibel, nehmt euch auch hierbei wieder Bedenkzeit. Seriöse Vermittler werden dafür Verständnis haben.

Nur indem man ehrlich mit sich, dem Hund und der Organisation ist, beugt man späterer Enttäuschung vor. Und seid auch fair, bewerbt euch nicht für zwei oder drei Tiere parallel. Es ist traurig, wenn einem Hund abgesagt wird, weil die Adoptanten einen vermeintlich besseren/hübscheren gefunden haben oder einen, der schneller reisen kann.

Eine unerwartete Wendung

Umsonst bedeutet nicht vergebens

Januar 2021

Heute habe ich mit Claudia telefoniert, und allmählich gewinne ich den Eindruck, dass sie Nando eigentlich gar nicht abgeben möchte. Denn jetzt, da ich als neues Frauchen wirklich geeignet scheine, äußert sie immer mehr Bedenken. Nicht wegen mir, sondern wegen des Wohnumfeldes. Sie zweifelt, ob Nando sich an das Stadtleben gewöhnen könnte, ob er nicht schon zu sehr an ihr hängt, ob es hier nicht zu viel Stress für ihn wäre.

Diese Haltung verunsichert mich. Bei unserem ersten Gespräch war es noch so, dass sie ihn mir sogar mitgeben wollte, wenn mein Besuch positiv verlaufen würde.

Jetzt rudert sie immer mehr zurück.

Auch heute sind wir zu keinem klaren Entschluss oder gar einem „Liefertermin" gekommen, nur zu der einhelligen Feststellung, dass die Situation sehr schwierig ist.

Claudia will das Beste für Nando. Das verstehe ich. Doch genau zu wissen, was dieses Beste ist, das ist die Schwierigkeit.

Ich verstehe ihr Dilemma und möchte nicht in ihrer Haut stecken. Morgen wollen wir wieder telefonieren, darum überlege ich mir, welchen Kompromiss ich ihr vorschlagen kann, der ihr Gewissen entlastet.

Auch ich möchte das Beste für Nando, und solange Claudia noch nicht alle Möglichkeiten ausgeschöpft hat, seine Befindlichkeit zu verbessern, bin ich nicht die Alternative für ihn.

Ich möchte ihr etwas vorschlagen. Sie könnte es mit Bachblüten versuchen und eine Tierkommunikatorin einschalten. Diese zwei Wege hat sie noch nicht versucht. Vielleicht lässt sich damit eine so positive Veränderung für Nando herbeiführen, sodass eine Abgabe gar nicht mehr zur Debatte steht.

Darum werde ich ihr in diplomatischen Worten einen Brief schreiben, den sie erst mal lesen soll. Danach können wir darüber reden. Vielleicht kann ich ihr damit eine Last von der Seele nehmen.

★

Gestern Morgen habe ich Claudia den Brief per Mail geschrieben und mittags telefonierten wir dann. Sie war total erleichtert – meine Vermutung war richtig gewesen, und ich hatte in Worte gefasst, was sie nicht hatte ausdrücken können.

Doch wir bleiben in freundschaftlicher Verbindung, sicher werde ich sie auch wieder besuchen. Dann mit eigenem Hund, der nicht Nando sein wird.

Meine Suche geht also weiter. Heute habe ich mich wieder durchs Internet geklickt, die Auswahl im näheren Umkreis ist überschaubar. Einen Podenco gibt es ein paar Kilometer von hier, er wird von privat über die Ebay-Kleinanzeigen angeboten, mit sehr wenig Information. Habe wegen weiterer Info hingeschrieben, aber noch keine Rückmeldung erhalten. Und dann gibt es einen Galgo-Mix (wenigstens hat er ein Stehohr) auf einer hoffentlich nicht zu fernen Pflegestelle, da habe ich die Organisation angeschrieben und warte auf Antwort.

Petra, meine Freundin mit dem Irischen Wolfshund, hatte einen Vorschlag. Sie meinte, ich solle mal die Ursula Löckenhoff anschreiben, die holt für die Galgo-Hilfe regelmäßig Hunde aus Spanien, also könnte sie bei der Gelegenheit dort vielleicht nach einem passenden für mich Ausschau halten.

Das werde ich vielleicht machen, wenn es auf andere Weise nichts wird. Es hätte den Vorteil, dass die Sache über einen seriösen Verein abgewickelt wird, außerdem sind die relativ nah.

Trotzdem war das ein recht trüber Tag heute. Am Nachmittag habe ich mich aufgerafft und bin zum Fressnapf gefahren. Katzenstreu brauchte ich sowieso, einen Hunde-Futternapf habe ich auch noch gekauft. Das hat gutgetan.

Ich warte jetzt noch ein, zwei Tage, ob eine Resonanz auf meine beiden Anfragen kommt. Wenn nicht (oder wenn doch, aber es passt nicht), dann schreibe ich an die Galgo-Hilfe und hoffe auf Unterstützung von dieser Seite.

★

Der Hund aus den Ebay-Kleinanzeigen hat sich erledigt. Nachdem auf meine schriftliche Anfrage keine Antwort kam, habe ich die angegebene Handynummer vorhin angerufen. Eine Frauenstimme meldete sich mit „Hallo", der Ton klang leicht genervt. Ich fragte, ob das mit dem Podenco noch aktuell sei, das wurde verneint. Hmmm. Also wies ich darauf hin, dass sie dann doch bitte die Anzeige löschen möge, denn das sei irreführend. „Ja, mach' ich dann", war die Antwort.

Von der Organisation mit dem Galgo-Mix hat sich bisher niemand gerührt, aber da telefoniere ich nun nicht auch noch hinterher. Gestern Abend habe ich nämlich beim Durchsehen der Tierschutzseiten einen neuen Gedanken gehabt: Warum denn Frau Löckenhoff anschreiben, die ja hauptsächlich mit Galgos zu tun hat, wenn es doch andere Orgas gibt, die voller Podencos stecken?

Auf Fuerteventura zum Beispiel scheint der Podenco wesentlich verbreiteter zu sein. Zwei Vereine habe ich gefunden, die dort tätig sind. Dann kann ich doch lieber mit denen Kontakt aufnehmen und mich direkt erkundigen. Vielleicht ist so alles viel einfacher.

Habe bei einem davon eben durchgeklingelt und auf den AB gesprochen. Nun warte ich auf Rückruf und hoffe, dass sich daraus neue Möglichkeiten ergeben.

★

E wie Einkaufen

Abende im Shopping-Fieber

Während ich warte, kann ich ja schon mal weiter an meiner Vorbereitung arbeiten. Ein Futterplatz ist hergerichtet, ein großes Liegekissen habe ich auch schon, ein zweites kommt noch. Für eine Hundegarderobe muss ich noch Platz schaffen, aber was an der Garderobe später hängen wird, verdient ja auch noch einen Gedanken.

Da wird ein Hund ankommen, der keine Unterwolle hat und der wahrscheinlich sogar meine Wohnung als zu kühl empfinden wird. Der braucht was zum Anziehen!

Ich erinnere mich, dass ich vor zwei oder drei Jahren auf der CITA in Gelsenkirchen einen Flyer mitgenommen und freudig überrascht gedacht habe: Sieh mal an, die ist ja gar nicht weit weg. Wie hieß das noch?

Mit dem richtigen Suchbegriff findet man im Internet alles. Dog-Smilla, das Atelier für maßgefertigtes Hundezubehör, ist bald auf dem Bildschirm, und ich klicke mich freudig durch das Warenangebot. Was wird mein Hund wohl alles brauchen?

Ganz klar und superwichtig – ein Sicherheitsgeschirr. Und zwar so eins mit einem zusätzlichen Gurt, damit das Ganze nicht über die Brust nach vorn rutschen kann. Und weil doppelt bekanntlich besser hält – ein Halsband. Das dürfte für den langen Podencohals gern etwas breiter sein.

Zwei Leinen dazu, um den Hund ausbruchsicher führen zu können. Ich könnte mir eine zum Beispiel umhängen oder um die Taille befestigen und die andere in der Hand halten. Zumindest so lange, bis ein Gefühl von Zuverlässigkeit da ist.

Es gibt Mäntel der unterschiedlichsten Ausführung. Ja, so ein Modell sollte auch auf meine Liste. Noch ist Winter. Das Hundi soll draußen weder frieren noch nass werden.

Und was ist mit drinnen? Man glaubt es kaum, aber es gibt kuschelige Hausanzüge aus Fleece für Hunde. Warum auch nicht? In dieser Jahreszeit kriege ich die Parterrewohnung kaum über 19°C und weiß meine Kuscheldecke zu schätzen. Wenn ich also nicht will, dass mein neuer Fellnasenfreund sich zitternd unter die Bettdecke flüchtet und nur zum Gassigehen und zu den Mahlzeiten herauskommt, sollte ich ihm so ein Jumpsuit gönnen.

In der Kategorie Zubehör finde ich auch noch viele praktische Helferlein, bei denen sich deutlich zeigt, dass jemand über die Bedürfnisse von Hund und Halter nachgedacht hat. Zum Beispiel die kleine flache Tasche, in der die Hunde- und Tassomarken klapperfrei mitgeführt werden können. Sie lässt sich an Halsband oder Geschirr mittels Klettband befestigen, die sensiblen Hundeohren werden geschont, und keine Marke geht verloren.

Auch schön: Beutelchen und Taschen für allerlei Zubehör, in ansprechendem Design und unterschiedlichen Farben.

Und dann diese Kuscheldonuts. Riesige weiche Kringel, in die ein zusammenrollfreudiger Podenco (und vermutlich auch jeder andere Hund) sich passgenau hineinschmiegen wird.

Mal nach den Preisen geschaut … ja, so eine Grundausstattung ist nicht billig. Aber Qualität muss auch nur einmal angeschafft werden und hält dann. Mit den Billigversionen spart man zunächst zwar was, muss sie wegen schnellerem Verschleiß aber immer wieder ersetzen.

Fürs Auto muss eine Rücksitz-Abdeckung her. Auch davon gibt es mehrere Modelle. Einen kurzen Moment frage ich mich erneut, ob ich nicht doch mein Auto gegen eins mit Heckklappe austauschen sollte, aber – nein. Das hat noch Zeit.

Guter Rat und gute Beratung

Endlich wird es konkret

Januar 2021

Claudia hatte mir den Kontakt zu ihrer Freundin Meike vermittelt, die sich bestens mit Podencos auskennt und mit einer der Orgas auf Fuerteventura zusammenarbeitet.

Heute habe ich mit ihr telefoniert und erst mal über grundsätzliche Belange einer Podenco-Adoption gesprochen. Ich habe sie auch nach dem anderen Verein gefragt, da sich niemand zurückgemeldet hatte. Meike sagte, etwas zögerlich, dieser Kontakt sei wohl „nicht besonders kommunikativ". Na gut, deren Entscheidung, dann hake ich da nicht weiter nach.

Meine anderen Bedenken eines Direkt-Imports hat Meike zerstreut, ich bin nun froh, dass ich danach gefragt habe. Sie sagte, dass sie genau darauf achtet, dass Mensch und Hund zusammenpassen, sie habe noch nie einen Hund aus der Vermittlung zurückbekommen. Sie sieht es als Vorteil, wenn der Hund direkt vom Flughafen aus ins neue Heim zieht und so die Bindung zum neuen Frauchen/Herrchen aufbauen kann. Würde das erst nur eine Pflegestelle sein, würde er sich dort eingewöhnen und bei Vermittlung wieder „sein Heim verlieren", das könnte ihn verunsichern.

In allen Fällen habe übrigens eine Vergesellschaftung mit Katzen geklappt, auch die Stubenreinheit sei keine große Sache, da der Hund selbst ja gern sauber leben möchte.

Ich fragte, ob sie denn etwas Passendes für mich im Sinn hätte (sie hatte sich gezielt nach ein paar Details meiner Lebenssituation erkundigt), und sie sagte ja, während unseres Gesprächs sei ihr ein ganz bestimmter Hund in den Sinn gekommen, sie habe ihn sozusagen schon bei mir gesehen.

Sie schickte mir Bilder und ein Video von Colombo – den hatte ich bei meiner Internet-Suchaktion auch schon entdeckt, in seiner

Beschreibung auf der Website waren Katzen allerdings ausgeschlossen, und man suchte hundeerfahrene Leute für ihn.

Meike sagte, diesen Text könne ich getrost vergessen, das sei so eine Standardaussage, da es für einen Katzentest in der Finca keine Möglichkeit gebe.

Ein Makel sind Colombos Ohrspitzen. Sein Jäger hat sie wohl zerschnitten. Aber das ist nur eine Äußerlichkeit, die inneren Werte zählen mehr. Der Rest ist übrigens hübsch, die Fellfarbe wie Ocker mit Weiß meliert. Türkis steht ihm bestimmt gut.

Wir sind so verblieben, dass wir jeweils drüber schlafen und dann wieder Kontakt aufnehmen.

Ich denke, dass der Name Colombo nicht bleibt. Habe vorhin über einen anderen nachgedacht, da kam mir MIGUEL in den Sinn. Zweisilbig, lässt sich gut rufen und klingt wie Musik.

Ich gestehe allerdings, dass mir aus meiner Suche ein bestimmter anderer Rüde nicht aus dem Kopf geht, der ist vom Festland und ein Podenco Ibicenco. Meike sagte, die Canarios seien von allen Podencos die nettesten. Ich kann das nicht beurteilen, ich sehe ja auch nur die Fotos. Ist einer gut fotografiert, spricht er das Auge natürlich mehr an.

Ich weiß also nicht, ob ich da meinem Bauchgefühl trauen kann. Vielleicht frage ich morgen mal Claudia um Rat.

★

Es war gut, dass ich Claudia um eine Einschätzung und ihre Meinung gebeten habe. Wir telefonierten miteinander, nachdem sie sich Colombo und Flay genau angesehen hatte. Ihr Fazit: Passen würden beide. Aber im Sinne des Tierschutzgedankens sollte ich Fuerteventura den Vorzug geben, denn die Hunde dort sind die Ärmsten der Armen. Wer es nicht von der Insel schafft, hat keine Chance.

Damit war es für mich klar und beschlossen. Der schöne Flay wird bestimmt von jemand anderem entdeckt und adoptiert. Und

Colombo, der mit seinen zerschnittenen Ohren vielleicht sowieso keine so guten Aussichten hat, kann zu mir kommen.

Von Meike habe ich das Formular zur Selbstauskunft zugeschickt bekommen, das habe ich akribisch durchgearbeitet. Und sollte es parallel eine Anfrage für ihn geben, wo es noch besser passt, dann überlasse ich die Entscheidung der Orga. Colombo soll sein bestmögliches Zuhause bekommen.

Ich mache weiter mit den Vorbereitungen. Petra brachte mir ein Liegekissen und noch ein bisschen Zubehör, heute habe ich vor den bodentiefen Fenstern an der Terrasse den Raum für einen sonnigen Liegeplatz freigeräumt. Meine Vermieterin habe ich um eine schriftliche Bestätigung ihres mündlichen Einverständnisses zur Hundehaltung gebeten, denn die brauche ich für die Selbstauskunft.

Beim Aufräumen im Nähzimmer ist mir das alte Angora-Unterhemd in die Hände gefallen. Ich brauche das nicht. Aber könnte ich daraus einen warmen Hausanzug für den Hund schneidern? Er wird einen brauchen können, sein Fell ist so dünn … Und wenn ich einmal einen passenden Schnitt habe, kann ich noch weitere zum Wechseln machen.

Meike meinte, er würde sich über Stofftiere freuen. Ob nur zum Herumtragen oder zum Zerpflücken, irgendwas in der Art. In meinen Büchern ist die Anleitung für einen Knochen als Spielzeug, aus Stoff und Füllwatte. Ich glaube, ich werde es damit mal versuchen.

Wenn ich die Selbstauskunft abgeschickt habe, wird als nächster Schritt eine Vorkontrolle stattfinden. Leider wird einiges nur erst als Provisorium oder im Planungszustand zu sehen sein, das habe ich Meike schon angekündigt. Aber der Futterplatz ist eingerichtet, Schlafkissen sind da, und auf diese Dinge kommt er erst mal an.

Danach heißt es warten, dass sich ein Flugpate findet, der von Fuerteventura nach Düsseldorf fliegt. Das kann relativ schnell geschehen, es kann aber auch noch Wochen dauern. Wie auch immer, ich werde die Zeit bestmöglich nutzen, hier mit dem Nestbau weiterzumachen.

★

Am Montag rief mich eine Dame an und sagte, sie mache die Vorkontrolle für My Dog Fuerteventura, wir haben uns für die Mitte nächster Woche verabredet. Mehr Tempo! Es ist noch so viel zu tun, ich bin bei allem aufgehalten worden. Ich hoffte bis dahin den Großteil erledigt zu haben.

Doch heute rief sie wieder an. Durch die sich verschlimmernde Corona-Situation sei zu befürchten, dass auch Fuerteventura bald als Risikogebiet eingestuft werde, sagte sie. Dann finden keine Flüge mehr statt, deshalb wolle die Orga lieber jetzt noch so viele Hunde wie möglich rausholen.

Was für ein Drama!

Also haben wir die Vorkontrolle heute erledigt. Um fünf Uhr kam die Dame zu mir, zuerst schauten wir uns den Garten an. Den muss ich nicht groß verändern. Die Mauer zu den Nachbargärten ist zu niedrig, sie wird erhöht. Mit Pflanzkästen oben drauf wird sie einen Hund nicht mehr zum Überspringen einladen. Ich habe schon eine Idee, wie das umzusetzen ist.

Mit allem anderen war sie zufrieden, füllte mit mir noch einen Fragebogen aus – im Prinzip die gleichen Dinge wie in der Selbstauskunft, nur mit meiner Unterschrift – und beurteilte mich darin als „gut geeignet".

Das will sie noch heute Abend an den Verein weiterleiten.

Es wird dramatisch jetzt. Noch sind Urlauber auf der Insel, und die müssen alle nach Hause. Es kann passieren, dass mein Hund nicht direkt in Düsseldorf landet, sondern woanders. Flugpaten sind gerade nicht so dicht gesät, man muss nehmen, was man kriegt.

Habe Meike eine Mail geschrieben, damit sie Bescheid weiß. Vielleicht geht jetzt alles hopplahopp – hoffentlich ein guter Start.

★

F wie Finger weg!

Adoptieren mit Herz und Verstand

Ein neuer Begriff hat sich im Sprachgebrauch etabliert: Der Corona-Hund. Sein schnurrendes Pendant ist die Corona-Katze. Weitere Spezies mögen auch betroffen sein, Sammelbegriff also: Corona-Tiere. Ich sortiere diese Benennung in derselben gedanklichen Schublade ein wie die Wühltisch-Welpen. Und ein großes Etikett darauf warnt: Finger weg!

Das traurige Thema Wühltisch-Welpen wird bereits seit langer Zeit und in aller Deutlichkeit publik gemacht, dem muss ich nichts hinzufügen.

Abgesehen von allen Problemen, die wir durch Corona sowieso bekommen haben, entstand im Bereich der Haustiere ein weiteres, sozusagen mit Ankündigung. Der aktuelle Trend der vielen Corona-Adoptionen beinhaltet die hohe Wahrscheinlichkeit, dass das jeweilige Tier wieder abgegeben wird, sobald sich die menschlichen Lebensverhältnisse normalisiert haben.

Ausgangssperre? Aber die Hundehalter dürfen doch raus?! Also her mit einem Hund, und zwar möglichst schnell.

Arbeiten von zuhause? Oh, ist das öde. Und die Kinder nerven. Warum nicht einen Hund anschaffen, der für Abwechslung sorgt. Oder eine schmusige Katze. Dann sind die Kinder auch beschäftigt.

So pauschal wird es (hoffentlich) nirgendwo abgelaufen sein, aber der Trend ist erkennbar. Und die Tierheime bestätigen die erhöhte Nachfrage sowie die schwach ausgeprägte Bereitschaft, Zeit zu investieren. Wer nicht warten will, keine Lust auf Terminvereinbarung, Vorkontrolle und die weitere übliche Abwicklung hat, durchforstet das Internet. Süße (Wühltisch-)Welpen überall und ganz leicht zu bekommen.

Es ist nie eine gute Idee, sich ein Tier aus einer Laune heraus anzuschaffen. Tiere gehören weder unter den Weihnachtsbaum noch in eine Corona-Lücke.

Dann sitzen sie irgendwann wieder da, die Corona-Tiere. Im Tierheim abgegeben (oder gar ausgesetzt), weil sie nach anfänglicher Niedlichkeit zu anstrengend wurden, weil man wieder in die Firma musste und den Hund nicht mitnehmen konnte, weil das Katzenkind nicht mit den Kindern spielen und stattdessen lieber raus wollte, weil für den Hundewelpen keine Erziehung stattfand und er jemanden gebissen hat ...

Traurige Schicksale, die hätten vermieden werden können. Nun sitzen sie wieder da, und die Tierschutzvereine müssen zusehen, wie sie die Kosten stemmen. Bleibt zu hoffen, dass sich im zweiten Anlauf verantwortungsvollere Menschen melden, die den Tieren eine echte Chance geben.

Also bitte ehrlich drüber nachdenken und Finger weg, wenn das Tier eigentlich nur eine vorübergehende Lücke füllen soll, wenn nicht die volle Möglichkeit beziehungsweise Bereitschaft dafür da ist, sich auch nach Beendigung der Corona-Einschränkungen liebevoll darum zu kümmern.

Päckchen-Regen

Nestbau in vollem Gange

Januar 2021

Mila hat mich drauf gebracht, dass ich fürs Auto eine faltbare Hundebox anschaffen sollte. Die gibt es in großer Auswahl und wäre ein sicherer Ort für Colombo/Miguel. Also messe ich mal die Rückbank aus, damit ich kein zu großes Modell bestelle.

Ein Sicherheitsgeschirr, ein Halsband und zwei Leinen habe ich heute bestellt, nachdem Meike mir den Hersteller mitgeteilt hatte, über den der Verein seine Ausstattung bezieht. Und hätte das etwas eher geklappt, wären die Sachen sogar schon auf dem Weg zu mir. So aber sagte der nette Mitarbeiter, der meine Bestellung aufnahm, bedauernd: „Der LKW ist vor einer Stunde losgefahren. Ich kann das Paket erst am Montag rausschicken."

Na schön, das ist noch im Zeitplan. Wenigstens habe ich passende Farben gefunden – Miguel wird Türkis und Braun tragen. Eine zweite Garnitur kriegt er später in einem neutraleren Ton, die lasse ich dann auf Maß anfertigen. Das ist am besten und garantiert Passgenauigkeit. Für heute genügten dem Hersteller Schulterhöhe und Gewicht, um mir die richtige Größe herauszusuchen.

Und bald geht es auch ans Mäntelchen-Nähen. Jetzt beim Aufräumen kann ich schon mal die Stoffe dafür beiseitelegen.

Ein bisschen Spielzeug geht auch – ich habe in meinem Fundus geeignete Stoffe und die Füllwatte gefunden, das Zeug reicht dicke für ein paar Stoffknochen. Und ich sollte auch wieder Hundekekse backen (das tue ich, wenn ich die Flugdaten bekommen habe). Schließlich soll das Haus Miguel am Tag seiner Ankunft mit einem leckeren Duft empfangen.

Nun bin ich also im Standby-Modus und warte, dass mich jemand anruft und mir eine Ankunft aus Fuerteventura mitteilt.

★

Thema Gummistiefel – heute habe ich mir welche bestellt. Ein paar Modelle angesehen und deren Bewertungen gelesen hatte ich schon vor einer Weile. Nun scheint es eilig zu werden, also brauche ich sie wahrscheinlich bald.

Zwei Ausführungen gönne ich mir. Ein Paar in etwas rustikaler Optik, für Wald und Wiesen, für matschige Niederrheinwege, im Garten sind sie natürlich auch einsetzbar. Das andere Paar geht nur bis knapp über den Knöchel und ist eher „stadtfein", also für mehr oder weniger kurze Spaziergänge in urbaner Umgebung.

Beides in einem Khakigrün, das passt prima zur vorhandenen Garderobe. Und beides von Aigle, darum eine Nummer kleiner, weil das von anderen Käuferinnen in fast allen Bewertungen so empfohlen wurde. Nächste Woche darf ich damit rechnen.

Ebenfalls eingekauft habe ich heute eine Abdeckung für meinen Autorücksitz. Denn selbst wenn ich dort eine faltbare Box aufstelle, bleiben doch die eventuell schmutzigen Pfoten, die dann besser über die Plane laufen als über den Sitz.

Die Abdeckung gab's bei Fressnapf für 25,- Euro, das ist okay. Solche Anschaffungen hatte ich schon vorausgesehen, die macht man meist auch nur einmal.

★

Februar 2021

Diese Woche wird interessant. Schon sind die ersten der bestellten Artikel eingetroffen, die anderen sind für Lieferung in den nächsten Tagen angekündigt.

Ein Paar Gummistiefel – die schickeren mit etwas Absatz – sind schon da, und sie passen super. Ich freue mich auf trockene Füße bei unausweichlichen Regenspaziergängen (sofern der Hund dann überhaupt eine Pfote nach draußen setzt).

Das Sicherheitsgeschirr ist da und macht einen guten Eindruck. Damit läuft man nicht leicht Gefahr, dass der noch zivilisationsfremde Vierbeiner sich losreißt und davonmacht. Außerdem finde ich die Farbkombi unschlagbar. Vielleicht nähe ich ihm und mir ein paar passende Accessoires dazu.

Nachtrag vom heutigen Vormittag: Ich kam mit dem Auto von einer Erledigung zurück und wollte gerade auf den Garagenhof einbiegen, da sah ich das DPD-Auto vor meinem Haus stehen. Habe also Gas gegeben und mich einfach dahinter gestellt. Ja, der Bote war in meiner Haustür!

„Haben Sie ein Paket für Schäfer?" rief ich ihm zu. Er bejahte. Glück gehabt. Das war die faltbare Hundebox, ich ließ sie gleich im Auto. Hoffentlich haben wir morgen einen trockenen Tag, dann baue ich direkt alles auf.

Im Briefkorb lag eine Nachricht, dass im Nebenhaus ein Päckchen auf mich wartete, und während ich das abholte und noch ein Schwätzchen hielt über Sicherheitsgeschirre etc. bekam ich gar nicht mit, dass derweil ein weiterer Lieferdienst an meiner Tür klingelte. Das Paket von Zalando nahm deshalb die Familie im 1. Stock für mich entgegen, das war dann auch schnell geklärt.

Ob heute noch mehr kommt? Egal – weitere Pläne oder Vorhaben auswärts gibt es nicht, werde mich gleich wieder mit Sortieren und Aufräumen beschäftigen. Und zwischendurch werde ich die Daumen drücken, dass auf Fuerteventura die nötigen Vorkehrungen getroffen werden können, um Colombo/Miguel bald auf die Reise zu schicken.

Ein paar Stunden später: Ich habe bei Meike nachgefragt, ob es Neuigkeiten aus Spanien gibt. Sie meldete sich zurück und erzählte, dass Colombo eventuell am kommenden Samstag fliegen könne. Es gebe Leute, auf deren Tickets schon drei Hunde gebucht seien, er ginge als vierter theoretisch auch noch. Das könne man allerdings erst direkt am Flughafen ergänzen, mit Rücksprache und Erlaubnis des Kapitäns.

Das heißt für mich also: Ich versuche noch so viel wie möglich zu schaffen und warte am Samstagmittag auf Meldung. Wenn es klappt, landet der Gute abends um neun Uhr in Düsseldorf.

Hoffen wir also, dass der Flugkapitän einen guten Tag hat und Tierfreund ist. Andernfalls müssen wir weiter warten, bis sich eine neue Gelegenheit ergibt.

★

G wie Geduld

Den Dingen ihren Lauf lassen

Es ist vielleicht eine Errungenschaft des Älterwerdens, dass man es leichter zulassen kann, Entwicklungen abzuwarten. Als Kinder und Jugendliche wollten wir alles und möglichst sofort, wir hatten es immer eilig, wir hatten Angst, etwas zu verpassen. Erst das Erwachsenwerden brachte Einsicht. Vielleicht nicht bei jedem von uns in gleichem Maße, aber so sind wir nun mal.

Geduldig sein, auch einfach mal nichts tun – das habe ich durch meine Katzen gelernt, die kamen in unterschiedlichen Stadien von Zutraulichkeit zu mir. Zu Anfang nichts erwarten, jeden kleinen Fortschritt als solchen erkennen und still feiern, so geht es vorwärts.

Die Katzen haben mich auch gelehrt, meine Stimme unter Kontrolle zu behalten. Sie verstehen nur wenige Worte, darum sind Tonfall und Lautstärke die Mittel zur Verständigung, dazu die Körpersprache.

Nun kommt also ein Hund ins Haus, einer von der sensiblen Sorte, der davon profitieren wird. Er wird lernen, dass ein „Nein" auch für ihn ein Verbot bedeutet. Die für ihn wichtigen Wörter werde ich in passenden Situationen anbringen und nicht erwarten, dass er sofort kapiert. Viele Wiederholungen werden nötig sein, der Moment des Verstehens wird kommen. Hat er einmal begriffen, aus welchen Grundzutaten sein neues Leben besteht, kann ich langsam weitere hinzufügen.

Geduld scheint heutzutage eine seltene Tugend geworden zu sein. Höher, schneller, weiter und immer besser – so klingt das allgemeine Lebensziel. Niemand hat mehr Zeit oder will sich Zeit nehmen für etwas, das Zeit braucht. Niemand will heute mehr auf etwas warten.

Die Gewöhnung der Katzen an den Hund und umgekehrt wird auch Geduld brauchen, denn meine Stubentiger kennen keine anderen Tiere (außer denen, die sie durchs Fenster oder im TV sehen können.

Dabei kann ich auf die Erfahrung und Beratung von Petra zurückgreifen. Sie vergesellschaftet bei sich zuhause seit -zig Jahren erfolgreich die unterschiedlichsten Katzen- und Hundepersönlichkeiten. Und sie kennt meine beiden. Sie sagt, es kommt ganz auf den Hund an. Wenn der von ruhigem Wesen ist und keinen Stress macht, werden die Katzen ihn annehmen.

Ähnliche Erfahrungen haben mir viele Mitglieder der Facebook-Gruppe berichtet, als ich sie nach der Katzenverträglichkeit von Podencos allgemein fragte. Geduld und Ruhe, das sind auch hier die Zauberworte.

Ich warte nun geduldig auf Colombo. Beschleunigen kann ich seine Ankunft sowieso nicht, doch sitze ich nicht tatenlos herum.

Die Wartezeit nutze ich für weitere Vorbereitung, es gibt noch immer genug zu tun, die Checkliste ist lang. Damit bleibe ich im Thema, gewinne Sicherheit und komme innerlich gut zur Ruhe.

Diese Zeit unmittelbar vor der Ankunft gestalte und erlebe ich ganz bewusst, viele Dinge passieren jetzt zum letzten Mal in der Form, nämlich ohne Hund. So wird es bald nicht mehr sein, also bin ich konzentriert auf die Gegenwart, die sich ganz von allein in jedem Augenblick Richtung Zukunft bewegt.

Winter, die Zweite

Aufgeschoben ist nicht aufgehoben

Februar 2021

Heute kam die Kuscheldecke an, praktisch die zweidimensionale Version einer „Flocke". Made in China. Jetzt hängt sie über der Tür zum Auslüften. Sofa und Sitzbank habe ich getauscht, sodass jetzt reichlich bequemer Liegeplatz direkt vor der Heizung ist.

Die anderen Gummistiefel – die für durchweichte Rheinwiesen und schlammige Waldwege – sind heute auch angekommen, sie sind sehr bequem an den Füßen.

Der Rhein führt momentan Hochwasser. Vielleicht dauert es gar nicht lange, bis ich dieses neue Schuhwerk zum ersten Mal ausführe.

Taki und Naoko liegen entspannt vor der Heizung. Sie haben keine Ahnung, dass möglicherweise schon in ein paar Tagen unser Leben anders sein wird. Ich hoffe, dass Taki den neuen tierischen Mitbewohner schnell als potentiellen Freund akzeptiert und dass sich alle gut aneinander gewöhnen.

Mein älterer Kater hingegen macht mir schon Sorgen ... etwas stimmt mit seiner Atmung nicht. Es scheint, als ob er sich beim Schnurren verschluckt, und dann schnappt er nach Luft. Ich lasse das von der Tierärztin untersuchen.

Ich weiß ja nicht, wie lange Naoko noch da ist. Eines Tages wird es einen Abschied geben. Es wäre schön, wenn bis dahin Miguel zu einem Freund geworden ist, damit Taki sich nicht einsam fühlt.

Diese Eingewöhnungsphase wird mich hoffentlich nicht überfordern. Ich muss die Geduld behalten, gleichzeitig auch an Stubenreinheit und Alleinbleiben zu arbeiten. Das wird hoffentlich auch Miguel nicht überfordern. Ich habe den Vorteil, dass ich mich lange auf diese Situation vorbereiten konnte. Die Tiere aber werden damit überfallen.

★

Noch bevor ich heute richtig denken konnte – also vor meinem ersten Kaffee – rief Meike mich an. Der Flug sei storniert worden und man müsse nun nach einer anderen Möglichkeit schauen.

Es wird also nichts mit morgen.

Da ich ja nicht zu 100% damit gerechnet habe, gibt es für mich natürlich einen Alternativ-Plan: Meinen Baustellen kann ich noch etwas mehr Zeit widmen und vielleicht doch einen Zahnarzttermin machen. Außerdem werde ich via Internet schauen, welche Flüge es überhaupt noch gibt, um etwas mehr Überblick zu bekommen.

Traurig beziehungsweise enttäuschend ist es dennoch.

Gestern habe ich die Abdeckmatte auf der Autorückbank angebracht. Echt praktisch – so ein Ding hätte ich mir schon viel früher anschaffen können. Damit lassen sich beispielsweise Gartenabfälle ganz krümelfrei zum Recyclinghof bringen.

Auch die faltbare Box ist aufgestellt, eine Sache von wenigen Handgriffen. Im Rückspiegel kann ich noch drüber hinwegsehen, die grüne Farbe gefällt mir auch. Tja, nun kann ich sie noch etwas länger auslüften lassen. Schadet bestimmt nicht.

Was mir noch fehlt, ist eine schicke Hundegarderobe im Flur. Leider ist nicht viel Platz dafür, also muss ich die Ideen kreativ umsetzen. Vier Haken sollten es schon sein (für Halsband, Geschirr und zwei Leinen), außerdem eine Ablage für den Beutelspender und die „Leckerchen-To-Go". Auch die geplante Gassi-Tasche braucht einen Haken. Das wird eng.

★

Das Wetter hat einen gewaltigen Sprung Richtung Winter getan, und ich frage mich, ob der ausgefallene Flug nicht eine glückliche Fügung war. Am gestrigen Abend setzte Schneefall mit starkem Wind ein – die Fahrt zum Flughafen möchte ich mir gar nicht ausmalen. Das hätte ein Alptraum werden können.

Heute dann eine eiskalte weiße Welt da draußen. Während ich den Schnee vom Bürgersteig schaufelte, dachte ich mir: Das war schon ganz gut so. Ein Hund von Fuerteventura sollte nicht gerade mit solchem Wetter empfangen werden. Und ich hätte wohl sehr viel Überredungskunst gebraucht, ihn zum Pinkeln wenigstens in den Garten zu bringen. Denn der ist natürlich auch zugeschneit.

Den Tag gestern habe ich für andere Projekte genutzt. Im Sammelsurium meines Kellers fand ich die richtigen Zutaten für eine Hundegarderobe: Ein kleines altes Wandbord mit verschiedenen Fächern (eigentlich mal für Briefe etc. gedacht) und eine Art Handtuchhalter mit waagerechter Metallstange und S-Haken.

Beides genau in der Größe, dass der schmale freie Platz neben meiner Garderobe genutzt werden kann. Für weiteren Stauraum plane ich eine Klemmstange in der Türöffnung daneben und Hängefächer. Darin lassen sich dann Mäntelchen & Co. unterbringen.

Ganz gut gelungen ist mir auch der Stoffknochen als Spielzeug. Ich habe erst mal einen Prototyp genäht, bevor ich damit in Massenproduktion gehe. Tatsächlich kommt er mir ein bisschen dünn vor, ich werde das Schnittmuster entsprechend ändern. Und dann gibt's Knochen in allen Farben – Stoffe sind genug da, die Füllwatte wird wohl für vier, fünf Stück reichen.

Wenn ich die Nähmaschine gerade in Betrieb habe, könnte ich auch gleich weitermachen. Eine Schnüffeldecke aus alten Jeanshosen zum Beispiel, das wäre auch eine tolle Beschäftigungsmöglichkeit für Tage mit „Wetter". Die Gassi-Tasche könnte ich machen und eine kleine Mitnehm-Hundedecke (brauche ich sicher noch nicht so bald, aber dann habe ich sie fertig).

Wechselbezüge für die Hundekissen, das will ich aber möglichst schaffen, bevor Miguel hier ist. Vielleicht nehme ich mir diese Arbeit für morgen vor.

Was gehört in eine Gassi-Tasche? Sollte ich auch Pfefferspray mitnehmen, zur Abwehr gegen allzu aufdringliche oder gar aggressive fremde Hunde/Männer? Immerhin bin ich dann viel öfter draußen, auch noch recht spät. Da sollte man gegen alles gewappnet sein. Am besten frage ich mal, was Mila davon hält.

★

Warten. Mehr kann ich augenblicklich nicht tun. Jeden Tag habe ich weiter an der Ausstattung gearbeitet. Die Hundegarderobe ist montiert und sieht gut aus, die beiden Hundekissen haben jetzt einheitliche Bezüge, zwei weitere Stoffknochen sind entstanden (einen werde ich an Akina verschenken), für die Schlummerrolle habe ich auch einen Bezug genäht.

Meike hat mir den Übernahme-Vertrag schon mal weitergeleitet. Aus dem Kleingedruckten wird ersichtlich, dass ich zwar Besitzerin und verantwortliche Halterin meines Hundes werde, nicht aber seine Eigentümerin. Der Verein legt vertraglich fest, dass er Eigentümer bleibt und schützt den Hund damit vor Weitergabe. Sollte es wider Erwarten also gar nicht klappen mit uns, würde man sich um ein neues Zuhause für ihn kümmern.

Ein Blatt war auch dabei, das beim ersten Tierarztbesuch mitgenommen und ausgefüllt werden soll, und zwar möglichst innerhalb einer Woche nach Eintreffen.

Sobald ich also eine zuverlässige Ankunft habe, mache ich am besten einen Termin bei der Tierärztin meines Vertrauens. Sie muss nur bestätigen, dass gemäß Chip der Hund tatsächlich der richtige ist und dass sein Allgemeinzustand in Ordnung ist. So kann ich mit ihr auch gleich besprechen, wann ein zweiter Test auf Mittelmeerkrankheiten gemacht wird.

Tja, ansonsten bewegt sich nichts. Meike sagt, sie suchen in allen Ebenen nach Flugpaten, man kann nur die Daumen drücken.

Währenddessen schmilzt hier der Schnee, das ist mir auch lieber so. Denn der lähmt auch mich. Jetzt auszurutschen und mich zu verletzen wäre mit das Blödeste, was mir passieren könnte.

★

H wie Hausregeln

So klappt's nicht nur mit den Nachbarn

Ich kann mir ja, während ich warte, schon mal ein paar Gedanken über Hausregeln machen, auf deren Einhaltung ich vom ersten Tag an achten muss.

Da wären also folgende:

Pfotenkontrolle vor der Wohnungstür, säubern wenn nötig

Es wird nichts geklaut, Futter gibt's nur von mir bzw. aus dem Napf

Von meinen Menschenmahlzeiten gibt es nichts ab

Katzen/Katzenfutter/Katzenklos sind tabu

Alles gehört mir, allein ich bestimme darüber

Wenn es an der Tür schellt, kümmere ich mich selbst drum, draußen oder im Hausflur vorbeigehende Personen werden nicht mit Gebell kommentiert

Im Garten darf gepinkelt werden

Vielleicht kommt im echten Zusammenleben noch etwas dazu, aber damit fange ich erst mal an.

Möglicherweise muss ich für die Badezimmertür eine Sperre basteln, damit zwar die Katzen zu ihren Klos gelangen können, Miguel aber nicht durch den Spalt passt. In meiner Anwesenheit darf er mit, ansonsten nicht. Zu groß könnte die Verlockung zum Buddeln sein, das möchte ich auf jeden Fall vermeiden.

Im Anfang werde ich Hund und Katzen möglichst ständig im Blick haben, damit ich ihr Maß an gegenseitiger Neugier oder Angst einschätzen kann. Deuten sich Differenzen an, werde ich sofort einschreiten. Läuft es gut, wird sofort gelobt.

Wichtig ist das Futtermanagement. Die unterschiedlichen Futterzeiten kriege ich hoffentlich gut geregelt. Katzen fressen öfter, dafür kleinere Portionen. Ihr Futter herumstehen lassen will ich aber nicht, sonst würde Miguel sich bestimmt daran bedienen.

Er wiederum wird zweimal täglich gefüttert, nachmittags „zum Kaffee" kriegt er einen Snack.

Ich habe mir überlegt, dass ich den Katern auch Futter rausstelle, während ich mit dem Hund auf Gassitour bin, dann haben sie ihre Ruhe zum Fressen. Bei den gleichzeitigen Hauptmahlzeiten (in ausreichend weit voneinander entfernten Näpfen) bleibe ich dazwischen und achte darauf, dass die Jungs jeweils auf ihren Seiten bleiben. So könnte es klappen.

Trinkwasser wird natürlich immer bereitstehen, aber frei verfügbares Futter eben nicht (mehr).

Auf der Zielgeraden

Ist an alles gedacht?

Februar 2021

Endlich gibt es ein Datum. Gestern habe ich mit Meike telefoniert und von ihr erfahren, dass demnächst jemand von My Dog Fuerteventura selbst dorthin fliegen wird. Die Buchung von Colombo auf das Ticket kann dann sofort erledigt werden.

Am Freitag den 12. März wäre es dann soweit. Also noch gut zwei Wochen – eine Zeitspanne, die ich bestmöglich nutzen werde und die auch nicht mehr zu lange dauert.

Aktuell bin ich mit der Patchwork-Liegedecke beschäftigt. Heute habe ich die letzten Quadrate geschnitten und die Farbverteilung angeordnet. Ein diagonaler Farbverlauf, bin ganz zufrieden damit. Mit dem Nähen habe ich auch angefangen. Ich denke, dass ich in zwei, drei Tagen damit fertig bin.

★

Der Tag rückt näher, und ich habe inzwischen eine weitere Frau von My Dog Fuerteventura kennengelernt, jedenfalls telefonisch. Katja wohnt mit Mann und Hunden in Krefeld und kommt am Freitag ebenfalls zum Flughafen, um bei der Übergabe behilflich zu sein.

Sie erschien sehr sympathisch, wir haben uns sofort gut verstanden. Vielleicht kann ich sie auch mal zu einem Hundespaziergang besuchen, das ist ja nicht so weit weg.

Die Patchworkdecke ist fertig und sieht toll aus. Das Nähen hat auch Spaß gemacht, nebenher räume ich gerade mein Nähzimmer auf, damit ich bald mit weiteren Projekten starten kann.

Ich lege schon die Dinge bereit, die ich zur Abholung mitnehmen werde: Eine Zange zum Öffnen der Kabelbinder an der Transportbox, Küchenrolle als Sofortmaßnahme bei eventuellem Malheur, Hygienetücher für saubere Hände …

Da kommt was zusammen.

Unterwegs schaue ich ja seit einer Weile schon, wo man mit Hund gut spazieren gehen kann. Eine neue Stelle habe ich gestern kennengelernt: Der Entenfang ist ein See an der Grenze zu Mülheim. An den Wochenenden wird es dort vermutlich überfüllt sein, aber unter der Woche geht das sicher. Da gibt es auch eine sandige Stelle, wo ein Podenco schön graben kann.

Dies war nun also mein letztes Wochenende ohne Hund. Ab dem nächsten wird sich vieles ändern.

★

März 2021

Draußen heult ein Probealarm. Gut, dass Miguel zumindest mit so etwas noch nicht sofort konfrontiert wird. Bis zum nächsten Alarm ist er hoffentlich gelassen genug, den Lärm auszuhalten. Vielleicht wird er dann auch einfach mitheulen.

Gestern habe ich mit der Hotline der Stadt Duisburg telefoniert, wegen der Anmeldung für den Hund beim Ordnungsamt. Dies soll innerhalb vier Wochen nach seiner Ankunft erledigt werden, das Formular dafür heißt „Meldebogen für große Hunde", als Download auf der Website des OA zu finden. Bei der Anmeldung ebenfalls erforderlich ist – gemäß 20/40-Regelung – der Kleine Sachkundenachweis, den kann ich beim Tierarzt machen, der Preis dafür liegt bei 40 bis 60 Euro. Und die Nummer der Hundehaftpflicht ist mit anzugeben, dazu hatte ich ja bereits ein Vorgespräch mit einer Beraterin. Sie werde ich zusammen mit Miguel besuchen.

Ja, morgen ist es endlich soweit. Die Traces-Papiere, mit denen der gesamte Transport lückenlos verfolgt werden kann, sind bereits per WhatsApp übermittelt worden (allerdings weiß ich nicht, ob ich etwas damit anstellen muss). Gegen Abend werde ich Katja noch einmal anrufen, morgen sehen wir uns dann am Flughafen.

Erst dann wird sich zeigen, ob denn die Faltbox, die jetzt noch in meinem Auto zwei Drittel der Rückbank einnimmt, überhaupt die richtige Größe hat. Wir nehmen sie mit, und ich hoffe, der Hund kann sich hineinfalten.

Laut Beschreibung ist die nächstgrößere und gleichzeitig auch größte Box dieses Anbieters für Bernhardiner geeignet. Notfalls würde ich die dann bestellen …

★

I wie Idealvorstellung

Gibt es ihn, den Traumhund?

Vom ersten eigenen Hund hat man sicher seine Idealvorstellung, in Richtung Märchenprinz (oder -prinzessin) mit vier Beinen. Dabei muss es noch gar nicht um eine bestimmte bildliche Vorstellung gehen, sondern eher um das gemeinsame Leben.

Beispiel: Beim Vorbeifahren an einem Park oder zu Fuß unterwegs irgendwo draußen im Grünen dachte ich oft: Ach, es wäre doch nett, hier einen Spaziergang mit Hund zu machen. In Gedanken sah ich mich die Wege entlangschlendern, meinen Hund an lockerer Leine neben mir, hin und wieder ein liebevoller Austausch von Blicken.

Oder ein idyllisch gelegenes Café: Hier sitze ich draußen und genieße die laue Luft, auf dem Tischchen vor mir steht ein leckerer Cappuccino oder eine Latte Macchiato, der Hund liegt brav zu meinen Füßen, eingerollt auf seiner Decke.

Träumen darf man ja. Und viele Träume sind auch dazu geeignet, Ziele zu werden, die früher oder später tatsächlich verwirklicht werden können.

Dann zieht der Hund ein und mit ihm die Realität.

Es wäre naiv, von ihm die Erfüllung der so farbig ausgestalteten Träume zu erwarten. Er wird nicht ankommen und sich fröhlich in sein neues Leben stürzen. Sein Verhalten wird zu Beginn nicht notwendigerweise das sein, das er nach einer Woche oder einem Monat zeigen wird. Einiges wird vielleicht sogar der Idealvorstellung entsprechen. Für den Rest, wo es (noch) nicht 1/1 passt, ist Gewöhnung und wahrscheinlich auch Training nötig.

Kompromissbereitschaft ist hilfreich, denn – ohne den Hund vermenschlichen zu wollen – auch ihm gestehe ich so etwas wie eine Idealvorstellung seines zweibeinigen Lebensgefährten zu.

Gut möglich, dass er mit einigen meiner Eigenschaften ganz zufrieden sein wird, dass ich aber seinem Geschmack nach ebenfalls ein passionierter Kaninchenjäger sein sollte.

Bei aller Träumerei vom Leben mit Hund gehören auch die weniger angenehmen Dinge dazu, die unausweichlich auf mich zu kommen. Das Leben mit Katzen (die keinen Auslauf haben) hat mich darauf vorbereitet, mehrfach täglich Ausscheidungen zu entsorgen. Eine Hundeportion ist größer beziehungsweise abhängig von der Größe des Hundes und seiner Ernährung. Ich kann also in gewissem Maße Einfluss darauf nehmen.

Die Liste geht weiter. Feuchtes Fell, Sabber und schmutzige Pfoten erwarte ich ebenso wie das Suchen und Entfernen von Zecken sowie den Geruch von gewissen Kau-Artikeln, der bei empfindlichen Naturen Brechreiz auslösen könnte.

Mensch und Hund sollen in möglichst idealer Harmonie zusammenfinden, das ist der Traum.

Der vielleicht wichtigste Faktor dabei ist die verantwortungsvolle Vermittlung durch eine seriöse Tierschutzorganisation, deren Anliegen es ist, die am besten zueinander passenden Seelen zusammenzubringen. Vielleicht ist das dann nicht der Hund, den man ursprünglich wollte. Aber es wird der sein, den man braucht und für den man der Mensch ist, den der Hund braucht.

Idealer geht's kaum.

Es geht los – Ankunft und die erste Woche

März 2021 – SA, Tag 1

Es ist zwanzig nach eins nachts, und ich will noch schnell den gestrigen Freitag festhalten.

Ich habe einen Großeinkauf gemacht, damit ich für die nächsten Tage versorgt bin und das Haus nicht verlassen muss. Beim Recyclinghof war ich, Nachschub an Kaffee fehlte auch. Immer wieder fragte ich mich, ob ich an alles gedacht hatte; genauso oft musste ich mir sagen, dass bestimmt alles prima laufen wird.

Für den ganzen Ablauf war eine WhatsApp-Gruppe eingerichtet worden, in der allmählich Meldungen eintrudelten. Ein Filmchen auf dem Rasen vor dem Flughafen in Fuerteventura, Bilder aus der Abfertigung. Es würde eine lange Reise werden, wegen coronabedingtem Zwischenstopp auf Gran Canaria.

Der Flieger würde spät ankommen. Mila und ihr Mann hatten angeboten, mich zu fahren, damit ich mit dem neuen Hund nicht allein unterwegs war. Für halb zehn waren wir verabredet, darum wollte ich ein bisschen fernsehen. Aber voller Unruhe bin ich immer wieder herumgelaufen, habe dies und jenes gepackt, geräumt und verändert. Eine Charge Hundekekse habe ich auch gebacken.

Das Flughafen-Rasen-Filmchen habe ich an ein paar Leute im Familien- und Freundeskreis weitergeleitet, und da kamen natürlich etliche Rückmeldungen. Ich war echt beschäftigt.

Dann gings endlich los. Der Flughafen fast leer, sehr still, nur zwei Flüge kamen so spät noch an. Wir waren früh da, außer uns noch weitere Leute, die anscheinend auf ihre Tiere warteten. Katja (mit der ich ja schon telefonisch Bekanntschaft gemacht habe) lernte ich nun auch persönlich kennen, ebenso ihren Mann Bernd.

Dann – Anspannung. Der Flug aus Gran Canaria ist da. Wie wird es sein, das erste Zusammentreffen? Der erste Blickkontakt? Gibt es diesen fast magischen Moment des gegenseitigen Erkennens?

Die Tiere kommen ganz zuletzt raus. Die große Box da, ich sehe ein Podenco-Gesicht. Katja ist sofort zur Stelle, die Übergabe erfolgt zügig. Ich habe keine Gelegenheit, mich dem Hund in Ruhe vorzustellen. Er verhält sich ruhig, lässt einfach alles geschehen. Huschhusch sind wir schon auf dem Weg ins Parkhaus. Es erweist sich, dass meine Faltbox zu klein ist. Gut, dann bestelle ich eben die in Bernhardiner-Größe. Also doch den Hund nur so auf die Rückbank hieven, ich quetsche mich daneben. Die Ferrero-Küsschen, die ich als Dankeschön für die Flugpatin gekauft hatte, sind immer noch in der Tasche. Auch war keine Zeit, Miguel etwas Wasser anzubieten, ein Leckerchen wurde seinerseits verschmäht.

Während der Rückfahrt steht Miguel neben mir und schaut wie gebannt nach draußen, mich nimmt er kaum wahr. Groß ist er. Ich halte ihn fest. Erst auf dem letzten kurzen Stück setzt er sich. Zuhause angekommen, nutzen wir die Ruhe der nächtlichen Straßen direkt zu einer Gassirunde. Milas Dackelchen Akina, die auch mitgekommen war, begrüßt Miguel, aber er kann sich gerade nicht auf sie konzentrieren. Es wird viel geschnüffelt (= deutsche Zeitung), aber nicht gepinkelt. Ich dehne die Runde noch aus, Mila geht heim.

Noch hat Miguel keinerlei Beziehung zu mir, also ist dieser erste gemeinsame Gang nicht das, was ich später haben werde. Vermutlich könnten wir noch stundenlang so laufen, aber irgendwann muss ich es den Katzen sagen. Außerdem drückt meine Blase jetzt (wenn schon nicht seine), also ab nach Hause.

Das wird nun spannend. Ob er mir freiwillig ins Haus folgt? Vier Stufen führen hoch zur Haustür. Nach zweien stoppt er, will weg. Ich hocke mich hin und locke, er kommt nach und steht im Hausflur.

Dann die Wohnungstür. Ich schließe auf und erwarte, dass die Kater wie gewohnt dahinterstehen. Naoko ist da, in zwei Metern Entfernung. Miguel zeigt keine Regung. Ich weiß ja nicht, was ihn draußen so aufgeregt hat schnüffeln lassen – Katzen waren es anscheinend nicht.

Ich bitte Miguel herein, damit ich hinter ihm die Tür schließen kann, und nehme ihn sicherheitshalber mit ins Badezimmer. Er steht da und wartet einfach ab. Wir gehen ins Wohnzimmer, wo Taki noch auf dem Sofa liegt. Ich bringe Miguel in sein Sichtfeld, damit er sich davonmachen kann. Das Wohnzimmer habe ich für heute als unsere Schlafstatt vorgesehen. Ich auf dem Sofa, der Hund auf seinem Kissen, die Katzen wo sie wollen, aber nicht hier drin.

Miguel nimmt einen Schluck von dem bereitgestellten Wasser, schaut und schnüffelt in diese und jene Ecke, bis er das Kissen unter dem Schreibtisch entdeckt. Ja, das ist seins, das erkennt er sofort. Er kringelt sich darauf zusammen, jetzt nimmt er auch gern die Leckerchen an. Der richtige Moment für ein Angekommen-Foto in die WhatsApp-Gruppe. Ich lege ihm eine Decke über, damit entspannt er ganz schnell.

Jetzt schläft er und pustet vor sich hin. Eine ganz neue Geräuschkulisse, an die ich mich auch erst gewöhnen muss. Ich baue gleich mein Bett und hoffe, dass ich auch gut in den Schlaf komme. Müde fühle ich mich nicht, der Adrenalinspiegel ist vielleicht noch zu hoch.

Na, ich muss es versuchen. Und in ein paar Stunden startet unser erster Tag mit einer erfrischenden – und hoffentlich erfolgreichen – Gassirunde.

Samstag, zwölf Uhr Mittag, und wir haben bisher noch keinen Schritt vor die Tür getan.

Die Nacht verlief ruhig, auch wenn ich auf dem Sofa nicht so gut geschlafen habe wie in meinem Bett. Es dauerte lange, bis Miguel nicht mehr pustete, sondern entspannt atmete und sogar ein bisschen schnarchte.

Am frühen Morgen stand er neben dem Sofa und weckte mich. Ich dachte: Oh, er muss mal, also gehen wir kurz in den Garten. Aber als ich die Leine dran hatte und die Zimmertür ansteuerte, drehte er um und kroch wieder auf sein Kissen. Und da liegt er bis jetzt.

Ich bin gegen viertel nach acht aufgestanden, bereit für eine erste Gassirunde (auch wenn das Wetter nicht gerade einladend war).

Aber Miguel muss nicht. Kein Hunger, kein Durst, kein Druck, dafür viel Müdigkeit. Ich kenne das Gefühl, wenn einen die Schläfrigkeit fest im Griff hat, also lasse ich ihn einfach.

Die Wohnzimmertür ist jetzt offen, beide Kater waren schon hier zur Inspektion. Dabei ist Naoko deutlich neugieriger oder mutiger. Vorhin waren sie bis auf eine Handbreit Nase an Nase. Kein Fauchen, kein Knurren. Miguel wandte dann den Kopf ab und gähnte. Er will keinen Stress mit den Katzen. Bestimmt kriegt Taki auch noch die Kurve, wir haben ja Zeit.

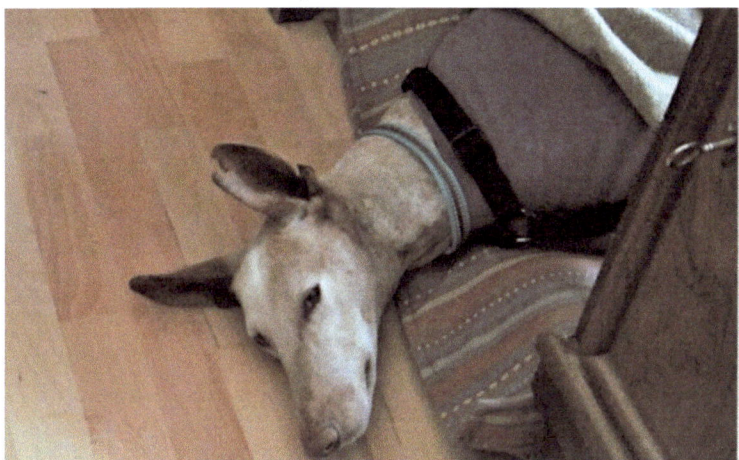

Ein paar Bröckchen Futter und etwas Wasser habe ich ihm eben „ans Bett" serviert. Noch immer keine Ambitionen, aufzustehen. Mein eigenes Frühstück (am Schreibtisch) blieb unkommentiert, der Hund bettelt nicht. Und ich werde ihm das auch nicht beibringen.

Er liegt da, warm zugedeckt, und atmet ruhig. Meine Aufmerksamkeit nimmt er freundlich an, mehr erwarte ich für einen ersten Tag auch gar nicht.

Gegen 14 Uhr bequemt Miguel sich dann endlich, aufzustehen. Ich telefoniere gerade und beende das Gespräch, um die Gelegenheit zu nutzen. Schnell Schuhe und Jacke an, Leinen ans Geschirr, ab nach draußen.

Wir laufen da, wo wir auch gestern in der Nacht waren. Und diesmal ist Miguel schon viel entspannter, zieht nicht überall hin und geht teils so gut an der Leine, dass ich ihn gar nicht spüre.

Später kommt Mila rüber, Miguel freut sich richtig über ihren Besuch. Wir haben ihm das neue Brustgeschirr angepasst. Er kriegt eine ordentliche Portion zu fressen, gegen acht Uhr gehen wir nochmal zum Gassi raus.

Die letzte Runde haben wir soeben gedreht, mittlerweile ist es halb eins. Er trinkt, aber er pinkelt nicht. Der Flüssigkeitshaushalt ist wohl noch nicht wieder in der Waage. Und seine Verdauung muss ja auch bald wieder einsetzen. Jetzt liegt er wieder unter dem Schreibtisch, zugedeckt, und schläft.

Wenn ich ihn unverhofft berühre, zuckt er zusammen. Das lässt vermuten, dass man in seinem vorherigen Leben grob mit ihm umgegangen ist. An mir orientiert er sich schon ein bisschen, sucht auch gelegentlich meine Hand, wenn er neben mir geht, und er genießt Kopfstreicheln.

Morgen ist Sonntag, ich fahre nicht wie sonst immer zu meiner Mutter. Bei gutem Wetter steuere ich aber vielleicht ein nettes Ziel im Grünen an, wo Miguel ein bisschen mehr schnuppern kann.

SO, Tag 2

Diesen Sonntag setze ich noch aus, aber für die kommenden habe ich mir schon eine Zeitstruktur überlegt. Wie sich der heutige Tag gestaltet, ist also untypisch.

Ich habe wieder im Wohnzimmer geschlafen, Miguel weckt mich früh mit einem zarten Anstupser, es ist kurz nach sieben Uhr. Dann geht er zielstrebig zur Terrassentür, ich lasse ihn raus. In der entferntesten Ecke, bei dem linken Baum, macht er endlich eine riesige Pfütze und seinen ersten Haufen. Das ist natürlich ein großes Lob wert (allerdings nicht zu laut, denn ich will ja nicht die halbe Nachbarschaft wecken). Zum Aufbleiben ist es mir zu früh, auch Miguel rollt sich wieder unter dem Schreibtisch zusammen, also lege ich mich wieder hin. Bin offenbar wieder fest eingeschlafen, denn als er mich das nächste Mal weckt, ist es schon halb zehn.

Wir verkrümeln uns nach draußen, die Straße zum Park entlang. Er läuft wieder ruhig an meiner Seite, überquert vertrauensvoll mit mir die Fußgängerbrücke, schnüffelt hier und da, aber längst nicht mehr so hektisch wie Freitagnacht.

Im Park treffen wir auf eine Frau mit Podenco Andaluz, was für ein netter Zufall. Wir gehen ein Stück gemeinsam weiter, Podenco verbindet.

Natürlich sind noch viele andere Leute mit ihren Hunden da. Doch Miguel interessiert sich so gut wie gar nicht für die Hunde, er verfolgt Kaninchenspuren. Da ist nichts mehr mit Bei-Fuß-Gehen. Als er einmal etwas zu sehen glaubt, wirft er sich mit solcher Energie ins Geschirr, dass ich froh über die doppelte Sicherung bin.

Wir sind etwa eine Stunde unterwegs. Noch nie habe ich in so kurzer Zeit so viele völlig fremde Menschen gegrüßt, lauter Hundeleute. Und alle Begegnungen laufen auf Hundeebene völlig entspannt ab, Miguel ist mit Schnüffelarbeit viel zu beschäftigt.

Zurück im Haus, gibt es endlich Frühstück. Wobei es mir scheint, als sei der Metallnapf ein gruseliges Ding für ihn. Weil das Trockenfutter darin solche Geräusche macht? Nach Anfüttern mit ein paar Brocken aus der Hand klappt es aber, den Rest frisst er von selbst und mit gutem Appetit aus dem Napf.

Ich habe am Schreibtisch zu tun, Miguel rollt sich darunter zu meinen Füßen ein. Der ideale Home-Office-Hund, denke ich. Oder zum Mitnehmen ins Büro. Das passt zu einer guten Arbeitsstruktur.

Ein Weilchen später bittet Miguel mich wieder gezielt darum, raus in den Garten gelassen zu werden, sofort steuert er den hintersten linken Baum an.

Nachmittags schlagen wir die Richtung zum Rhein ein, das Wetter ist freundlich und schenkt hin und wieder ein wenig Sonnenschein und blauen Himmel. Auf dem Rückweg spricht uns eine Frau an, dass sie überlege, auch einen Podenco zu adoptieren, da kann ich gleich ein bisschen Werbung für die Rasse machen.

Bei unserer letzten Runde gegen halb elf wird nur geschnuppert und ansonsten brav an meiner Seite gegangen. Kein Markieren, das wundert mich besonders. Natürlich kann sich das noch ändern, aber momentan halte ich es für möglich, dass der Garten vorläufig das Haupt-Klo sein wird. Na ja, damit könnte ich auch leben. In der Ecke unter den Bäumen wächst ohnehin nichts.

Die Katzen tun sich weiterhin schwer, wobei Naoko der mutigere von beiden ist. Er kommt immer mal wieder gucken und geht dann wieder. Taki macht sich rar, aber wir brauchen einfach Geduld und mehr Zeit.

MO, Tag 3

Es scheint sich zur morgendlichen Routine zu entwickeln, dass Miguel nach dem Erwachen zuallererst raus in den Garten will. Heute passiert das kurz vor halb acht, doch dieses Mal nehme ich direkt eine Tüte mit. Eine schnelle Sache, die wandert beim Spaziergang in den nächsten Abfallbehälter.

Wir gehen wieder die Straße entlang hinunter bis zum Alten Friedhof und hinten an den Tennisplätzen zurück. Mir fällt immer deutlicher auf, dass Miguel draußen zwei Gesichter hat: In den Straßen läuft er vorbildlich an lockerer Leine bei Fuß, schnüffelt wohl mal hier und da, aber markiert nicht. Sobald Gärten und Parks da sind, setzt der Jagdmodus ein, und hätte ich ihn nicht fest an den Leinen, wäre er sicher weg.

Kurz hinter der Fußgängerbrücke huscht ein Eichhörnchen über den Weg. Hoppla, da schaltet Miguel blitzartig um. Völlig klar, dass er nur in hoch umzäuntem Gelände abgeleint werden kann.

Naoko kommt öfters schauen, ob denn dieser Hund immer noch da ist. Und vielleicht sagt er sich: Dieser große Kerl wird mich nicht davon abhalten, mein gemütliches Leben weiterzuführen. Er macht es sich auf dem Sofa bequem, endlich wieder an der geliebten Heizung, dort entspannt er sich immer mehr. Schließlich schläft er sogar mit dem Rücken zu Miguel (der unterm Schreibtisch döst) ein, mit mir als Barriere dazwischen. Und selbst Taki überwindet sich heute und kommt zweimal aufs Sofa für ein paar Streicheleinheiten.

Für den Abend ist geplant, Miguel mit nach nebenan zu nehmen. Mila und ich treffen uns regelmäßig, darum soll heute ein offizielles Bekanntmachen von ihm und Akina stattfinden.

Eine erste Hürde sind die Treppenstufen im Hausflur. Petra hatte mich vorgewarnt. Es ist einfach, draußen damit umzugehen, die Treppe runter zur Rheinpromenade war ja gestern offenbar kein Problem. Auch die paar Stufen vor der Haustür werden gut bewältigt. Aber im Haus kann sich die Situation völlig anders darstellen.

Hinauf in den ersten Stock also. Zu zweit loben Mila und ich ihn jede Stufe hoch, angefeuert von Akina, die um ihn herumspringt und sich über den neuen Gast freut. Endlich oben, geht Miguel schnüffelnd auf Entdeckungstour, inspiziert wie selbstverständlich jedes Zimmer und findet in der Küche natürlich auch schnell den Schrank, in dem Mila die Leckerchen aufbewahrt.

Ich habe die Patchworkdecke mitgenommen. Da sie uns später bei Außer-Haus-Besuchen begleiten soll, fange ich besser sofort damit an. Miguel kratzt und beißt ein wenig darauf herum, aber zum Hinlegen ist er nicht entspannt genug. Auch Milas Mann und Sohn werden freudig begrüßt, ihre Leckerchen gern angenommen – alles in allem ein erfolgreicher Abend.

Die Treppe wieder runter ist noch einmal eine Herausforderung, die Miguel aber tapfer und unter viel Lob meistert. Ich lasse ihn kurz in den Garten, wo er schnell die Bäume wässert und dann wieder rein ins Warme strebt. Den letzten Spaziergang lasse ich ausfallen, denn dafür müsste ich Miguel extra wecken. Er schläft so fest, dass er noch nicht einmal mitbekommt, wie ich die Katzen füttere. Der Besuch nebenan ist wohl Abendprogramm genug gewesen, das jetzt durch seinen Kopf rumort. Also lasse ich ihn schlafen.

DI, Tag 4

Ich hoffe doch, dass Miguels Körperchemie sich langfristig so einpendelt, dass er nicht mehr nach alten Socken riecht und dass auch die Blähungen nachlassen. Er pupst ziemlich viel. Natürlich liegt es an der Ernährung, die werde ich allmählich auf hochwertiges Futter umstellen, so der Plan.

Beim heutigen Vormittagsspaziergang sind wir ein wenig nass geworden, und auch dieses Fell-Aroma ist verbesserungswürdig. Es riecht ein wenig so, als wäre er ins Wasser eines Seehafens gefallen. Wenigstens ist das nicht dieser typische Nasser-Hund-Geruch, der bei den meisten Leuten auf totale Ablehnung stößt.

Jetzt ist es spät, er liegt da und träumt offenbar – und er „spricht im Schlaf". Es klingt lustig, wie einen Art geflüstertes Bellen. Ob er wohl auf der Jagd ist?

Die täglichen Spaziergänge tun gut, ich schlafe besser und bin sogar zu einer kleinen Siesta aufgelegt. So ein Leben fühlt sich sehr gesund an. Vor allem ist die Zeit an der frischen Luft ein willkommener Ausgleich zu meiner Arbeit an Schreib- oder Zeichentisch. Der ganze Bewegungsapparat profitiert davon.

MI, Tag 5

Heute habe ich eine größere Faltbox fürs Auto bestellt, sie ist etwa so groß wie der Raum unterm Schreibtisch. Dass er dort hineinpasst, beweist Miguel ja mehrmals täglich, also sollte es mit der Box auch gehen. Ich hoffe nur, dass sie noch gut ins Auto passt.

Wenn es nur darum geht, kurz von A nach B zu fahren, reicht auch der Sicherheitsgurt. Heute haben wir das ausprobiert, morgen werden wir das wieder tun. Denn mit dem Auto können wir ja all die schönen Ziele erreichen, an denen Miguel hoffentlich auch so viel Gefallen findet wie ich. Außerdem die Tierärztin, meine Bank, den Supermarkt …

Für heute ist ein Besuch bei meiner Mutter das Ziel, eine praktische kleine Übung. Und wie wir das dann jeden Sonntag machen werden, will ich vorher eine Runde über den Kirmesplatz drehen.

Miguel ins Auto zu bekommen war schon am Flughafen eine schwierige Aktion, an der mehrere Menschen beteiligt waren. Ich muss das aber auch allein hinkriegen. Der Knackpunkt ist: Er müsste an mir vorbei bzw. vor mir her auf eine erhöhte Ebene springen. Das Kommando „hopp" sagt ihm natürlich noch gar nichts.

Er scheint zu ahnen, was ich von ihm will, hat aber keine Idee, wie das zu schaffen ist. Also hieve ich seine Vorderpfoten auf den Rücksitz, sage dazu „hopp", dann die hintere Körperhälfte gleichfalls. Viele lobende Worte, jetzt noch den Sicherheitsgurt einhaken. Dazu müsste Miguel sich hinsetzen, aber das tut er nicht. Mit Ach und Krach kriege ich das Ding befestigt (muss es nur neu einstellen), dann können wir endlich los. Ich fahre wie auf Eiern und nehme Kurven sehr behutsam, damit mein Fahrgast sich ausbalancieren kann. Am Ziel angekommen, klappt das Aussteigen sogar ganz gut, danach darf er sich bei einer Schnüffeltour erst mal entspannen.

Die Treppe hoch zu Mamas Wohnung ist nun wieder eine neue Herausforderung. Im ersten Stock stoppt er (schließlich hat er vorgestern zu Mila auch nicht höher klettern müssen). Mit viel Lob und Überredung bringt er endlich auch die letzten Stufen hinter sich, und wir können es uns mit Kaffee und Keksen gemütlich machen.

Für Mama bringe ich eine Dose Hundekekse mit; sie mag es, wie vorsichtig Miguel die Stücke nimmt. Dann sucht er nach einer Stelle, um sich abzulegen. Der Teppich im Flur ist zwar weicher, die Distanz zu uns aber größer. Also rollt er sich neben dem Couchtisch ein. Am kommenden Sonntag packe ich seine Patchworkdecke ein.

Wir fahren zurück nach Hause, doch dort weigert Miguel sich auszusteigen. Ob es ihm draußen zu kalt ist? Auch von der anderen Seite des Autos aus ist nichts zu machen, also stehen wir einfach eine Weile herum. Dann ein neuer Versuch.

Mit etwas aktiver Beteiligung und festem Griff am Brustgeschirr steht der Hund endlich auf dem Bürgersteig. Wieder ein Abenteuer überstanden! So schlimm war es doch gar nicht.

Mein Heim-Sportprogramm per Computer absolviere ich am Abend, dafür wackelt Miguel noch nicht mal mit den Ohren. Meine Crunches, Situps und Planks ignoriert er völlig. Soll Frauchen sich ruhig verrenken, er liegt direkt daneben auf dem Kissen und döst.

DO, Tag 6

Es ist wieder kälter geworden, höchstens 4°C. Heute klappt es nicht mit dem morgendlichen Pieseln im Garten. Miguel kommt zwar mit raus, steht dann aber nur zitternd neben mir und mag nicht die paar Schritte zu dem Baum gehen. Tja … dann eben wieder rein in die warme Wohnung. Es gibt Frühstück fürs Hundi.

Als ich mich anziehen will und zu meinem Gürtel greife, gerät Miguel plötzlich ganz aus dem Häuschen. Die Verknüpfung ist klar – der Gürtel klingt und sieht aus wie seine Hundeleine. Ein echter Spaziergang mit allem Gerödel wäre also angenehm.

Wir gehen raus und drehen eine – zum Glück trockene – Runde von acht bis neun Uhr. Allerdings ohne Pieseln. Seinen Flüssigkeitshaushalt verstehe ich noch nicht.

Die große Hundebox soll heute schon geliefert werden. Darum sind wir zuhause und warten darauf, und Petra kommt auf Besuch. Sie ist so gespannt auf Miguel, denn Langnasen sind ihr (jedenfalls bei Hunden) sehr sympathisch.

Miguel ist begeistert. Diese Frau riecht nach lauter interessanten Dingen, die mitgebrachten Fisch-Leckerchen sind ein Gedicht. Zum Glück kann Petra sich so organisieren, dass sie morgen mit uns fährt zur Tierärztin, wo Kater Naoko seinen Termin zur Nachkontrolle hat. Denn Miguel zwei Stunden allein zuhause lassen möchte ich noch nicht.

Die Faltbox wird geliefert, was für ein Riesenteil. Simpel aufzubauen, sie ist mit ein paar Handgriffen aufgestellt. Miguel schaut sie sich aufmerksam an. Ich muss ihn gar nicht reinlocken, er geht von sich aus in diese neue Höhle. So weich wie das Kissen ist der Untergrund natürlich nicht, da muss ich nachbessern.

Aber ein guter Anfang ist gemacht. Sie wäre auch als Schlafbox geeignet. Denn ich will ja nicht ständig auf dem Sofa pennen, bald will ich wieder in mein bequemes Bett. Und dann hätte Miguel eine überdachte, sichere Unterkunft.

FR, Tag 7

Heute erwartet uns eine Herausforderung, denn ich muss Naoko noch mal bei der Tierärztin vorstellen. Miguel kommt natürlich mit. Zu unserer Unterstützung ist Petra dabei. Sie holt uns gegen elf Uhr ab, wir fahren mit ihrem Auto (das Einsteigen klappt wieder nur mit aktiver Hilfe), das riecht nach ihrem Hund, scheint aber für Miguel kein Hindernis zu sein.

In der Praxis verhält er sich wie immer toll – nächste Woche komme ich mit ihm nochmal zurück, für seinen Erstcheck und den 20/40-Sachkundenachweis.

Dem Kater soll ich eine weitere Woche das Antibiotikum geben. Hoffe zwar , dass es hilft, aber eine sehr lange gemeinsame Zeit sehe ich nicht mehr für uns.

Endlich scheint durchgängig die Sonne, der Boden trocknet ab. In meinem Garten kann ich Frühlingsvorbereitungen machen und einen Behälter mit Abgeschnittenem für den Recyclinghof füllen. Miguel läuft ein bisschen herum (ohne Jacke), dann will er lieber wieder rein.

Weil ich nicht mitkomme, sitzt er erst unschlüssig da, doch dann entdeckt er zwischen Scheibe und Sofa das (extra für ihn dort positionierte) Bodenkissen mit der Schlummerrolle, sogar ein paar Sonnenstrahlen fallen darauf. Sein Platz!

Vorsichtig praktiziert er sich in die Ecke, faltet umständlich die langen Beine zusammen und rollt sich zu einer Siesta zusammen. Von dort kann er mich beobachten, aber bald schläft er.

Nach meiner Gartenarbeit besuche ich ihn in seinem Eckchen, da rekelt er sich und lacht, gibt mir den Bauch zum Kraulen und fasst vorsichtig mit den Zähnen meinen Arm.

SA, Tag 8

Samstagmorgen, erholsame Stille in den Straßen. Auf dem Weg zum Park treffen wir wieder das Podencomädchen vom letzten Sonntag, heute in Begleitung eines Nachbarhundes. Miguel ist nach wie vor nicht der übermäßig gesellige Typ, wir schwenken bald auf unsere eigene Route.

Auf dem Heimweg geht es durch eine klitzekleine Grünanlange, ein Kaninchen flitzt unter die Büsche. Holla! Da kommt Leben in meinen Hund! Es ist völlig klar, wieder einmal: Leinen bleiben dran.

Stunden später. Diese Szene hätte ich filmen mögen: Es ist Zeit für die Nachmittagsrunde. Miguel steht abwartend im Flur, damit ich ihn anziehe. Naoko steht nur etwa 20 cm neben ihm und quäkt mich an, dass ich ihm etwas zu essen gebe (was ich verneine). Als der Kater erkennt, dass er keinen Erfolg hat, wendet er sich um und geht davon – genau unter Miguel durch. Als ob es das Selbstverständlichste der Welt wäre. Ein echt cooler Kater!

Und der Hund? Steht reglos wie eine Statue. Wahrscheinlich hat er gar nicht kapiert, welchen Fortschritt sie beide gerade gemacht haben. Ebenfalls ein cooler Typ!

Für diese Tour habe ich das Auto eingeplant, denn da müssen wir ja in Übung bleiben. Die größere Box ist auf der Rückbank aufgebaut. Sie passt noch rein, aber nun ist sie so hoch, dass ich nach hinten raus fast nichts mehr sehe.

Miguel ins Auto zu kriegen ist auch heute nur mit aktiver Beteiligung meinerseits zu schaffen. Wenigstens geht er dann in die Box, und ich kann losfahren.

Es soll kein zu weit entferntes Ziel sein. Erst überlege ich mir die Rheinpromenade bei der Rheinbrücke, aber unterwegs fällt mir der kleine Essenberger See ein, wir fahren dorthin.

Ich war noch nie hier, bin nur schon unzählige Male dran vorbeigefahren und habe gedacht: „Das müsstest du dir mal ansehen." Wir spazieren einmal rundherum (er ist ja wirklich nicht groß), da sind auch noch andere Wege. Ich müsste mir die Details mal auf dem Stadtplan ansehen.

Auf dem Rückweg will ich die Gelegenheit nutzen, noch etwas auszuprobieren: Einkaufen. Ein Supermarkt hier hat nach hinten raus diese überdachten Parkplätze, da ist nicht so viel Trubel, also machen wir das.

Ich brauche nur ein paar Dinge und bin schnell wieder am Auto. Miguel schaut mir mit gespitzten Ohren entgegen, wirkt ansonsten ziemlich unaufgeregt. Alles gut. Trotzdem werden Einkaufstouren mit ihm zusammen die Ausnahme bleiben.

SO, Tag 9

Sonst habe ich mich sonntags einfach ausschlafen lassen, heute bin ich um sieben wach, stehe halb acht auf und bin um acht mit Miguel auf dem Weg zum Park. Und es gefällt mir.

In der vergangenen Nacht habe ich die Tür offen gelassen. Beide Kater haben bei mir auf dem Sofa geschlafen. Das war echt eng, ich muss endlich wieder ins normale Bett.

Der frühmorgendliche Park ist ruhig, nur Leute mit ihren Hunden sind unterwegs, auch ein paar Jogger, das ferne Rauschen der Autobahn klingt sonntäglich dünn.

Wir wandern durch den Alten Friedhof und weiter durch die Unterführung zum PCC-Stadion. Und noch ein Stückchen weiter Richtung Rhein, aber da wird es mir doch zu windig. Zeit fürs Frühstück, also umkehren und zügig nach Hause.

Zur geplanten neuen Sonntagsroutine gehört, dass ich mich um zwölf auf den Weg zu meiner Mutter mache und mit Miguel eine kurze Runde über den Kirmesplatz drehe, bevor es zu Mama rauf geht. So weit, so gut – auch der Weg in den zweiten Stock klappt heute schon besser als beim letzten Mal. Ich habe auch die Patchworkdecke mitgebracht, die wird an eine bestimmte Stelle in der Küche gelegt, auf ihr serviere ich die Mittags-Kaustange. Miguel liegt brav auf der Decke, als ob er weiß, dass sie für ihn ist.

Nach der Mittagsruhe möchte ich ihm Gelegenheit zum Pinkeln geben, denn er hat viel getrunken. Während Mama den Kaffeetisch deckt, starte ich mit ihm eine Gassirunde, die allerdings schon am ersten Treppenabsatz scheitert. Da hinunter? Nein …

Nichts hilft. Er folgt mir nicht. Schließlich hebe ich ihn Stufe für Stufe runter, lobe immer wieder. Die Treppe zur Haustür hinaus nimmt er ohne Zögern. Ich versteh's nicht.

Nach unserer Runde die Treppe wieder rauf geht so lala, Kaffee und Kuchen versöhnen mich mit der Plackerei, für Miguel gibt es einen Hundekeks.

Doch irgendwann müssen wir nach Hause und somit diese Treppe ein zweites Mal runter. Der Hund steht starr an der ersten Stufe und weigert sich. Ich gehe ohne ihn los und locke. Tatsächlich höre ich Pfotengetrappel. Eine halbe Etage kommt er mir nach, dann dreht er um und läuft wieder rauf, zu Mama. So kommen wir nicht weiter. Während ich also wieder 23 kg Podenco mit sanfter Gewalt Stufe für Stufe ins Parterre befördere, nehme ich mir fest vor, ein Treppentraining mit Leckerchen zu veranstalten (bisher habe ich solche Bestechung abgelehnt). Denn so eine Aktion wie die hier will ich nicht noch einmal.

Endlich zuhause, gibt es satt zu futtern, und dann will der Hund nur noch schlafen. Der kleine Geist hat wieder viel zu verarbeiten. Somit entfällt eine Abendrunde, er bekommt noch nicht einmal mit, dass ich die Schlafstatt auf dem Sofa abbaue und endlich wieder im Nebenzimmer mein Bett aufschlage. Was wird er wohl morgen denken, wenn er aufwacht und sich allein findet?

Die „Basisausstattung" und Fortschritte der ersten Woche

Beschwichtigung und Friedfertigkeit gegenüber den Katzen

Stubenrein – Miguel meldet sich, wenn er raus muss

Entspanntes Verhalten beim Tierarzt

Hundebegegnungen verlaufen unspektakulär

Miguel wartet ruhig im Auto, wenn ich einkaufe

Er verbindet seinen neuen Namen mit etwas Positivem und reagiert schon gut darauf

★

J wie Jagdtrieb

Leinen los oder nicht?

Wann immer ich anderen Leuten von Podencos vorschwärmte, kam recht bald die Gegenfrage: „Aber kannst du den überhaupt mal ableinen?" In unterschiedlicher Formulierung war die Aussage auch in den Vorstellungstexten zu vermittelnder Hunde zu finden: „Starker Jagdtrieb, daher nicht ableinbar."

Der Jagdtrieb ganz allgemein setzt sich aus mehreren Einzelkomponenten zusammen, angefangen vom Erkennen und Aufspüren der Beute über das Hetzen oder Ausgraben bis hin zum Ergreifen und Töten. Mancher Hund bringt dann noch die Beute zum Verzehren an einen anderen Ort, Vorgang abgeschlossen.

Je nach Rasse steht der eine oder andere Teil im Vordergrund, wurde züchterisch herausgearbeitet und in etwas auf andere Weise Nützliches verwandelt (wie zum Beispiel das Vorstehen, Apportieren, Hüten oder Treiben).

Welche genetische Jagdausstattung bringt ein Podenco mit? Es kommt unter anderem darauf an, wie alt er ist und wie seine Vergangenheit war. Aus den vielen Vermittlungstexten zu diesen Hunden kristallisieren sich die folgenden Kategorien heraus:

- Welpen, meist ein irgendwo draußen geborener Wurf einer freilebenden Streunerin, manchmal im Shelter geboren
- Junghunde, die nicht genug Jagdtrieb zeigen und deshalb vom Besitzer nicht behalten werden
- Junge und erwachsene Hunde, entlaufen oder ausgesetzt, oder die man in der Tötungsstation abgegeben hat
- Alte Hunde, die zur Jagd oder Zucht nicht mehr taugen
- Hunde unterschiedlichen Alters, die aus schlechter Haltung herausgeholt wurden
- Hunde unterschiedlichen Alters, die aufgrund familiärer Umstände ihr Zuhause verlieren

Die letzte Kategorie ist dabei die seltenste. Zu ihr zählen die Podencos, die eigentlich schon adoptiert sind, aber aus den unterschiedlichsten Gründen nicht bleiben können. Nando hätte dazugehört, aber das hat sich ja dann anders entwickelt. Der Rest kommt meist aus Spanien, einige aus Portugal, und fast alle haben in irgendeiner Form eine jagdliche Vergangenheit. Im Fall der Welpen wiederum bekäme man ein Überraschungspaket.

Mit diesem gedanklichen Hintergrund ist es möglich, sich ein paar alternative Strategien einfallen zu lassen. Welche davon greift, kommt auf den Hund an und welche Neigungen er sonst noch zeigt.

Unter entsprechender Anleitung könnten Mantrailing oder Geocashing spannende Abenteuer für schnüffelfreudige Naturen werden. Wo viel Spieltrieb und vielleicht auch die Eignung zum Apportieren da ist, wären Frisbee und Futterdummy eine Idee. Geht es darum, Kilometer zu machen, bietet sich vielleicht ein Zughundesport an. Es kommt auch immer darauf an, in welcher körperlichen Verfassung man selbst ist und was man sich zutraut. Außerdem auch, was in einem gut erreichbaren Umkreis angeboten wird.

Nach diesen Überlegungen habe ich mich für den Anfang zu Schleppleine und eingezäuntem Freilauf entschieden, um erst mal herauszufinden, welche Jagdeigenschaften Miguel überhaupt mitbringt.

Er ist auf jeden Fall ein aufmerksamer Beobachter, die Nase ist immer in Aktion. Das Gehör kann alle Nebengeräusche ausblenden (einschließlich Frauchens Stimme), die gerade nicht so interessant sind, wenn es im Gebüsch raschelt.

Es wird immer wieder kontrovers diskutiert, ob und wie ein Jagdtrieb vom Hund ausgelebt werden soll und ob man mit manchen Utensilien (wie etwa der Reizangel) den Trieb nicht noch herausfordert und verstärkt. Das könnte dazu führen, dass als Ersatz für echte Beute kleinere Hunde ins Visier genommen und gehetzt werden und ist natürlich inakzeptabel. Es solle eher angestrebt werden, Jagdverhalten zu kanalisieren und in eine gut händelbare, alternative Betätigung umzulenken.

Da kämen dann die Hundeschulen und ein entsprechendes Training ins Spiel. Inzwischen werden fast überall spezielle Kurse zum Thema Jagdverhalten angeboten.

Miguel hat Jagdtrieb, das ist Fakt. Aber ich neige mittlerweile zu der Ansicht, dass sein vorheriger Besitzer ihn zu Beginn der spanischen Jagdsaison ausgesetzt hat. Vielleicht, weil der Hund ihm nicht mehr triebig genug war. Denn bei näherer Betrachtung sehen die Ohren so aus, als ob Marken darin gesteckt haben, die einfach rausgerissen wurden. Zeitlich passt es auch zusammen.

So ein Super-Jäger ist mein Hund also nicht. Ich hoffe, dass wir auf ruhige, unspektakuläre Weise miteinander klarkommen und dass Miguel sein neues Leben auch ohne echte Kaninchenjagd spannend genug findet.

Die zweite Woche

MO, Tag 10

Das Schlafen in getrennten Zimmern ist offenbar nichts, worüber der Hund sich Sorgen macht. Ich werde gutgelaunt begrüßt, unser Morgenspaziergang verläuft gewohnt harmonisch.

Heute mache ich Ernst mit der Näherei: Miguel braucht endlich einen eigenen Mantel, damit dieses lila Ding, in dem er hier ankam, zurückgegeben werden kann. Aus zwei verschiedenfarbigen Mantelstoffen werde ich ihm etwas Warmes anfertigen.

Weil unser Vorrat an Hundefutter langsam zur Neige geht und weil es vielleicht noch Hundemäntel zu heruntergesetzten Preisen gibt, fahren wir mittags zum Fressnapf. Ich parke direkt davor, lasse Miguel aber noch im Wagen, damit ich rüber zum Bäcker huschen kann. Der Himmel ist bedeckt, also kein Aufheizen möglich.

Als ich nach drei, vier Minuten zurück zum Auto komme, höre ich gedämpftes Bellen. Ist er das? Ruft er nach mir? Ich öffne die Tür, er sieht mich ruhig und freundlich an. Ich muss mich verhört haben, oder es war ein anderer Hund in einem anderen Auto.

Drin im Markt ist Miguel überwältigt von all den Düften und bewegt sich nur zögerlich. Wir kaufen eine Tüte Futter, dazu neue Knabberstangen und Trainings-Leckerchen (die nun hoffentlich bei der Lösung unseres Treppenproblems helfen).

Wir fahren von dort aus ein paar hundert Meter weiter zum Rheindeich, da gibt es schöne Spazierwege. Und außerdem eine große Kaninchenkolonie. Der Hund ist völlig aufgeregt, und als zwei Hoppler in Sicht kommen, dreht er fast durch. Bis wir wieder beim Auto sind, hat er sich zum Glück abgeregt.

Am Abend gehen wir nach nebenan, ich habe eine Flasche Sekt dabei, damit Mila und ich genüsslich auf unsere Hunde anstoßen können. Das Betreten des Hauses ist wieder Überredungssache, denn die Briefkastenklappe scheppert echt bedrohlich. Die Treppe rauf klappt dann schon gut, denn Leckerchen winken. Für die ist Miguel immer zu haben.

Er läuft ungezwungen herum und inspiziert irgendwann sogar das Sofa … beim nächsten Mal muss ich daran denken, wieder die Liegedecke mitzunehmen. Heute war mir das zu viel zu tragen.

Schließlich machen Mila und Akina mit uns gemeinsam die letzte Abendrunde – Miguel probehalber im neuen Mantel, der aber noch nicht ganz fertig ist, muss noch Fäden vernähen. Schnüffeln, schnüffeln, gucken, das ja. Aber pinkeln, nein. Obwohl er Akinas Wassernapf zweimal leergetrunken hat (okay, der ist ja für einen Dackel auch nicht so groß).

Kaum sind wir zuhause angekommen und habe ich ihm den Mantel ausgezogen, führt er mich zur Terrassentür. Pinkeln lieber im Garten, also gut.

In der Nacht bleibt er wieder unter dem Schreibtisch. Ich bin vom Sekt so müde, dass ich bald zu Bett gehe. Einmal werde ich wach und höre ihn herumtappen. Ich rufe ihn, aber er kommt nicht, kehrt zu seinem Schlafplatz zurück. Das zu entscheiden überlasse ich ihm. Er soll schlafen, wo er sich sicher fühlt.

DI, Tag 11

Heute haben wir viel vor. Die Morgenrunde gestalte ich etwas kürzer, damit noch Zeit fürs Frühstück bleibt. Um zehn Uhr haben wir unseren Termin bei der Tierärztin, inklusive der Fragebögen zum Sachkundenachweis. Und sie soll mal schauen, ob mit ihm soweit alles in Ordnung ist.

Die Fragen habe ich mir schon im Internet angesehen, eine Anzahl davon muss ich nun möglichst richtig ankreuzen. Was ich nicht genau getroffen habe, bespricht Frau Doktor anschließend mit mir. Manches ist mehr Interpretationssache bzw. situationsbezogen, da finde ich die Frage missverständlich formuliert.

Miguel lässt sich untersuchen, nur bei den Ohren fängt er an zu jammern, obwohl gar nichts passiert. Sie sind auch frei, allerdings schmutzig. Da muss ich regelmäßig auswischen, mit Leckerchen hält er das hoffentlich besser aus.

Dann gehen wir draußen noch spazieren, da ist eine sonnige Landstraße, die Vögel zwitschern, es ist ein wunderbarer Tag.

Pferdeäpfel mitten auf dem Weg. Miguel steuert direkt darauf zu, und schon will er sich niederbeugen, um sich damit zu parfümieren. Nein, das lasse ich nicht zu. Ein Schnalzen genügt, um ihm mitzuteilen, was ich davon halte. Er lässt den Haufen liegen.

Für nachmittags bin ich mit Mama verabredet. Vor dem Kaffee machen wir zu dritt einen Spaziergang über den Kirmesplatz, dort treffen wir die Nachbarin aus dem Parterre mit Labradorhündin Emma. Miguel hat wie gewöhnlich mehr Sinn für Kaninchenspuren.

Die Treppe in den zweiten Stock ist mit „Rudelzwang" heute fast ein Klacks. In der Wohnung haben Mama und ich ein paar Dinge am Computer zu erledigen. Miguel kriegt zur Beschäftigung eine Kaustange, doch danach läuft er herum (ich muss an seine Decke denken!) und kann sich nicht so recht entscheiden. Schließlich fällt sein Blick auf die gepolsterte Küchenbank, auf der ich sonst sitze, aber jetzt gerade nicht. Schwupps, ist er oben, ganz offenbar gefällt es ihm. Er dreht sich zweimal und liegt dann zufrieden eingerollt, weich und erhöht. Der Hund, dem eine Autorückbank anscheinend für einen Sprung zu hoch ist.

Und das war auch genug Aufregung für heute. Später nur ein kurzer Gang in den Garten, mehr muss gar nicht sein. Der Dienstagabend endet für mich mit Stretching vorm Computer und für ihn mit Chilling unterm Schreibtisch.

MI, Tag 12

Ich werde vor dem Wecker wach und lausche – alles still. Die Katzen hätten jetzt gern ihr Frühstück – Miguel rührt sich nicht. Also gut. Ich kümmere mich um volle Näpfe und horche nebenbei hinüber zum Arbeitszimmer, da bleibt es aber still. Die Tür ist auf, er könnte also herauskommen. Tut er aber nicht. Ich gehe hinein, um die Rollläden hochzuziehen. Miguel ist wach und schaut mich an, wartet, dass ich ihn zu etwas auffordere. Wie hat er bei seinem Vorbesitzer gelebt? Angebunden? Trägt er seine Ketten immer noch im Kopf?

Bei der Morgenrunde lerne ich heute seine störrische Esel-Seite kennen. Er bleibt einfach stehen und geht nicht weiter. Da hilft kein Ziehen, kein Zureden. Na ja, die Baustelle auf unserem Garagenhof ist furchteinflößend. Trotzdem müssen wir daran vorbei. Stur sein kann ich auch.

Irgendwann geht es weiter.

Inzwischen ist es so warm, dass ich am Mittag das Mäntelchen weglasse und auch selbst eine leichtere Jacke anziehe. Wir fahren zum Üttelsheimer See, da war ich seit Ewigkeiten nicht. Ich erinnere mich an lästige Mückenschwärme. Ja, die gibt es da immer noch. Und jede Menge Spaziergänger – allein, mit Kind, mit Hund, außerdem Jogger, Radfahrer und Reiter. Und zwei Kaninchen, die völlig ungerührt auf der Wiesenfläche sitzen und Gras mümmeln.

Es dauert geschlagene zehn Minuten, bis ich an der Stelle vorbei bin. Miguel immer wieder bremsen, blockieren, das Weitergehen einfordern, Schrittchen für Schrittchen. Den unteren Weg entlang hin, den oberen zurück. Kurz bevor wir am Parkplatz ankommen, verweigert er wieder und friert ein, ich hocke mich daneben, es ist ja ein freundlicher Tag. Nach ein paar Minuten hat er sich hoffentlich genug gelangweilt, ich biete eine Fortsetzung unseres Weges an. Tatsächlich, nun kommt er mit.

Wir fahren zum Supermarkt, ich parke wieder unter dem Deck. Als ich mit meinem Einkauf zurückkomme, liegt mein Hund in Anubis-Pose auf der Rückbank und wartet brav.

Die Abendrunde ist unspektakulär, aber wieder kühler. Ganz egal, da ziehen wir wieder unsere wärmeren Sachen an.

DO, Tag 13

Es scheint sich so einzuschleifen, dass ich morgens erst in aller Ruhe die Katzen versorgen kann und Miguel dann aufsteht, wenn ich im

Arbeitszimmer die Rollos hochfahre. Gut, das macht die Dinge für alle etwas einfacher.

Die Morgenrunde wird allmählich zur Routine: Auf direktem Weg gehen wir zum Park, wo Miguel seine flüssigen und festen Geschäfte erledigt. Anschließend weiter zum Alten Friedhof und von dort aus am Klärwerk entlang oder in die Seitenstraßen. Zwischen einer und zwei Stunden sind wir so unterwegs. Wohlgemerkt vor dem Frühstück und vor dem ersten Kaffee.

Die Mittagstour machen wir heute am Essenberger See. Gegenüber befindet sich eine alte Hausmüll-Deponie, völlig überwachsen und als Spazierweg freigegeben. Abenteuerlich schraubt sich die Piste hinauf – was lauert hinter der nächsten Biegung?

Oben ist es dann ein wenig enttäuschend. Zwar kann man durch die noch kahlen Büsche und Bäume bis zur Autobahn sehen, aber bei den Sitzbänken sind deutliche Hinterlassenschaften einer feuchtfröhlichen Party. Leere Flaschen und Plastikbecher liegen herum, das Weiße in einiger Entfernung muss wohl Klopapier sein.

Abgesehen davon, dass zurzeit solche Zusammenkünfte untersagt sind, denke ich nur: Partyleute, nehmt wenigstens euren Müll wieder mit!

Am Abend gehen wir bei Petra vorbei. Sie betreibt die „Katzenhilfe Niederrhein", und ich bringe ihr eine paar Dosen aussortiertes Katzenfutter, das meine zwei Feinschmecker nicht mögen.

Unterwegs dorthin ist Miguel mit Schnüffeln an einer efeubewachsenen Gartenumfriedung beschäftigt. Gut so, denn hinter ihm in fünf, sechs Metern Entfernung läuft ein Marder über die Straße.

Von dem hatte Mila mir schon erzählt, denn Akina ist auf seiner Spur. Gerochen hat Miguel ihn heute wohl auch, aber gesehen habe nur ich ihn.

Im Schaufenster des Deko- und Blumenladens, der an unserem Weg liegt, steht ein fast lebensgroßer Gorilla, silberfarben und sehr beeindruckend. Miguel traut sich kaum daran vorbei.

Petra hat zuhause neben ihren eigenen Miezen gerade eine Katze in Pflege (und wird sie wahrscheinlich behalten, da sie nicht ohne Grund Pipilotta heißt). Schwarzweiße Kurzhaarperserin und ganz jeck auf Miguel. Während wir miteinander reden, reibt sie schnurrend an unseren und vor allem an seinen Beinen entlang. Ihm ist das sichtbar unheimlich, er versucht ihr auszuweichen, doch sie will ihn so gern beschmusen. Ach, so eine Nette …

FR, Tag 14

Katzen füttern, Hund wecken – allmählich bekommt der Morgen Struktur. Und wenn wir um acht Uhr rausgehen, ist bei der Schule an der Ecke auch die Flut von Schülern und Eltern-Bringdiensten abgeebbt.

Heute schaukelt sich Miguel mit seiner Kaninchenschnupperei so hoch, dass er nicht zur Ruhe kommt, um sich zu erleichtern. Erst auf dem Rückweg, wieder im Park, haben wir (oder eigentlich er) endlich Erfolg.

Ich bekomme Übung darin, Kaninchen vor ihm zu entdecken. In der Facebook-Gruppe hat mir jemand eine Wassersprühflasche als Hilfsmittel empfohlen. Ist vielleicht zu drastisch, aber ich denke drüber nach. Allerdings möchte ich Miguel dann eine Verhaltens-Alternative anbieten können, da tasten wir uns erst langsam vorwärts. Er beginnt jetzt, ein wenig Spielverhalten zu zeigen.

Als Ziel für die Mittagstour habe ich die Mühlenweide, drüben auf der anderen Rheinseite, ausgesucht. Nicht weit weg, Kaninchen live sind nicht zu erwarten, dafür Parkmöglichkeiten satt. Den Fotoapparat nehme ich auch mit.

Ein perfekter Frühlingstag unter einem knallblauen Himmel. Die Vögel zwitschern, die Sonne wärmt. Bald brauche ich einen Hut mit Krempe.

Aus dem Auto raus springt Miguel inzwischen ohne zu zögern. Hinein ist aber immer noch doof, aber solange keine Ruhe auf dem Garagenhof einkehrt, kann ich das mit ihm auch nicht trainieren.

Und wenn dann noch, so wie heute, die Radfahrer knapp hinter ihm vorbeirasen, ist das wenig hilfreich.

Zu einer Abendrunde hat Miguel heute wohl wieder keine Lust, ein kurzer Besuch im Garten tut es auch, ansonsten ist das weiche Liegekissen sein bester Freund.

Die fröhliche Neuigkeit heute: Wir haben einen Moment ansatzweise miteinander gespielt, und zwar mit dem Zergelknoten, den ich von Petra bekommen habe.

SA, Tag 15

Der Himmel ist grau, die Temperatur ist um etliche Grad gefallen. Heute kriege ich Miguel kaum aus dem Haus, aber es muss sein. Dass er auch nötig „muss", stellt er nach einer kurzen Strecke unter Beweis. Wir haben den Park noch nicht erreicht, da ist schon alles erledigt. Die von ferne herannahenden Gewitterwolken sind bereits zu sehen, doch gleichzeitig ist es auch so windig, dass ich hoffe, sie sausen einfach über uns hinweg.

Bei dem Wetter wird das nur eine kurze Runde.

Es fängt an zu hageln, als wir den Park in Sichtweite haben; eine dichte, überhängende Eibe verspricht Schutz. Wir schlüpfen unter die Zweige, gerade noch rechtzeitig. Als ich mich umsehe, warum die Leinen so auf Zug sind, sitzt Miguel hinter mir im Trockenen. Er hat genau verstanden, worum es gerade geht.

Es blitzt und donnert, der Hagel hört auf. Machen wir uns lieber auf dem Heimweg. Noch haben wir eine Strecke zu überwinden, ich ziehe den widerstrebenden Hund hinter mir her.

Endlich zuhause. Unterwegs nass geworden sind wir beide, jetzt genießen wir erst mal das jeweilige Frühstück. Was die Katzen an Resten übriggelassen haben, mische ich mit in Miguels Napf. Die paar Bröckchen sorgen für geschmackliche Abwechslung, und ich habe erfreulicherweise nichts mehr wegzuwerfen.

Heute ist Jessica-Fletcher-Tag („Mord ist ihr Hobby"), ich sitze vor dem Fernseher. Im Film pfeift jemand mehrfach nach seinem

Hund. Miguel kommt aufgeregt hervor, sieht sich suchend um. Aha, auf diese Weise hat sein Jäger mit ihm kommuniziert. Das muss ich mir jetzt aber nicht angewöhnen, oder?

Der Hundemantel trocknet über der Heizung. Unpraktisch. Das nächste Modell wird eins aus wasserdichtem Stoff, aber den muss ich erst irgendwo bestellen.

Der Himmel entscheidet sich für Bläue, Wolken und viel Wind. Ich fahre mit meinem Windhund nach Baerl zum Rhein, wir stellen das Auto auf einem Parkplatz ab. Der Eiswagen steht da und ist gut besucht. Ich aber habe noch die Eiskugelpreise meiner Kindheit im Kopf und werde jetzt nicht das Zehnfache zahlen. Nein, eigentlich das Zwanzigfache, denn die Währung hat ja auch gewechselt.

Auf der Promenade ist nur wenig los, wir gehen in aller Ruhe unsere Strecke. Kaninchenfährten gibt es natürlich auch hier, Miguel genießt sein Schnupperabenteuer.

Abendrunde – heute ja. Ich möchte es nicht zur Angewohnheit werden lassen, dass Miguel den Abend einfach verpennt. Außerdem werden im Sommer diese späteren Stunden die Hauptzeit für einen Spaziergang sein, weil es dann mittags einfach nicht auszuhalten ist, weder für ihn noch für mich.

SO, Tag 16

In der Nacht wurde die Zeit umgestellt. Als wir wie gewohnt aufstehen, ist es also – zack – eine Stunde später, das bringt unseren Sonntagsablauf etwas ins Gedränge.

Die Morgenrunde mache ich deshalb ein klein wenig kürzer, da wir ja um zwölf schon wieder los wollen zu meiner Mutter.

Immer wieder hat Miguel seine sturen Stehenbleib-Momente, da muss ich mich wohl dran gewöhnen. Was ihm dann wohl durch den Kopf geht?

Die Treppe rauf geht immer besser, auch wenn bei Erreichen des ersten Stockwerks der fragende Blick kommt, ob man denn wirklich hinauf ins zweite muss.

Heute habe ich eine Kaustange mitgebracht, so haben wir alle etwas auf dem Teller bzw. der Decke und sind mit etwas Leckerem beschäftigt. Und nachher zum Kaffee gibt es natürlich auch wieder einen Hundekeks.

Den Mittagsschlaf hält Miguel auf seiner Patchworkdecke, die ich neben das Sofa lege. Mal ist er linksrum, mal rechtsrum gekringelt (Mama fragte, ob er eine Lieblingsseite hat).

Auf dem Balkon hat der Efeu sich in seinem Pflanzkasten zu breit gemacht, Mama möchte ihn ausgepflanzt haben. Nach dem Kaffee kümmern wir uns um das Pflanzenmonster.

Miguel beobachtet alles, was wir tun. Einmal richtet er sich auf, legt die Vorderpfoten auf die Balkonbrüstung und schaut sich die Gegend von oben an. Natürlich hat just in diesem Moment niemand etwas zum Fotografieren parat, das wäre ein schöner Schnappschuss gewesen.

Heimwärts geht es, ich hänge direkt einen Spaziergang an, bevor wir ins Haus gehen und ich das Abendessen verteile.

Später nur noch ein kurzer Gang in den Garten, und das war's für heute.

Die Fortschritte der zweiten Woche
Für ein Verbot genügt ein leises Geräusch, Miguel reagiert gut
Er entdeckt die Bequemlichkeit der Küchenbank
Erstes Spielverhalten, mit dem Zergelknoten

★

K wie Kleiner Hund, große Klappe?

Das reziproke Ego

Es klingt natürlich nach Klischee, aber in den wenigen Wochen meines Daseins als Hundehalterin bin ich schon einigen Vertretern des Canis Größenwahnsinnigus begegnet. Und dabei hatte ich meist den Eindruck, dass die Vehemenz des Vorpreschens und Verbellens umgekehrt proportional zum Körpermaß der betreffenden Hunde war. Und das Ganze potenzierte sich, wenn es sich um zwei (oder noch mehr) Hunde handelte.

Paradebeispiel vor zwei Wochen: Entlang eines Grünstreifens mit Spazierweg war ich mit Miguel unterwegs von einem Park zum nächsten. Mein Podi, erst vor einigen Tagen in Deutschland angekommen, widmete seine volle Aufmerksamkeit der dort ansässigen Kaninchenpopulation und überließ es mir, ihn zu all den neuen Orte zu führen, die nun seine Heimat waren.

Aus dem vor uns liegenden Park kamen uns zwei Frauen mit einem Kinderwagen und fünf Hunden entgegen, von denen der größte ein Französischer Bully war, dazu gab es mindestens zwei Chihuahuas. Schon aus mehreren Metern Entfernung fingen sie ein großes Palaver an. Frauchen ruckte an der Bully-Leine und rief in vorwurfsvollem Ton seinen Namen (was ihn offensichtlich nicht beeindruckte).

Miguel hatte nach einem kurzen, leidenschaftslosen Blick festgestellt, dass es sich bei der Bande offenbar nicht um Kaninchen handelte und sich dann wieder abgewandt (vielleicht bellen spanische Hunde auch anders, und er verstand sie einfach nicht). Die gemischte Gruppe zog mit viel Gebell und Gepluster an uns vorüber. Ich stellte mir vor, wie sie sich eine Ecke weiter alle gegenseitig auf die Schultern klopften – im übertragenen Sinne – und sich rühmten, dass sie es diesem dürren Kerl aber ordentlich gezeigt hätten.

Eine ähnliche und doch ganz andere Situation hatten wir vorgestern. In dem von vielen sich kreuzenden Spazierwegen durchzogenen Alten Friedhof blieb ich mit Miguel stehen, damit zwei andere Hunde (mit ihren Menschen, versteht sich) passieren konnten. Der eine war ein gut wadenhoher Terriermix (?), aus der anderen Richtung kam ein größeres Format, an einen Eurasier oder Wolfsspitz erinnernd. Genau bei uns trafen sie aufeinander.

Miguel war das Warten langweilig, bald drehte er der Szene den Rücken zu, um in anderer Richtung nach etwas Interessanterem zu schnuppern. Der Kleine schoss laut bellend vor, der Große wies ihn mit einem tiefen Wuff zurecht. Miguel wackelte noch nicht mal mit den Ohren.

Keine Kaninchen = nicht interessant.

Ein kleiner Hund und doch anders ist Akina, die Dackeline aus dem Nachbarhaus. Wir waren schon zu Besuch drüben, und wenn die beiden sich nun zufällig auf der Straße begegnen, ist das ein echt herziges Bild. Miguel schmeißt die langen Beine und albert herum, sie springt hoch, um seine Schnauze für ein Küsschen zu erreichen.

Ich bin froh, dass es auch solche Ausnahmen gibt.

Die dritte Woche

MO, Tag 17

Weil ich nur meine Armbanduhr, nicht aber den Wecker umgestellt habe, stehen wir zwar zur gewohnten Zeit auf, aber gemäß Sommerzeit ist es schon eine Stunde später. Der Vormittag gerät somit etwas kurz. Denn für 11.30 Uhr habe ich einen Termin, damit wir uns um die Hundehalter-Haftpflicht und die OP-Versicherung kümmern.

Jetzt also schnell den Spaziergang erledigen. Auf dem Rückweg beobachtet uns eine graue Katze vor dem Seniorenheim. Miguel dreht sich mehrmals zu ihr um, er findet sie wohl etwas unheimlich. Die Katze ihrerseits kommt uns sogar ein paar Schritte nach, was ihn noch mehr irritiert.

Zum Termin kommen wir pünktlich, die Liegedecke ist dabei. Miguel benimmt sich mustergültig, ein wirklich super Bürohund. Fast schade, dass meine diesbezügliche Karriere vorbei ist, allerdings hätte das bei meinem Ex-Arbeitgeber sowieso nicht geklappt.

Anderthalb Stunden verbringen wir dort, eine Kaustange sorgt für guten Einstand, irgendwann kringelt der Hund sich ein.

Da es für uns auf dem Weg liegt, machen wir auf dem Rückweg einen Halt im Meidericher Stadtpark. Da gibt es für Miguel wieder viel zu schnüffeln, auch ich genieße den Spaziergang. Doch ab sofort muss ich ans Käppi denken, Sonnenbrille allein genügt nicht.

Als wir am Spielplatz vorbeikommen, stellen einige der Kinder offenbar Überlegungen an, was ich da an der Leine habe. Ich höre mehrfach das Wort Känguruh ... au weia.

Zuhause ist ein bisschen im Garten zu tun, ich nehme Miguel mit raus. Nach einer kurzen Schnüffelrunde legt er sich in den Sonnenfleck vor der Verandatür. Ja, dann sollte ich wohl über eine weitere bequeme Unterlage nachdenken. Gibt es nicht auch so Sonnenliegen für Hunde?

Abends gehen wir wieder rüber zu Mila, das läuft schon entspannter. Und später wieder eine gemeinsame „Einblockrunde".

DI, Tag 18

Da ich mit dem Schreiben schon wieder einige Tage hinterherhinke, jetzt nur die Highlights.

Heute zum Ende der Morgenrunde an der Kläranlage entlang, jenseits des Grabens mümmeln zwei Kaninchen seelenruhig ihr Frühstück. Miguel reagiert gar nicht so explosiv wie sonst, doch er beobachtet sie. Als er sich nach ein paar Minuten zum Weitergehen bewegen lässt, hat er natürlich ein dickes Lob verdient.

Mittags fahre ich zum Moerser Stadtpark. Das Wetter ist warm und sonnig, der Parkplatz ist voll. Gerade fährt jemand aus einer Lücke, die nehmen wir sofort.

Menschen strömen in den Park, darum wende ich mich nach rechts. In dem Teilbereich auf der anderen Seite, über die Landstraße hinweg, ist es etwas leerer. Es gibt auch einen Japanischen Garten, mit Wasserlauf und Trittsteinen. Eine nette Möglichkeit zum Lernen, denke ich und gehe vor. Miguel tapst mir hinterher, erkennt aber die Bedeutung der unterschiedlichen Oberflächen nicht und steht plötzlich bis zum Bauch im Wasser. Und das sogar zweimal. Gut, solche Situationen wird es immer wieder geben. Einfach ruhig bleiben, das Lachen verkneifen, heraushelfen, loben und weitergehen.

Wir drehen eine große Runde, doch als wir in den belebteren Teil zurückkehren, beschließe ich, dass wir den Moerser Stadtpark um diese Tageszeit lieber meiden sollten.

Auf der Rückfahrt sehe ich, dass Miguel sich auf der Rückbank hinsetzt. Offenbar war das auch für ihn ermüdend.

MI, Tag 19

Es ist so warm, dass wir morgens auf das Mäntelchen verzichten können. Ein Hauch von Frühling.

Im Alten Friedhof treffen wir eine Dame mit einem ebenfalls sehr kurzhaarigen Tierschutzhund (der allerdings ein klein wenig mehr Fettschicht als Isolierung hat). Sie sagt, dass ab einer zweistelligen

Gradzahl die Hunde keinen Zusatzschutz brauchen, wenn sie dabei in Bewegung sind. Mag sein, aber Miguel bleibt ja oft minutenlang stehen und starrt in die Gegend – da würde er schnell auskühlen.

Mittags fahren wir zu meiner Mutter, ich hole dort die Balkonpflanzenreste ab, die ich demnächst zum Recyclinghof bringen werde. Mit dem Treppensteigen klappt es immer besser, wobei rauf deutlich einfacher scheint als runter. Einige Leckerchen motivieren Miguel jedenfalls, dieses Hindernis zu überwinden.

Weiter geht es zum Landschaftspark. Es ist sehr warm, ich bin mit Hut und Sonnenbrille ausgestattet, während sich die meisten anderen Leute schon hochsommerlich geben. Kreuz und quer geht es über Schotterflächen, zwischen Hochofen und anderen Gebäuden/Anlagen durch, den „Monte Schlacko" rauf und wieder runter. Zu schnuppern gibt es reichlich.

Bald verordne ich Miguel eine Zwangspause, denn er hechelt stark. In einem klaren Wasserlauf biete ich ihm Erfrischung an, die er gern annimmt. Und dann erst mal eine Weile ab in den Schatten. Tut mir auch gut.

Gedankliche Notiz für später: Auch wenn er vielleicht von seiner früheren Heimat her solche Temperaturverhältnisse kennt, ist das kein Grund, in der Mittagssonne eine große Runde zu gehen. Heute sind es 22°C (gefühlt jedoch mehr), sicher werden wir im Sommer noch einiges dazu kriegen. Außerdem: Eine Wasserflasche gehört dann zum Standardgepäck.

Eine Nachbarin von schräg gegenüber teilt mir mit, dass in der nächsten Woche endlich der Garagenhof wieder frei sein soll, das Gerüst wird abgebaut, die Handwerker sind dann fertig. Klasse! Endlich Gelegenheit für ein bisschen Einsteig-Training mit Miguel, vielleicht kann Mila uns helfen.

Beim heutigen Rückweg vom Landschaftspark hat Miguel sich sogar hingelegt. Gut, auf diese Weise hatte er eine bessere Kurvenlage. Den Abend verschläft er.

April – DO, Tag 20

Den morgendlichen Weg zum Park kennt Miguel offenbar schon und freut sich drauf, er läuft locker wie ein Paradepferdchen.

Hundebegegnungen sind nach wie vor unspektakulär; zwar will er schnüffeln, lässt sich selbst aber ungern beschnüffeln. Da mangelt es wohl noch an Selbstbewusstsein. Benimmt sich der andere Hund zu aufdringlich, stelle ich mich dazwischen.

Längs der Kläranlage kommen uns Frauen mit insgesamt fünf kleinen, quirligen Hunden entgegen. Ich bleibe mit Miguel seitlich stehen, er schaut sowieso nur nach den Kaninchen (die aber heute nicht dort sitzen), dann gehen wir ruhig weiter.

Für die Mittagsrunde geht es wieder zum Üttelsheimer See, heute steuern wir die linke Seite an. Es ist nicht so warm wie gestern, ein frisches Lüftchen sorgt für angenehme Temperatur. Sobald wir am Spielplatz vorbei sind, wird das Getümmel weniger, darum beschließe ich, dass wir doch einmal ganz herum gehen könnten.

Ich weiß nicht, wie viele Kilometer das in Summe waren, aber ein- oder zweimal habe ich mich gefragt, was ich mir angetan habe. Ist die Einschätzung meiner Fitness zu hoch? Oder würden andere Schuhe schon den entscheidenden Unterschied machen?

Es gibt so viel zu lernen.

Hauptsache, der Hund hat Spaß. Und er fällt auf. Eine Dame (Spanierin, wie sich herausstellt) spricht uns unterwegs an und beglückwünscht Miguel zu seinem sicheren, liebevollen Zuhause. Er lässt sich von ihr bepusseln und genießt mit geschlossenen Augen die Extra-Streicheleinheiten.

Auch die heutige Abendrunde fällt aus. Miguel schläft und macht keinerlei Anstalten, noch einmal aufstehen zu wollen. Mir soll's recht ein. Meine Füße tun weh, und ich bin froh, dass ich die Beine hochlegen kann.

Schlagartig ist es wieder kalt geworden. Fünf Grad morgens, also wieder Mäntelchen an. Leider vergesse ich meine Handschuhe. Nicht gut, wenn die Hände sich dauerhaft außerhalb der Taschen befinden müssen, um das Leinenmanagement zu erledigen.

Schon aus diesem Grund gestalte ich die Runde etwas kürzer. Miguel schafft es heute nicht, sich zu entspannen und produziert erst, als wir quasi auf dem Weg nach Hause sind, auf der letzten kleinen Wiesenfläche des Parks sein großes Geschäft.

Naoko macht mir Sorgen, seine Atmung geht mühsam und kommt nicht wie sonst auf ein leichteres Level. Das Antibiotikum hat letztlich nicht viel bewirkt, nächste Instanz wäre die Tierklinik. Für eine Diagnose, die ich wahrscheinlich nicht hören möchte.

Muss ich an diesem Wochenende eine Entscheidung treffen? Kann ich gleich überhaupt weg? Gibt es eventuell einen mobilen Tiernotdienst, für alle Fälle?

Endlich geht der Atem doch leichter, ich fahre mit Miguel zu meiner Mutter zum Mittagessen und hoffe, bei meiner Rückkehr nichts Schlimmes vorzufinden.

Eine kurze Runde über den Kirmesplatz genügt uns heute, dann gibt es – karfreitagstauglich – Fischstäbchen mit Kartoffelbrei. Und eine entspannende Siesta, die Miguel diesmal auf dem Teppich im Flur verbringt. Von dort aus hat er uns beide im Blick.

Nach dem Kaffee fahre ich mit gemischten Gefühlen nach Hause. Was wird mich dort erwarten? Doch alles ist in Ordnung, Naoko scheint sogar froh zu sein, dass ich wieder da bin. Als ich zum Schreiben meinen Sofaplatz einnehme, kommt er sofort an, kuschelt sich auf meiner Brust zusammen und schläft ein. Sein Atem geht leicht und regelmäßig.

Nachtrag: Diese Erinnerung behalte ich – es ist sein Abschied.

SA, Tag 22

Immer noch ist es frisch, aber sonnig, der Wind weht mäßig. Die heutige Mittagsrunde mache ich drüben in Beeckerwerth. Muss doch mal sehen, warum es Petra & Co. dort so gut gefällt.

Das Gelände ist weitläufig – rechts kann man bis Alsum laufen, links nach Ruhrort. Geradeaus führt ein Trampelpfad den Deich runter und über eine wirklich große Wiese bis ans Wasser. Das hier wäre ideal mit Schleppleine, es wird sicher nicht unser letzter Besuch gewesen sein.

Miguel hat wieder viel zu schnüffeln und könnte sich hier vermutlich noch stundenlang beschäftigen.

SO, Tag 23 *Ostersonntag*

Es ist zwanzig vor zwei in der Nacht, ich erwache von röchelnden Geräuschen. Naoko, neben meinem Kopfkissen, kämpft um jeden Atemzug.

Ich kann ihm nicht helfen, liege da und versuche ihm wenigstens tröstlichen Kontakt zu vermitteln. Eine Stunde etwa dauert es, bis der Atem wieder frei fließt.

Nach dem Frühstück fahre ich mit ihm zur Tierklinik.

Petra hatte mir am Telefon zwar geraten, eine Ultraschall-Untersuchung machen zu lassen, doch als wir nach anderthalb Stunden

Wartezeit (die wir draußen im kalten Auto verbringen) endlich aufgerufen werden, meint die Ärztin, dass man damit nicht weiter komme, man müsse doch röntgen. Und wenn dann irgendwelche Gewächse festgestellt werden, liefe es auf eine OP hinaus.

Nein, das mute ich dem Kleinen mit seinen fünfzehn Jahren nicht mehr zu. Und so eine Nacht wie die letzte auch nicht. Selbst mit dem Fressen klappt es nicht mehr, nach wenigen Bröckchen blieb ihm vorhin die Luft weg, daraufhin gab er sein Frühstück auf.

Die Entscheidung liegt bei mir, ich muss sie für ihn treffen. Ich will das nicht, aber ich habe Naoko keine Alternative anzubieten. Es wäre nur ein Aufschub und weitere Qual. Ich halte ihn in den Armen, er atmet so schwer. Die Ärztin gibt ihm zwei Spritzen, und in wenigen Augenblicken ist es vorbei damit.

Zuhause bette ich Naoko in sein Körbchen, damit Taki Abschied nehmen kann. Mit Miguel schaffe ich es noch so eben pünktlich zum Essen bei Mama anzukommen.

Heute ist mir nicht sehr österlich zumute.

Nachmittags nutze ich die Ruhe hinterm Haus für etwas Gartenarbeit. Das tut gut. Die Fläche über dem Grab werde ich noch aufhäufeln und bepflanzen.

Heute ist Miguel nicht mein Mittelpunkt, doch es ist gut, dass mir seine Betreuung eine gewisse Struktur aufzwingt. Das Leben geht weiter. Ich funktioniere – immerhin.

Hoffentlich kriegt Taki die Kurve und freundet sich mit dem Hund an, das wäre ein Gewinn für uns alle.

Die Fortschritte der dritten Woche

Miguel wartet geduldig, wenn er zu einem Termin mitgeht

Die Kaninchen-Besessenheit nimmt langsam ab

Autofahren wird entspannter, er setzt sich bzw. legt sich hin

★

L wie Lob und Leckerchen

Mit Keksrezept

Wie gut ein Beziehungsaufbau per Leckerchen funktioniert, habe ich schon mit Akina kennengelernt. Als die Dackeline bei Mila einzog, war sie aufgrund einer unglücklichen Vorgeschichte sehr ängstlich. Ihre neue Familie wurde ihr sicherer Hafen, aber fremde Besucher blieben eine Bedrohung, vor der man besser hinter Frauchens Beinen in Deckung ging.

Also haben wir geübt. Bei jedem Besuch gab es Leckerchen aus meiner Hand, ein Stück weit geworfen. Die Kleine jagte fröhlich hinterher und forderte bald ungeduldig ihre Sporteinheit von mir ein, wenn ich Mila besuchte. So wurde ich nach und nach von Akina mit etwas Positivem verknüpft.

Für einen weiteren Annäherungsschritt musste Akina nach den geworfenen Bröckchen sich die letzten zwei, drei aus meiner Hand abholen. Das klappte auch immer besser, zumal ich mich auf den Boden hockte und nicht mehr so bedrohlich wirkte. Wir gingen irgendwann sogar dazu über, das letzte Stück gegen ein „Pfötchen" zu geben. Auch das hat sie schnell kapiert, kam angerannt und hielt die rechte Pfote schon von selbst hoch und angelte mit der Schnauze nach ihrer Belohnung.

Grundsätzlich sind Leckerchen also nicht schlecht. Ich hoffte trotzdem, dass Miguel auch ein verbales Lob von mir als solches akzeptieren und nicht nur gegen Leckerchen etwas tun würde. Schon aus dem Grund, weil ich ja wahrscheinlich nicht immer eins in der Tasche haben würde.

Doch es gab und gibt Situationen, in denen ohne eine kleine leckere Bestechung sein Mitwirken einfach verweigert wird. Der Sprung auf den rückwärtigen Autositz erfolgt viel schneller, wenn ich vorher einen kleinen Brocken mit dem Wort „Such!" hineingeworfen habe. An manch kaltem Frühlingsmorgen lockte ich den Pödel nur mit vorgehaltener Knabberstange aus dem Ich-bleib-jetzt-einfach-stehen-wie-ein-Esel-Modus.

Leckerchen sorgen auch für Gerechtigkeit. Da der Kater mehr als zwei Mahlzeiten am Tag bekommt, biete ich Miguel gleichzeitig eine kleine Nascherei an. So kommt Futterneid gar nicht erst auf. Und wenn ich mit Mama am Kaffeetisch sitze (wo oft auch Kekse oder Kuchen im Angebot sind), darf der Hund ebenfalls was knuspern. Da darf es dann auch etwas Selbstgebackenes sein, siehe Rezept unten.

Lob erfolgt immer unmittelbar dann, wenn es etwas zu loben gibt, immer mit ähnlichen Worten und in einem sanften, hohen Ton. Diese Stimme benutze ich auch bei Streicheleinheiten, da kann ich allen Blödsinn erzählen, auf die Worte kommt es ja nicht so an. Es geht eher um eine einlullende Stimmung und entspannende Atmosphäre.

Ein regelmäßiger Blick auf Zähne und Gewicht sagt mir, dass die Ernährung richtig ist und dass ich es in puncto Leckerchen nicht übertreibe. Miguel wird da wohl anderer Meinung sein und ein wenig mehr Übertreibung nicht schlimm finden, aber wir bleiben lieber in Balance.

300 g Vollkornmehl
100 g Dinkelflocken *Feinblatt*
125 g Geflügelleberwurst
100 ml warmes Wasser

Mehl und Flocken vermischen, die Leberwurst (Zimmertemperatur) und das Wasser allmählich hinzufügen, alles zu einem glatten Teig kneten.

Ausrollen auf ca. 5 mm und nach Belieben Formen ausstechen.

Im vorgeheizten Backofen* (170°C) für 20 Minuten backen, auf Küchenpapier austrocknen lassen.

Haltbarkeit etwa sechs Wochen.

*Ober- und Unterhitze

Die vierte Woche

MO, Tag 24 *Ostermontag*

Das Wetter ist sehr schlecht. Es schneit sogar! Bei der Morgenrunde im Park überrascht uns ein weißer Schauer, vor dem wir uns unter einer Eibengruppe in Sicherheit bringen müssen.

Wir fahren wieder zu meiner Mutter, aber der Zeitplan taugt heute nichts. Erst am Nachmittag, kurz vor der Rückfahrt nach Hause, ergibt sich die Gelegenheit zu einer Gassirunde, vorher war das Wetter zu mies. Und Miguel hat die ganze Zeit eingehalten.

Abends kriege ich ihn nicht mehr bewegt, das war's für heute.

DI, Tag 25

Morgens kommen wir alle nur schwer in die Gänge, fürs erste Gassi reicht Miguel der Garten. Später kommt die Sonne raus, wir fahren zu Tina und Sparky. Endlich können wir die Hunde einander vorstellen, aber zunächst mit Abstand. Miguel und ich gehen voraus, Tina kommt mit Sparky nach und holt langsam auf. Er ist mehr der territoriale Typ, bald höre ich den Kleinen hinter uns rummotzen. Meiner ist wie gewohnt ignorant und interessiert sich auch nicht, als wir den Abstand verringern.

Sparky ist sichtlich verblüfft – er schimpft, bläht sich auf, macht sogar eine Spielaufforderung, als ihm gar nichts mehr einfällt – und der andere Hund reagiert auf gar nichts?!

Bald laufen wir in recht guter Harmonie zusammen, also stehen die Chancen für regelmäßiges Spazierengehen hoch.

Neue Wege, neue Kaninchenspuren, fremde Hunde. Die vielen neuen Eindrücke werden zuhause schlafend unterm Schreibtisch nachgeträumt. Erst gegen drei Uhr machen wir uns auf zu einer Nachmittagsrunde.

Weil wir unsere tägliche Autofahrt heute schon erledigt haben, gehen wir nur rüber zum Park hinter der Tankstelle. Und da kann Miguel sich endlich ausreichend entspannen.

Am Himmel sehe ich eine dunkle Wolkenwand heranziehen, also treten wir lieber flott den Heimweg an. Doch zu spät – dichter, körniger Schneefall überrascht uns noch unter den Bäumen, eine Eibe bietet etwas Schutz.

Weiter zum Unterstand der Bushaltestelle. Auch dort nur eine Pause, dann weiter. Miguel steht verwirrt neben mir, ein Vorderbein erhoben. Das ist sein erster Schnee, natürlich ist der Boden eiskalt.

Warten bringt nichts, also weiter nach Hause. Und zwar sehr vorsichtig, denn es wird glatt. Ausrutschen und stürzen ist keine Option. Ich ziehe den Hund hinter mir her, der natürlich nicht versteht, dass wir auf dem Weg ins Trockene und Warme sind.

Endlich, vom Sofa aus ein Blick hinaus. Es schneit weiter. Die Flocken sind größer geworden, nass und pappig. Ich bin sehr froh, dass wir die jetzt nicht abkriegen. Auf dem Boden verwandeln sie sich sofort in Matsch.

Abends kann ich Miguel wenigstens nochmal zur Einblockrunde bewegen, auch wenn es gerade viel Überzeugungskraft braucht, ihn überhaupt aus der Wohnung zu bekommen. Einmal draußen und bis zur Ecke gegangen, ist es dann meistens gut.

MI, Tag 26

Eine Premiere – heute am frühen Morgen wartet Miguel nicht, bis ich ihn hole, sondern er kommt ins Schlafzimmer (und findet bei der Gelegenheit den „geheimen" Napf mit Takis Trockenfutter, den Standort muss ich also ändern).

Leichter Schneefall, kein sonderlich guter Tagesanfang, aber es hilft ja nichts. Miguel ziert sich wieder, und als er nach einiger Überzeugungskunst meinerseits endlich auf der matschigen Straße steht, hat sein Gesicht so einen Ausdruck von: „Frauchen, echt jetzt?!"

Also wieder nur die Einblockrunde, die genügt zum Erledigen aller Geschäfte. Nachdem ich Miguel ausgezogen und seinen Mantel zum Trocknen aufgehängt habe, muss ich allerdings nochmal zum Einkaufen raus.

Sch… Aprilwetter!

Das Wetter bleibt mies. Statt einer Mittagsrunde überlege ich mir ein Schnüffel-Suchspiel mit einer Eiswürfelform und einigen Pingpongbällen. Miguel findet das toll. Ich denke, davon werde ich noch einige Varianten mit ihm ausprobieren. Ein kleines Schlechtwetter-Alternativprogramm in petto zu haben kann nicht schaden.

Bis zum Abend hat es sich draußen so weit beruhigt, dass wir trockenen Fußes noch eine kleine Runde gehen. Ob der Marder immer noch in der Gegend ist?

DO, Tag 27

Wieder kommt Miguel mich wecken, den Weg zu Takis Napf habe ich vorsichtshalber blockiert. Ob er eines Tages so weit geht, aufs Bett zu springen? Dann wird's eng. Ich glaube, darin werde ich ihn nicht bestärken.

Draußen sind 2°C, aber es ist trocken. Wir mummeln uns ein und gehen zum Park, Miguel scheint sich sogar drauf zu freuen, er trabt munter voraus.

Im Ignorieren anderer Hunde ist er heute wie immer ganz groß, es sind wieder die kleinen Rassen, die so eine große Klappe haben.

Später fahren wir rüber an den Rhein, beim PCC-Stadion. Die Wiesen sind wieder hochinteressant, die Weite lockt. Viele Hunde dürfen hier frei laufen. Aber nein, Miguel sehe ich da nicht, das ist für ihn auch langfristig nicht geplant. Da finden wir Alternativen.

FR, Tag 28

Zeit für Schreibtischarbeit – da Miguel morgens nur schnell in den Garten will, nutze ich den Morgen für den Schreibkram zu seiner Anmeldung beim Ordnungsamt. Alle dazu nötigen Unterlagen sind ja nun komplett. Heute entsteht auch der erste „Zwischentext" für das geplante Podenco-Buch. Ich wünschte, ich könnte diese Schreibarbeit wie früher gemütlich in einem Café erledigen … leider sind wir von solchen Annehmlichkeiten wohl noch weit entfernt.

Das Wetter ist milder geworden, trotzdem ziehe ich Miguel den Mantel an, als wir gegen halb elf endlich rausgehen. Wir treffen auf einen jungen Mann mit einem Shiba Inu an der Leine. Das erinnert mich daran, dass ich bald mal ein Treffen mit meinem Bruder (und seinem Hund) verabreden will.

Eine Nachmittagstour mit Auto verkneife ich mir heute, denn die Parkplatzsituation ist hier wegen mehrerer Baustellen gleichzeitig eine Katastrophe. Rundherum sind Sperrungen in den Straßen, alles drängt sich hier zusammen. Bin froh, dass ich einen freien Platz gefunden hatte, als ich vom Einkaufen zurückkam. Denn die Garage kann ich leider immer noch nicht benutzen.

Der Park hinter der Tankstelle ist unser Ziel, heute brauchen wir wohl keinen überraschenden Schneefall zu fürchten.

Mila ruft später an, in der nächsten Woche wollen wir es mal mit der Schleppleine versuchen. Ich erzähle ihr, dass Miguel gern die Abendrunde ausfallen lässt und lieber verschläft. Bin ja selbst ganz erstaunt, wie lange er einhält. Vielleicht mag er lieber raus, wenn sich das Wetter bessert. Er ist jetzt vier Wochen hier, da ist noch nichts in Stein gemeißelt.

SA, Tag 29

Bei der Morgenrunde treffen wir einen Herrn mit Podenca an der Leine, die könnte von der Optik her Miguels Schwester sein – die gleichen Zimtöhrchen (aber intakt), das gleiche braunweiß melierte Fell. Doch sie ist schon vierzehn Jahre alt und über einen Verein in Kranenburg vermittelt worden.

Wir gehen weiter, mal wieder an der Kläranlage entlang. Da wir am Nachmittag verabredet sind, will ich die Runde nicht zu weit ausdehnen und biege vor dem Park ab, um durch eine Seitenstraße den Heimweg anzutreten. Da Miguel inzwischen die Umgebung kennt und somit weiß, dass kein passender Ort mehr vor uns liegt, macht er noch schnell einen Haufen auf die Straße. Hier passt das Zitat: „Das macht er sonst nie!" Zum Glück ist ein Abfalleimer nur wenige Meter entfernt.

Wir fahren Katja und Bernd besuchen, sie haben uns bei Miguels Ankunft vor vier Wochen am Flughafen geholfen. In der Nähe von Krefeld wohnen sie zusammen mit einer Galga und einem Chortaj (russischer Windhund).

Das Zusammentreffen der Hunde ist sehr aufschlussreich, was Miguels Wesensart angeht. Er ist neugierig, aber nicht aufdringlich. Er scheint sich zu freuen, mal Hunden seines Kalibers zu begegnen. Windhunde untereinander erkennen sich offenbar. Mit dem Rüden spielt er nach einer Weile sogar, so sehe ich ihn zum ersten Mal, und es gefällt mir.

Zwischendurch kommt Miguel einige Male zu mir, ob ich noch da bin. Leider ist das Wetter heute so mies, dass ein Spaziergang sich nicht anbietet, auch kein Toben im Garten. Doch wir sind eingeladen, wiederzukommen, vielleicht klappt es dann.

Während der Rückfahrt legt Miguel sich hin. Daran erkenne ich, dass die vielen neuen Eindrücke ihn sehr ermüdet haben.

Zuhause angekommen, kriege ich ihn allerdings nur mit sanfter Gewalt aus dem Auto. Er verschlingt sein Essen, geht dann schnell zum Pipimachen in den Garten, danach ist Kissen angesagt. Den Rest des Tages verbringen wir in Gemütlichkeit.

SO, Tag 30

Das Jonglieren mit der Katzen- und Hundefütterung ist zur Herausforderung geworden. Den Napf mit Trockenfutter für Taki kann ich nicht einfach neben meinem Bett aufstellen, Miguel riecht ihn. Halb sechs Uhr morgens höre ich tapp-tapp, der Kater flüchtet natürlich. Da muss mir was anderes einfallen lassen.

Halb acht sind wir ausgehbereit, wenn Miguel sich auch geziert hat, den Mantel anzuziehen. Aus der Wohnung raus muss ich ihn fast zwingen, und als ich die Haustür öffne, ist es ganz vorbei. Es regnet (das hatte ich gar nicht mitbekommen): Nein, da hinaus ist tatsächlich völlig undenkbar.

Also wieder rein, abrödeln, Frühstück verteilen.

Das Angebot, dann wenigstens den Garten zu benutzen, schlägt Miguel aus. Na schön, aber mittags geht es zu Mama, so oder so. Trotz Nieselwetter kann ich ihn dort wenigstens zu einem kurzen Spaziergang bewegen, bei dem er sich endlich erleichtert.

Ein gemütlicher Sonntag wie sonst auch. Heute geben wir für Miguels Mittagsruhe die Küchenbank frei, indem wir seine Decke darauflegen.

Bis zum Abend bleibt es wenigstens trocken, heute machen wir wieder die Einblockrunde.

Die Fortschritte der vierten Woche

Miguel bewegt sich freier in der Wohnung

Sein erstes Schnüffel-Suchspiel macht ihm Spaß

Begegnung mit anderen Windhunden – die gefallen ihm

★

M wie Management

Jedem sein Näpfchen

Natürlich hatte ich mir dazu schon in einem sehr frühen Stadium Gedanken gemacht – wie schaffe ich es, die Tiere zu füttern, ohne dass sie sich gegenseitig was wegklauen oder dass auf andere Weise Stress entsteht?

Die Unterteilung der Wohnung kommt mir dabei zu Hilfe. So ungünstig geschnitten (und außerdem zu klein) ich meine Küche sonst auch finde, für die Fütterung ist sie perfekt. Lang und schmal, mit zwei Türöffnungen, also eigentlich ein Durchgangszimmer.

Angestammter Futterplatz der Katzen ist die Stelle vor dem Fenster, nah bei der hinteren Türöffnung, wo es weitergeht zum „Wintergarten" und der Terrassentür. Also habe ich am entgegengesetzten Ende, beim Eingang zur Küche, einen Bereich für den Hundenapf freigeräumt. Auf diese Weise liegen mehrere Meter dazwischen, wo ich beobachtend und nötigenfalls schlichtend eingreifen könnte.

Unterschiedliche Anforderungen gibt es allerdings bei den Fütterungszeiten zu beachten, beziehungsweise wie oft welche Tierart zu fressen bevorzugt.

Da Katzen sehr kleine Beute jagen, ist es für sie artgerechter, mehrmals am Tag eine geringere Menge zu bekommen. Oder zum Beispiel Nassfutter zu geregelten Zeiten, vielleicht dreimal täglich, nebenbei aber auch eine Schale Trockenfutter zur freien Verfügung. Da Naoko von Jugend her ein verfressenes Kerlchen war und zum Klauen neigte, blieb ich sowieso immer dabei und sorgte dafür, dass seine kätzischen Mitbewohner ihre Portionen für sich behalten konnten.

Hunde stammen von einer Spezies ab, die im Rudel große Beute jagt und sich dann so vollfrisst, wie sie kann (wobei die rangniederen Mitglieder warten müssen, was die anderen ihnen übriglassen). In manchen (älteren?) Hundebüchern wird nur eine Fütterung pro Tag empfohlen, ich erinnere mich, dass sogar von einem wöchentlichen Fastentag geschrieben wurde. Und zwar mit der Begründung, Wölfe würden ja auch nicht jeden Tag eine erfolgreiche Jagd haben.

Na, ich weiß nicht. Hunde entwickeln sich doch eher weg vom Wolf, und das seit vielen tausend Jahren. Sie leben im Familienverband zusammen mit Menschen völlig anders. Dazu kommt, dass ich als Mensch andere, eigene Essgewohnheiten habe, das muss auch berücksichtigt werden.

Besser, wenn ich für uns alle einen Kompromiss finde. Ein paar Regeln geben die Struktur dafür vor.

Regel Nummer Eins – es gibt nichts vom Tisch. Grundsätzlich. Was auch immer ich esse und wann ich esse, ganz egal wie schmelzend mein Hund mich anschaut, sabbernd oder nicht, Menschenessen ist tabu.

Regel Nummer Zwei – die Katzen werden zuerst gefüttert. Damit untermauere ich die Rangordnung, denn die Miezen waren schließlich zuerst da und haben die älteren Rechte. Außerdem soll Miguel nicht auf die Idee kommen, dass er sie jagen könnte, um an ihr Futter zu kommen.

Regel Nummer Drei – Futter gibt es im Napf (oder daneben) oder auf der Decke, sonst nirgends. Ausnahme davon sind Spiele und Training, wo Futter als Belohnung eingesetzt wird. Aber da glaube ich an die hündische Intelligenz, dass dieser Unterschied verstanden wird.

Momentan hat sich die nachfolgend beschriebene Gestaltung unserer Mahlzeiten etabliert, das funktioniert ganz gut.

Morgens, der Wecker schellt. Der Kater (schläft übrigens im Bett) wartet, dass ich endlich die Augen aufmache und freut sich schnurrend aufs Frühstück, sabbert mich dabei schon mal an. Als allerersten Appetizer halte ich im Nachtschränkchen ein paar Bröckchen Trockenfutter für ihn bereit.

Ich gehe den Hund wecken (der schläft nebenan unter dem Schreibtisch). Ich glaube allerdings eher, dass er auf meine Erlaubnis wartet, da herauskommen zu dürfen. Natürlich steht ihm das frei, aber vielleicht ist er das aus seinem vorherigen Leben so gewöhnt.

Kater geht in „seinen" Teil der Küche und wartet auf seinen gefüllten Napf, Hund setzt sich am anderen Ende vor die Küchentür in den Flur und wartet ebenfalls. Kater bekommt seinen Napf, zur Hälfte gefüllt, und während er frisst, gehe ich hinüber zum Hund und gebe ihm als Belohnung fürs geduldige Sitzen ein paar kleine Futterbröckchen.

Ich mache mich fertig für die Morgen-Gassirunde, wir sind je nach Wetter bis zu anderthalb Stunden unterwegs. Nach der Rückkehr nimmt der Hund wieder seine Warteposition beim Napf ein. Der Kater hockt schon in der Küche und kriegt jetzt seine zweite Hälfte, dann stelle ich dem Hund seine volle Portion hin (die innerhalb von Sekunden vertilgt ist).

Sollte im Katzennapf ein Rest Futter geblieben sein, stelle ich den unerreichbar weg (die paar Bröckchen verwerte ich für die nächste Hundemahlzeit). Nichts, das Miguel zum Herumstöbern verleiten könnte, bleibt irgendwo stehen.

Ich bereite mein Frühstück zu, der Hund sitzt wieder im Flur und beobachtet mich. Irgendwann wird es ihm zu langweilig, er geht auf seinen Platz unter dem Schreibtisch, in dem Wissen, dass ich ja bald nachkomme und mich dort hinsetze.

Ein ähnliches Vorgehen praktizieren wir mittags und abends, mit dem Unterschied, dass es mittags für den Hund nur einen Snack gibt. Eine Kaustange zum Beispiel. Und wenn ich meine Mutter besuche (was üblicherweise das Mittagessen und den Nachmittagskaffee beinhaltet), halten wir es ebenso. Wir setzen uns an den Esstisch, Miguel bekommt auf seiner Mitnehm-Decke einen Kauartikel serviert. Trinken wir dann nachmittags unseren Kaffee (und Kuchen ist meist auch dabei), ist für den Hund auch eine leckere Kleinigkeit da, sodass wir alle etwas zum gemütlichen Genießen haben.

Die letzte Hundemahlzeit gibt es am Nachmittag, wenn wir vom Spaziergang nach Hause kommen, später vielleicht noch das eine oder andere kleine Leckerchen auf der Decke.

Dem Kater winkt ein Betthupferl (Trockenfutter aus dem Nachtschränkchen) direkt vor dem Schlafengehen, damit er mich am nächsten Morgen nicht schon vor dem Wecker aus dem Schlaf reißt.

Auf diese Weise kommen wir ganz gut miteinander aus, alle werden satt, ohne sich zu überfressen, ich habe die jeweiligen Mengen im Blick, und in der Fressnapf-Filiale steht eine Waage, auf der ich regelmäßig Miguels Gewicht kontrollieren werde. Ein oder zwei Kilos darf er ruhig zunehmen, denn die Rippen sind noch deutlich zu sehen, aber mehr sollte nicht drauf.

Die Futtersorte ist so gewählt, dass sie zwar gut ist, seinen an nichts Hochwertiges gewöhnten Organismus jedoch nicht überfordert. Über einen gewissen Zeitraum werde ich vorsichtig auf andere Sorten wechseln und es auch mal mit Barf versuchen.

Und dass ihm das jetzige Futter gut bekommt, sehe ich schon an seiner verbesserten Fellqualität.

Die fünfte Woche

MO, Tag 31

Einen Monat ist Miguel nun schon da, und wir beide haben in der Zeit eine Menge gelernt. Eine gewisse Lebensstruktur schleift sich ein, mal durch Versuch und Irrtum, mal durch stetes Wiederholen geplanter Vorgänge.

Die Kälte dauert an. Noch immer haben wir Nachtfrost, also ist die heutige Morgenrunde kein Zuckerschlecken. Mittags schneit es sogar in dicken Flocken.

Wir fahren nach Rheinhausen und parken in Asterlagen oben auf dem Damm. Unser erster Besuch hier. Eigentlich will ich bis zum Wasser runter, doch dann scheint mir der Spazierweg interessanter, und schließlich landen wir auf einer Art Grünem Weg der sich in großem Bogen bis ins Gewerbegebiet zieht. Wir folgen ihm bis zum Ende und kehren über die Straße zurück. Ein langer Weg, aber er hat uns gefallen. Zuletzt wieder auf den Wall und zurück zum Auto. Mannomann ... das war eine sportliche Leistung! Es wundert mich darum nicht, dass Miguel am Abend nicht mehr aufstehen will. Ich bin auch kaputt.

DI, Tag 32

Corona-Kurzarbeit. Zurzeit hat Mila dienstags frei, wir haben für heute einen gemeinsamen Spaziergang am Rhein geplant. Mittags wollen wir los, ich möchte heute die Schleppleine ausprobieren.

Doch erst die Morgen-Gassitour. Es ist saukalt, der Atem bildet Wolken. Miguel schaut ein bisschen „Kaninchenkino", sogar ohne zappelig zu werden. Wenn er doch bloß nicht immer so stur herumstehen würde ... gerade bei der Kälte echt übel. Doch ich muss ihn auch loben: WARTE und OKAY am Straßenrand klappt teils schon an lockerer Leine. Jetzt muss ich ihm mal abgewöhnen, direkt vor mir zu kreuzen oder gar abrupt stehenzubleiben. Das kann zu bösen Stürzen führen, oder ich trete ihm auf die Füße.

Obwohl kurz vor zwölf gar nicht unsere übliche Zeit ist, kommt Miguel angelaufen, als ich die Sachen einpacke und mich anziehe. Er geht sogar gerne mit raus (und legt noch einen Zahn zu, als er Akina sieht).

Wir fahren zum Rhein, und gleich auf den ersten Metern dort sehen wir eine Frau mit drei Whippets (vermute ich). Miguel guckt kurz hin, schnüffelt aber lieber weiter nach Spuren. Ich hake ihm die Schleppleine ans Geschirr, in ihr Ende knüpfe ich eine Schlaufe fürs Handgelenk.

Den neuen Radius nutzt Miguel freudig aus. Doch er lässt sich auch heranrufen, ist allerdings für ein belohnendes Leckerchen zu aufgeregt. Ab und an kommt er sogar von sich aus zu uns, um klarzustellen, dass wir alle noch da sind.

Nun könnte er sich von Akina zum Buddeln animieren lassen, aber nein. Vielleicht später einmal, noch ist ja alles so neu. Auch Futterdummy apportieren könnte ich ja noch einmal versuchen.

MI, Tag 33

Kalt, kalt, kalt … ich wünschte mir wirklich, dass es am frühen Morgen nicht mehr so fröstelig wäre. Miguel scheint ähnlicher Meinung zu sein, denn er ist echt schwer aus dem Haus zu kriegen.

Er schnüffelt sich kreuz und quer durch den Park und sperrt sich wieder, als es zurück nach Hause gehen soll. Hilft aber nichts. Mit ein paar Leckerchen kann ich ihn dann doch locken.

Am Nachmittag packe ich die Schleppleine wieder ein, erneut fahren wir nach Rheinhausen-Asterlagen zum Rhein. Diesmal geht es wirklich hinunter in die Wiesen.

Es sind sehr viele Leute mit ihren Hunden unterwegs, doch mein Miguel ignoriert sie alle. Er hat wieder reichlich zu schnüffeln, und ich habe viel zu gucken – mir gefällt diese dichte, dschungelartige Ufervegetation. Das möchte ich gern festhalten, habe jedoch leider keinen Fotoapparat dabei. Hier müssen wir nochmal herkommen!

In weitem Bogen kehren wir zum Auto zurück, später zuhause schläft Miguel wie ein Stein. So viele Eindrücke, so viel Neues. Mit Mühe kann ich ihn später noch zu einer kleinen Runde um den Block überreden.

DO, Tag 34

Die Morgenrunde halte ich heute möglichst kurz, denn schon um zehn Uhr will ich mit Miguel im Auto sitzen. Dieser Tag wird sicher interessant, wir haben etwas Besonderes vor.

Wir holen zuerst Mama ab und bringen sie nach Kamp-Lintfort zum Ärztehaus, zu ihrer Routineuntersuchung. Während sie ihren Termin wahrnimmt, wandere ich mit Miguel ein wenig herum, das ist (soweit ich weiß) sein erstes Zusammentreffen mit so etwas wie Innenstadtflair.

Er langweilt sich bald, ihm gefällt es nicht, mir auch nicht. Zu viele Gebäude, zu wenig Grün. An einer neugestalteten Anlage mit Wasser-Installation lernt er, dass man bei Benutzung der Trittsteine trockene Füße behalten kann.

Es geht weiter, wir fahren nach Goch und besuchen dort Freunde der Familie. Sie haben auch einen Hund: Lou, ein weißer, dreijähriger Mix, vom Aussehen her vielleicht mit Schäferhund-Anteil. Er ist etwas rüpelig und kaum zu bändigen.

Wir stellen die beiden einander draußen vor, es klappt soweit gut mit ihnen. Dann rein, im geheizten Wintergarten ist der Tisch gedeckt. Miguel läuft herum, schaut sich alles an, nimmt freundlichen Kontakt zu allen Menschen auf. Irgendwann höre ich ihn aus Richtung der Tür kurz fiepen. Und mir fällt ein: Er hat heute noch nichts gemacht, sich am Morgen anscheinend alles verkniffen.

Der Außenbereich ist umzäunt, das Tor ist zu. Ich riskiere es und lasse ihn laufen. Oh ja, das gefällt ihm! Er rennt, schlägt Haken, schmeißt die langen Beine … hin und wieder versuche ich ihn ein wenig zu bremsen, denn vor lauter Übermut könnte er ja auf die Idee kommen, einen Sprung zu machen.

Wenigstens beruhigt er sich aber bald wieder so weit, dass er nach einem stillen Örtchen Ausschau hält.

Später erkunden wir mit der Schleppleine den hinteren Gartenteil, dort sieht Miguel seinen ersten Maulwurf (doch der gehört nicht ins Beuteschema und wird deshalb nicht weiter beachtet). Hier gibt es auch noch andere Tiere, darunter zwei Kaninchen, sie leben in einem großen Gehege. Miguel ignoriert sie komplett. Weil sie nicht wildfarben sind? Wir stehen direkt daneben, bestimmt kann er sie riechen. Keine Reaktion. Dieser Hund ist eine Wundertüte.

Wir verabschieden uns. Auf der Rückfahrt legt Miguel sich bald hin. Das war ein erlebnisreicher Tag für ihn. Am Abend gehen wir noch eine kurze Runde, zu der er eigentlich keine große Lust hat, aber sicher ist sicher. Heute hat er viel getrunken.

FR, Tag 35

Bei der Morgenrunde gehen wir mal wieder am Klärwerk entlang und begegnen dort den kleinen Krawallbüxen, heute im gemischten Sechserpack: Zwei Mini-Chihuahuas, ein normaler Chihuahua, ein Mops, ein Zwergspitz und ein Mix, der aussieht wie der Bruder von Idefix (er heißt Fiete, wie ich vom Frauchen erfahre).

Miguel hat gestern einiges an Souveränität gewonnen und steht nun nicht nur wegen der langen Beine über den Dingen. Nach einem netten Plausch mit den Frauchen geht es heimwärts, Miguel folgt mir fast ohne zu zögern.

Da es mit der Schleppleine so gut läuft, werde ich sie zukünftig für die Mittagsrunde mitnehmen. Heute fahren wir wieder nach Asterlagen in die Rheinwiesen. Lustig ist der Dobermann, der wie wild ein Loch in den Sand buddelt und aufgeregt hinein bellt.

Hundebegegnungen laufen entspannter ab als neulich, das ist erfreulich zu sehen. Miguel verhält sich auch viel aufgeschlossener, zu allen Leuten geht er hin. Sollte er mal durch irgendeinen Grund hier abhandenkommen, würde er sich vermutlich von selbst irgendwo anschließen und um Hilfe bitten.

SA, Tag 36

Die Morgenrunde ist wie üblich: Park, Schnüffeln, Herumstehen, Kaninchen gucken.

Ich sitze beim Frühstück, als Mila anruft. Weil ab Montag wieder die Geschäfte schließen müssen, fahren wir heute zur Gärtnerei und kaufen ein paar Pflanzen ein. Das tut auch der Seele gut.

Für den heutigen Mittag habe ich mir sowieso Gartenarbeit vorgenommen, also passt das. Die neuen Blümchen kommen sofort ins Beet. Ich lege für Miguel eine bequeme Unterlage auf die Terrasse, aber er will trotz schönsten Wetters lieber rein. Okay, dann arbeite ich eben allein.

Es ist schon halb vier, als wir wieder aufbrechen, die Schleppleine im Gepäck. Weil ich mit Mila vorhin dran vorbeigefahren bin, kam mir die Idee, mal durch den Baerler Busch zu laufen.

Der Waldweg geht schnurgerade. Weil ich mich hier nicht auskenne, bleiben wir darauf. Miguel zeigt sich sehr angetan von den vielen neuen Aromen der Waldluft. Und mir gefällt es auch. Das ist bestimmt ein angenehm schattiger Ort für heiße Sommertage. Wir folgen dem Weg weiter bis zum gegenüberliegenden Waldrand, wo freundlicherweise ein Wegeplan aufgestellt ist.

Nach einem Blick auf die Uhr beschließe ich, dass es Zeit ist, zum Parkplatz zurückzukehren. Miguel weigert sich – denselben Weg zurück? Nein.

Auf der Karte habe ich Alternativen gesehen, also biete ich eine andere Route an, darauf lässt er sich ein. Über einen abenteuerlichen Trampelpfad schlagen wir einen Bogen zurück zum Hauptweg.

Wir sind hier nicht das einzige Mensch-Hund-Gespann, es sind noch viele mehr unterwegs. Es gibt sogar Pferde (mit Reitern), die Miguel aus respektvollem Abstand beäugt. An einer großen Wegkreuzung begegnen wir zwei Damen mit ihren Hunden.

Inzwischen verhält sich Miguel sehr viel selbstsicherer. Als einer der Hunde ihn zum Spielen auffordert, geht er fröhlich darauf ein. Die beiden sind etwa gleich groß, sie springen und verdrehen sich und schlagen die tollsten Kapriolen. Leider muss ich Miguel immer wieder ausbremsen, da die Schleppleine eine begrenzte Länge hat und er sich nicht darin verheddern soll.

Aber der baldige Besuch in einem umzäunten Auslauf wird damit zur dringenden Notwendigkeit.

Erwartungsgemäß fällt Miguel zuhause bald in Schlaf und will keine Abendrunde. Ob er vom Wald träumt?

SO, Tag 37

Es stimmt, was Mila einmal sagte: „Nach ein paar Wochen kennst du alle Hunde der Nachbarschaft." Tatsächlich begegnen mir häufig dieselben Frauchen/Herrchen/Hundchen, man grüßt sich, plaudert auch ein wenig ... doch noch ist mein Gassi-Bekanntenkreis überschaubar.

Heute lernen wir Tao kennen, einen freundlichen „Rumix" (das ist eine Wortkreation von Simone Sombecki, kurz für „typischer rumänischer Mischling"), dem Miguel offenbar sympathisch ist. Ein Stück weiter treffen wir einen Podi, der ebenfalls über Kranenburg vermittelt worden ist. Und auf dem Heimweg begegnet uns wieder Tao, dazu der gehbehinderte Bulgare, auf den geschossen worden war und in dessen Körper immer noch Schrotkugeln stecken, wie Frauchen erzählt.

Wir gehen kurz in die Bäckerei, ich brauche was zum Frühstück. Miguel benimmt sich einwandfrei. Es spricht also nichts dagegen, hier auf ein Heißgetränk einzukehren, wenn auch das Café wieder geöffnet werden darf.

Die Treppe bei Mama geht Miguel heute zum ersten Mal ganz allein und mit nur wenig verbaler Aufmunterung hoch. Ich habe die Leinen losgelassen, und er folgte mir nach oben, mit kurzem Zögern beim Kinderwagen im ersten Stock.

Der Sonntag ist mittlerweile eine bekannte Struktur. Ins Auto, Treppe rauf, Kaustange auf der Decke, Siesta auf der Küchenbank, Gassirunde zum Kirmesplatz, Hundekekse zur Kaffeezeit und viele, viele Streicheleinheiten. Eventuell noch ein zweites Schläfchen auf der Bank, wenn die beiden Menschen noch irgendwelche Dinge zu tun haben (heute den Balkontisch beziehen und den Fliegenvorhang aufhängen).

Wir sind wieder zuhause, Miguel verhält sich unruhig. Da er den Abendspaziergang meist abgelehnt hat, biete ich ihm den Garten an. Der war sonst bei unserer Rückkehr kurz vor sechs genehm, aber jetzt, halb acht, nicht. Was will der Hund? Er drückt sich im Flur herum, also zeige ich ihm sein Geschirr.

Ja, das ist das richtige Zeichen. Raus will er.

Wir gehen die Einblockrunde und können mit diesem aktiven Wochenabschluss ganz zufrieden sein.

Die Fortschritte der fünften Woche

Die Schleppleine wird gern angenommen

Innenstadtflair ist okay, aber langweilig

Ohne Leine rennen ist ein Superspaß

Miguel mag Wald – von jetzt an gern öfter

Tadelloses Benehmen in der Bäckerei

Zum ersten Mal die Treppe zum zweiten Stock allein hoch

★

N wie Notwendig

Nach dem Essen sollst du ruh'n …

… oder tausend Schritte tun – so lautet ein altes Sprichwort, mit dem man sich gern für dieses oder jenes Verhalten rechtfertigt. Gesünder wären vermutlich die tausend Schritte, aber der volle Magen sorgt allgemein für wohlige Müdigkeit und den Wunsch nach einem Mittagsschläfchen.

Mit Hund bekommt dieses Sprichwort noch eine zusätzliche Dimension, nämlich die Möglichkeit bzw. Gefahr einer Magendrehung. Das betrifft wohl eher die sehr bewegungsfreudigen Naturen, denn ein Blick auf das Verhalten des Stammvaters aller Hunde bestätigt: Wir jagen, wir schlagen uns den Bauch so voll wie möglich, wir ruhen uns aus. Nur wer von der Beute nicht genug abbekommen hat, geht vielleicht noch Grashüpfer fangen oder so.

Die tausend Schritte finden deshalb vor den Mahlzeiten statt. So gibt es einen Grund, gern den Rückweg anzutreten. Wenn es nach Miguel ginge, könnten wir vermutlich immer weiterlaufen, bis zum Horizont. Er wäre dann immer noch neugierig, welches Wunder hinter der nächsten Wegbiegung zu entdecken ist.

Doch wehe, ich will umkehren und auf demselben Weg zurückgehen – dann wird sofort gestreikt.

Miguel tritt augenblicklich in den Esel-Modus. Alle vier Pfoten verwurzeln mit dem Boden, der Hund ist keinen Zentimeter von der Stelle zu bewegen, jedenfalls nicht in diese Richtung. Schlage ich eine andere vor, am liebsten jedoch „weiter" wie zuvor, dann lässt er sich drauf ein.

Eine Gassirunde muss für ihn also wirklich eine Runde sein, auch ein Oval geht, verschlungene Schleifen ebenso, nur eben kein einfaches Hin-und-Zurück. Das wäre langweilig. Es stellt mich vor die Aufgabe, entsprechende Wege zu finden, die für den Hund interessant sind und uns gleichzeitig von A nach B (oder eigentlich von A nach A) bringen, ohne doppelt gegangen werden zu müssen. Natürlich auch in Gegenden, die ich selbst zum ersten Mal erkunde. Da wird Google Maps schnell zum Freund.

Auf diese Weise sind wir, je nach Wetterlage, täglich zwischen zwei und drei Stunden unterwegs. Das klingt zunächst nach nicht viel. Aber wir schlendern ja nicht gemütlich, da kommen einige Kilometer zusammen, und ich spiele mit dem Gedanken, mir so einen Schrittzähler anzuschaffen. Einfach mal aus Neugier (und um stolz auf meine sportliche Leistung zu sein).

Miguel macht sowieso die größere Strecke von uns beiden. Seit wir die Schleppleine in Benutzung haben, läuft er vor und zurück, kreuz und quer, gern im weiten Zickzack vor mir her und gelegentlich so knapp vor mir vorbei, dass ich ihm fast auf die Füße trete.

Zu Hause angekommen, wartet er im Flur geduldig, dass ich ihn von Mantel und Geschirr befreie, bevor er sich demonstrativ in der Nähe seines Napfes hinsetzt. Was ich ihm gebe, ist schnell und in einem Rutsch verzehrt, danach gönnen wir uns Ruhe. Er unterm Schreibtisch liegend, ich daran sitzend am Computer oder gegenüber auf dem Sofa, je nach Tageszeit.

Das Ruhen nach den Mahlzeiten nimmt Miguel sehr ernst, er ruht gewissermaßen bis zu seinen nächsten tausend Schritten, die der nächsten Mahlzeit vorangehen.

Nun, es heißt ja, dass Hunde viel Schlaf brauchen, die Rede ist von zwölf bis zu zwanzig Stunden. Ich aber muss mit maximal sieben bis acht Stunden Schlaf auskommen.

Manchmal beneide ich ihn.

Die sechste Woche

MO, Tag 38

Hätten wir es doch endlich morgens schon wärmer! Aber solange das Thermometer unter 10°C bleibt, bestehe ich auf Hundemantel. Auch die Gummistiefel sind weiterhin unverzichtbar, ganz besonders heute, denn es regnet. Ich warte ab, bis es zumindest von oben trocken ist, und dann gehen wir auch nur die Einblockrunde.

Am Nachmittag steuere ich den Parkplatz vom PCC-Stadion an, wir gehen in die Rheinwiesen. Erst begegnen uns Frauchen mit Sohn und Hund Pelle, ein etwas aufdringlicher blonder Labbi. Weil der Filius die Frisbeescheibe irgendwo liegengelassen hat, müssen sie noch einmal umkehren. Miguel und ich nehmen einen anderen Weg.

Später treffen wir auf einen Husky, der sich auch nicht gerade schüchtern zeigt. Sein Mensch erzählt, dass wegen seines Verhaltens eine chemische Kastration geplant ist, doch wenn die nicht für ausreichend Ruhe sorgt, folgt eine echte.

Wir wandern ein Stück unten am Rheindamm entlang Richtung Baerl – Neuland zum Schnuppern – und oben entlang kehren wir zurück. Wir sind nun auf Höhe der beiden Villen und der anderen Grundstücke, deren hintere Grenzen bis an den Damm reichen und wie ein herrlicher Wildnis-Abenteuerspielplatz aussehen.

Kaninchen hoppeln durch das noch lichte Unterholz, mein Hund würde sich am liebsten zu ihnen hinunterstürzen. Nein, auch hier ist nur ansehen erlaubt.

Neben dem Weg auf dem Grünstreifen sind unzählige helle Schnecken unterwegs, ich sehe ihre Gehäuse überall. Hoffentlich tritt Miguel nicht auf eine drauf, denn er achtet nicht immer auf seine Pfoten. Doch wir kommen ohne Knackgeräusche beim Auto an, alles gut.

Die Schleppleine weiche ich im Waschbecken ein. An ihr hängt heute eine Menge Dreck und Sand, von den Schotterwegen am Rhein. Praktisch, dieses Biothane, das lässt sich gut sauberhalten.

Am Abend gehen wir nach nebenan. Die Treppe ist kein Problem mehr, oben warten natürlich Leckerchen. Miguel streift durch die ganze Wohnung, während Mila und ich ein Käffchen genießen und plaudern.

Miguel will sich zu uns legen, ist aber mit dem zugewiesenen Platz (auf dem Boden) und der Decke, die wir ihm hinlegen, unzufrieden. Schließlich klettert er zu mir auf das Sofa, rollt sich ein, und nach einer Viertelstunde schläft er.

Mit einer gemeinsamen Spazierrunde lassen wir später den Tag ausklingen. Erstaunlicherweise will Miguel dann nicht Akina hinterher, sondern er steuert zielsicher unsere Haustür an.

DI, Tag 39

Das Wetter ist sehr angenehm heute, mit Sonnenschein und blauem Himmel. Bei der Morgenrunde treffe ich eine ehemalige Nachbarin. Sie ist auch mit Hund unterwegs. Vielleicht sieht man sich nun öfter.

Mila hat heute frei, wir treffen uns um ein Uhr auf dem Parkplatz beim PCC für eine gemeinsame Runde am Rhein. Da ist wieder die Dame mit den drei Whippets, doch Miguel möchte nicht spielen. Er freut sich, dass er herumlaufen und schnüffeln kann, Akina rennt mit, buddelt und stöbert. Alles perfekt.

Unten am Wasser will ich ihm wieder die flachen Stellen schmackhaft machen, doch die kleinen Wellen sind ihm unheimlich. Akina findet's erfrischend und patscht bis zum Bauch hinein (was bei einem Dackel nicht weit ist). Vielleicht hat Miguel sich doch etwas abgeschaut, denn ein paar Buchten weiter steht er auf einmal mit allen Pfoten im Wasser – immerhin zwei, drei Zentimeter tief – und findet gar nichts dabei. Mein heutiges Highlight.

Bei „Dog-Smilla" bestelle ich heute eine Hundemarkentasche, auf der Miguels Name und meine Handynummer eingestickt werden sollen. Außerdem eine Leckerchentasche in passenden Farben. Klar, ich könnte mir auch eine selbst nähen, aber ich habe derzeit keinen abwaschbaren Stoff.

Der Abend verläuft gewohnt ruhig; Miguel will nur einmal kurz in den Garten und ist ansonsten glücklich unter dem Schreibtisch.

MI, Tag 40

Morgens zum Park, dann durch den Alten Friedhof, von dort aus rüber auf den schmalen Weg unterhalb der Straße. Es scheint, dass Miguels Darm sich dort sehr gut entspannt, denn relativ schnell wird ein Häufchen produziert. Und bei der Kläranlage können wir direkt einen Abfalleimer ansteuern, das passt also. Keine Zickerei mehr, dass Miguel nicht durch den Park zurückwill.

Die Nachmittagsrunde findet am Rhein in Asterlagen statt, heute mit Kamera. Ich mache ein paar Bilder vom Auwäldchen.

Ein Mann mit zwei Irischen Wolfshunden kommt uns entgegen. Riesige Hunde, und beide wollen sich mit Miguel bekanntmachen. Er scheint nach der ersten Begeisterung doch etwas überfordert mit der Situation, ich rufe ihn also und stelle mich dazwischen. Er wirkt erleichtert.

Ich freue mich, dass er mich als jemanden ansieht, wo er Schutz und Hilfe finden kann. Auch wenn er an der Schleppleine seinen Radius ausnutzt (und vermutlich auch darüber hinaus gehen würde), kommt er immer mal für einen Moment an meine Seite zurück. Doch das sehe ich nicht als ausreichend an, über Freilauf nachzudenken, zumindest zum jetzigen Zeitpunkt nicht.

DO, Tag 41

Nur fünf Grad – wann kriegen wir endlich milderes Wetter? Es war doch schon recht angenehm, nun wieder ein Temperatursturz. Ist es der Schock darüber? Oder hat es einen anderen Grund, dass Miguel erst mal wieder minutenlang zitternd auf dem Bürgersteig steht, ehe wir loskönnen?

Heute fühle ich mich etwas verspannt, nachdem Miguel gestern mit einem übermütigen Sprung an der Schleppleine mich heftig am Arm gerissen hat. Warmhalten (es lebe das Körnerkissen) und ein paar Dehnübungen helfen zum Glück und bringen die Geschmeidigkeit zurück.

Für den Nachmittag bin ich mit Tina und Sparky im Moerser Stadtpark verabredet. Da ich aber inzwischen weiß, dass mein Hund das größere Laufbedürfnis hat, bin ich schon eine Stunde früher da. Dank Schleppleine können wir eine große Runde drehen, somit ist alles schon entspannter, als die anderen ankommen. Bis auf zwei, drei Anblaffer verhält Sparky sich friedlich, sodass wir gemeinsam einen angenehmen Spaziergang genießen können. Dicke Kumpels werden sie wohl nicht, dazu ist das jeweilige Interesse zu unterschiedlich. Aber friedliches Nebeneinander reicht ja schon.

FR, Tag 42

Heute begrenze ich die Morgenrunde auf eine knappe Stunde, denn um halb elf sitzen wir schon im Auto und sind zu meiner Mutter unterwegs. Sie hat einen Termin in der Bank, wo ich dabei sein soll. Also ist Miguel auch mit von der Partie, und dass er das kann, hatte er ja schon bewiesen.

Der Termin geht glatt über die Bühne, wieder verhält mein Hund sich einwandfrei.

Ich bleibe noch zum Mittagessen. Zwar habe ich Miguels Decke dabei, aber heute gefällt es ihm nicht da auf dem Küchenboden, während Mama und ich einfach nur am Tisch sitzen und reden. Er kennt unsere Gewohnheiten. Gegessen wird erst um eins, aber noch ist es nicht soweit.

Nach einem langen Moment unschlüssigen Herumstehens hopst Miguel zu mir auf die Sitzbank. Bingo! Er faltet sich so zusammen, dass er noch neben mich passt, nun ist er zufrieden.

Als der Tisch dann gedeckt wird, hole ich eine Kaustange für ihn, die gibt es am gewohnten Platz, unten auf der Decke. Später, nachdem wir aufgegessen haben und den Abwasch machen, lege ich ihm die Decke auf die Bank, das kapiert er sofort. Ich wäre froh, wenn ich ihn genauso schnell ins Auto kriegte.

Zu einer weiteren Fahrt irgendwohin habe ich keine Lust, also ziehe ich mich zuhause nur kurz um, und wir gehen in den Park hinter der Tankstelle. Seine „Geschäfte" erledigt Miguel recht bald, ich spaziere mit ihm noch durch die Bungalowsiedlung und will mit der Einblockrunde enden. Dazu nehmen wir die Abkürzung durch eine Seitenstraße.

Vor einem der ersten Häuser macht Miguel plötzlich den Rücken krumm, während er gerade über den vorderen Rasen geht. Schnell ziehe ich ihn zu mir, doch zwanzig Zentimeter vor dem Bürgersteig landet ein Klacks auf dem Gras. Ich bin überrascht. Ist er vorhin nicht alles losgeworden? Ich seufze und entrolle eine Tüte, um den Klacks einzusammeln.

Die folgende kurze Auseinandersetzung mit dem sofort heraus eilenden Hausbesitzer verdirbt mir ein wenig die gute Laune. Aber wie Petra schon vor Jahren ihre Haltung dazu formulierte: „Über Hundekacke diskutiere ich nicht." Und ich werde das auch nicht tun. Hier passt die Redewendung: „Shit happens."

SA, Tag 43

Das heutige Highlight ist der Besuch des Hundefreilaufs in Kamp-Lintfort am Pappelsee. Wir fahren gegen 14 Uhr hin, er ist leicht zu finden (liegt an einer Strecke, die ich schon x-mal gefahren bin).

Eine 2,5 m hohe Umzäunung umgibt das große Gelände, es ist rundherum dicht bewachsen, auch mittendrin ein paar Bauminseln, außerdem ein Sand-Buddelplatz. An zwei Stellen stehen ein paar Plastikgartenstühle für die Frauchen und Herrchen. Nett.

Ich umrunde mit Miguel an der Leine einmal die ganze Fläche und lasse ihn alles abschnüffeln. Natürlich gibt es hier Kaninchen, das Gegenteil hätte mich gewundert. Er ist dementsprechend konzentriert auf die neuen Gerüche.

Am Sandplatz ist eine Dame mit einem wedelnden Ridgeback, der anscheinend zu Miguel Kontakt aufnehmen möchte. Jetzt muss ich ihn freigeben. Wir Menschen verständigen uns kurz, dann hake ich die Leinen aus. Freifahrtschein zum fröhlichen Spielen.

Doch Miguel hat andere Pläne. Er hält die Nase in den Wind und läuft los. Und während der nächsten Dreiviertelstunde sehe ich ihn nur, wenn er kurz aus den Randgebüschen auftaucht. Locke ich ihn zu mir, kommt er zwar heran, läuft aber mit solchem Abstand vorbei, dass ich ihn nicht greifen könnte.

Also latsche ich auf der Wiese herum und versuche in der Nähe zu bleiben, während mein Hund wohl einen Heidenspaß hat. Neidvoll betrachte ich andere Leute, deren Hunde miteinander spielen, die Bällchen apportieren oder auch einfach nur hinterhertrotten. Da ist deutlich mehr Verbindung zu erkennen. Ich komme mir ziemlich fehl am Platze vor.

Mit Leckerchen lässt Miguel sich schließlich so nah heranlocken, dass ich ihn anleinen kann. Als wir zum Tor gehen, treffen wir ein Paar mit brav folgendem Hund. Sie sagen, dass auch er starken Jagdtrieb habe und die ersten Male hier nur herumgelaufen sei. Ich solle Geduld haben, das werde sich bessern. Und in Dinslaken sei ein weiterer Auslauf, wo auch öfters Windhunde anzutreffen seien.

Das finde ich tröstlich.

Für heute ist mein Junge platt, während der Rückfahrt legt er sich sogar hin, ein sicheres Zeichen. Erst gegen Abend kann ich ihn noch zu einer Mini-Runde aus dem Haus kriegen.

SO, Tag 44

Das Schöne am frühen Sonntagmorgen ist die Ruhe überall, im Park tönt das Vogelgezwitscher im Vordergrund. Im Schatten ist es noch eiskalt, doch in den Sonnenstrahlen kann man sich aufwärmen. Ein Vorgefühl von Frühling.

Es ist wieder „Muttertag". Wir kommen ein bisschen zu spät los, sodass es am Mittag für einen Spaziergang vorher nicht mehr reicht. Aber da ich Miguel bis jetzt als zuverlässig trocken kennengelernt habe, sollte das für ihn auszuhalten sein. Er kriegt seine Decke, seine Kaustange, nach dem Mittagessen richte ich ihm die Küchenbank gemütlich her.

Doch er will sich nicht hinlegen. Ich bin schon siestamäßig auf der Couch, da kommt er zu mir. Was will er mir wohl mitteilen? Natürlich, dass er raus muss. Und zwar genau jetzt. Als ich mir Schuhe und Jacke anziehe und ihm das Geschirr anlege, sehe ich an seiner Reaktion, dass ich sein Verhalten richtig deute.

Es geht nur kurz auf den Kirmesplatz, schnell ist alles „Geschäftliche" erfolgreich erledigt, schon sind wir wieder auf dem Weg zurück, Miguel im Paradetrab voraus. Er freut sich auf die Mittagsruhe bei Oma. Ich auch.

Nachmittagskaffee, dazu gibt es Kuchen, der Teller steht auf dem niedrigen Couchtisch zehn Zentimeter tiefer als Miguels Nase. Doch ein Fingerschnippen meinerseits genügt, das hält ihn fern von den Verlockungen. Dafür bekommt er eine leckere (Hunde-)Belohnung, und bei meiner Mutter holt er sich noch Streicheleinheiten ab. Ein perfekter Sonntag.

Und mehr will er heute nicht. Ein kurzer Besuch im Garten ist abends sein einziger Wunsch, ansonsten genießt er sein Kissen.

Die Fortschritte der sechsten Woche

Miguel geht bis zu den Pfoten ins Rheinwasser

Erster Besuch im Hunde-Freilauf, der Hund ist happy

Kuchenverbot: Ein Fingerschnippen genügt

★

O wie Ohne Worte

Das Klischee lässt grüßen

Aus den Anekdoten anderer Hundebesitzer wusste ich ja schon ungefähr, was auf mich zukommen würde. Hundebegegnungen können auf die unterschiedlichste Art verlaufen, denn diese Wauwaus sind alle ganz unterschiedliche Persönlichkeiten.

Aus täglichem eigenen Erleben sehe ich, dass auch am anderen Ende der Leinen Persönlichkeiten zu finden sind, durch ihr Verhalten lassen sie sich zunächst in zwei Kategorien einteilen: Grüßer und Nichtgrüßer.

Vielleicht ist es eine romantische Vorstellung aus der Welt der Motorradfahrer, die sich alle grüßen – ich dachte anfangs ganz naiv, dass das bei Hundehaltern auch so wäre. Schließlich teilt man ein großes, soziales Interessensgebiet miteinander, man begegnet sich regelmäßig, geht vielleicht sogar dieselbe Strecke … nun, auf etwa neunzig Prozent trifft das auch zu. Von Winken aus der Entfernung bis zu ausgiebigem Schwätzchen ist alles drin.

In den restlichen zehn Prozent sind solche Leute – übrigens überwiegend jüngeren Alters – enthalten, die ihre Augen für gar keinen Moment vom Smartphone lassen oder die mit starrem Blick dicht an mir und meinem Hund vorbeiziehen. Ebenfalls dazu gehören manche Pärchen oder Familien mit Hund, die sich selbst anscheinend genug sind.

Das ist ganz ihnen überlassen. Wo kein Austausch von Höflichkeit gewünscht ist, zucke ich innerlich mit den Schultern und gehe weiter. Da grüßt eben das Klischee, ist mir dann auch egal.

Lieber nehme ich mir Zeit für die anderen, die gern über ihre Lieblinge erzählen, mit denen man sich über das Thema Hund austauschen kann, die mir Tipps geben können und denen ich vielleicht auch mal mit einem Ratschlag aushelfen kann. Solche Leute sind eine Bereicherung.

Sehr unterschiedlich können auch Begegnungen mit anderen Menschen ohne Hund sein. Da ich zwar weiß, dass mein Hund freundlich ist, die Befindlichkeit der Entgegenkommenden mir aber unbekannt ist, nehme ich Miguels Leine kürzer und halte ihn neben mir. Meist geht man nur aneinander vorbei, aber manchmal entsteht auch ein Gespräch. Das folgende ist mir in Erinnerung geblieben:

Am Ausgang des Parks steht eine Gruppe Jugendlicher, es sind sechs oder sieben Jungen, dem Anschein nach muslimischer Zugehörigkeit. Miguel und ich müssen sozusagen mitten durch sie hindurch, um weitergehen zu können, also halte ich auf die Gruppe zu. Wie immer in solchen Situationen fasse ich die Leinen beidhändig, Miguel geht entspannt an meiner Seite.

Einer spricht mich an: „Ist der Hund gefährlich?"

Ich bleibe stehen, sofort wenden sich uns alle Gesichter zu, wir sind im Mittelpunkt des Interesses.

„Nun, er hat Zähne", sage ich. „Gefährlich ist er aber hauptsächlich für Kaninchen. Du darfst ihn gern streicheln."

Ein anderer sagt: „Mein Onkel hat auch so einen ... da gibt es so viele Kaninchen ..."

Ich komme nicht dazu, das zu kommentieren, denn ein dritter Junge, dem Miguel sich gerade neugierig nähern will, weicht zurück und sagt: „Ich darf keine Hunde berühren."

Wir verabschieden uns. Im Weitergehen denke ich, ob es zu persönlich gewesen wäre, den Jungen nach seiner Hundeallergie zu fragen. Dann erst fällt mir ein, dass der Grund wahrscheinlich ein anderer war, und zwar mehr kultureller Natur.

Welche Einschränkung. Sehr schade, wenn auf diese Weise positive Erfahrungen unmöglich gemacht werden.

Hoffentlich gerät er nie in eine Situation, aus der nur ein Hund ihn retten kann.

Die siebte Woche

MO, Tag 45

Die übliche Morgenroutine: Der Wecker geht an, Taki wartet schon, und ich tappe im Schlafanzug umher. Der Kater kriegt seinen Napf fertiggemacht, Miguel erscheint vor der Küchentür. Ihm gebe ich ein paar Bröckchen, während Taki frisst, dann verschwindet er wieder unter dem Schreibtisch.

Ich ziehe mich an und bringe Sachen raus zur Mülltonne. Bei meiner Rückkehr wundere ich mich, dass Miguel nicht schon bereitsteht, dass wir rausgehen. Nein, er liegt eingekringelt.

Na was soll's dann schreibe ich ein bisschen. Als ich mich mit Notizbuch, Füller und Brille aufs Sofa setze, schaut Miguel hoch und wird plötzlich ganz lebhaft. Er kommt zu mir, beschnüffelt meine Hose. Seine Gedanken sind wohl so etwas wie: „Oh, du bist schon angezogen? Hatte ich gar nicht mitbekommen, dann können wir endlich gehen, ja?"

Offenbar bin ich nicht der einzige Morgenmuffel hier.

Im Park haben wir heute mehrere Kaninchensichtungen, doch Miguel steht bewundernswert ruhig, nicht mal ein Schwanzwedeln. An anderer Stelle entdecke ich unter den Vögeln einen mit auffällig roter Zeichnung. Ein Dompfaff! Da bin ich platt. Jetzt werde ich doch eine Liste beginnen.

Ich fahre zum Einkaufen und hole bei der Gelegenheit gleich die Sachen von Dog-Smilla ab. Heute weihe ich den neuen Leckerchenbeutel und die Hundemarkentasche ein.

Das Wetter ist traumhaft heute, ideal für den Baerler Busch. Wir gehen nicht den geraden Weg runter, sondern nehmen den Abzweig nach links. Es ist ruhig hier, nur wenige Leute und Hunde begegnen oder überholen uns.

In weitem Bogen geht es durch den Wald. Eine ganze Stunde ist um, als wir endlich die Stelle mit dem Wegeplan erreichen. Egal – der Lohheider See ist nah, da gehen wir jetzt auch noch hin, damit

Miguel was trinken kann. Weiter am Ufer entlang kehren wir auf einem fast ebenso großen Bogen durch den Wald zurück.

Ein Paar mit zwei Hunden sitzt auf einer Bank. Der Ridgeback ist zur Begrüßung bereit, erst ganz nett, wird aber dann immer aufdringlicher. Als wir weitergehen, kommt er uns hinterhergelaufen, Miguel ist jetzt sichtbar genervt. Ich gehe dazwischen, das Frauchen ruft den Hund. Als das nichts nützt, entfernt sich sogar die ganze Familie.

Eigentlich sollte der Hund seinen Leuten, seinem Rudel, nun nachlaufen. Doch es kümmert ihn nicht. Ich stehe vor ihm mit ausgebreiteten Armen, die Schlaufen der Schleppleine klatsche ich an meine Seite. Das beeindruckt ihn wenigstens, er lässt sich damit in Schach halten. Miguel bleibt hinter mir.

Das Frauchen kommt angelaufen und nimmt den Ungehorsamen mit, sich vielmals entschuldigend. Alles gut. Jemand sagte mal, dass Ridgebacks eigentlich Sensibelchen seien. Keine Ahnung, ob ich bei einem Schäferhund auch so forsch gewesen wäre, und ich wünsche mir auch keine Gelegenheit, das herauszufinden.

Zurück am Auto gibt es einen Schluck zu trinken, dann ab nach Hause. Zwei Stunden waren wir fast ohne Pause unterwegs. Miguel liegt auf der Rückbank – geschafft.

Lange ausruhen kann er heute nicht, denn halb acht gehen wir nach nebenan. Akina begrüßt ihn schon mit lautem Gebell, oben gibt es wieder den bekannten Tanz um die Leckerchen.

Ob wir jemals wieder in unsere frühere Montagsroutine kommen? Die Hunde sind so unruhig.

Falsch. Tatsächlich kehrt Ruhe ein. Akina verkrümelt sich unter einer Decke, aber Miguel findet für sich keinen angemessenen Platz – außer auf dem Sofa. Vielleicht hilft es, wenn ich das nächste Mal seine Decke mit hierherbringe und direkt aufs Sofa lege.

Gemeinsam gehen wir später noch die Einblockrunde, dann ist auch dieser ereignisreiche Tag vorbei.

DI, Tag 46

Die Morgenrunde verläuft wie gewöhnlich, mit Miguels üblichen Startschwierigkeiten an der Türschwelle und Zitterpartien auf dem Bürgersteig. Hoffe, dass er das eines Tages überwindet.

Um zwei treffen wir uns mit Mila und Akina in Asterlagen. Wir gehen eine schöne, große Runde von fast anderthalb Stunden, und die Hunde haben Spaß. Unterwegs bauen wir ein kleines Leckerli-Suchspiel ein, das gefällt Miguel gut. Akina ist oft schneller als er, aber das kriegen wir hin. Außerdem hilft es, ihn ins Auto zu kriegen.

Heute gelingt es mir, ihn mit der Aufforderung „Such!" (das Wort kennt er) zu ermuntern, vollends auf die Rückbank zu klettern. Dazu muss das Leckerchen in ausreichendem Abstand liegen, die Vorderpfoten muss ich ihm immer noch anheben.

Auf den letzten paar hundert Metern ist Miguel deutlich ruhiger, geht sogar gesittet hinter mir, an lockerer Leine. Eine gute Stunde ist also sein Limit, ab dann wird er müde. Gut zu wissen.

Gegen Abend will Miguel nur noch einmal kurz in den Garten, dann ist Feierabend.

MI, Tag 47

Miguel verschläft Takis Frühstück, somit fallen seine Leckerchen aus. Erst als ich fertig angezogen bin und geräuschvoll meine Sachen für die Morgenrunde zusammensuche, kommt er endlich aus seiner Schreibtisch-Höhle.

Das übliche Zögern, als die Haustür hinter ihm langsam zugeht und ihn auf die Treppenstufen schiebt. Ich locke ihn herunter auf den Bürgersteig, doch weiter geht er nicht.

Mila kommt aus der Tür, sie will zur Arbeit. Da taut der Hund plötzlich auf, entspannt sich, läuft mit. Offenbar sieht er sie als einen Menschen an, dem man bedingungslos vertrauen kann. Sie hat eben jahrzehntelange Hundeerfahrung, diesen Vorsprung hole ich nicht mehr auf.

Die Kaninchen im Alten Friedhof werden immer unbekümmerter, minutenlang können wir sie beobachten, Miguel bleibt ruhig. Weitergehen allerdings ist nach wie vor schwierig, ich werde mal Claudia um Rat fragen.

Am Nachmittag fahren wir nach Rheinhausen, heute will ich mal den entfernteren Teil der Rheinwiesen erkunden, weiter hinten beim Gnadenhof.

Wir parken in der Nähe des Kanuclubs, es riecht schon deutlich nach Pferd. Da hat Miguel sofort wieder neue Düfte zu schnuppern. Hier sind ziemlich viele Leute unterwegs, auch Familien. Auf den Wegen wird es eng, niemand kümmert sich um Mindestabstand. Das gefällt mir nicht. Unten am Wasser ist es dann besser, aber man muss aufpassen, wo man die Füße setzt, es gibt viele grobe Steine. Der kleine Auwald in Deichnähe wiederum ist verlockend, leider führt kein Weg hindurch.

Alles in allem gefällt mir Asterlagen viel besser. Da fahre ich gern wieder hin, hier wohl eher nicht.

Im Garten mache ich mit Miguel ein Suchspiel, er ist begeistert bei der Sache. Wenn erst mal besseres Wetter ist und ich draußen mehr machen kann, werden wir das Thema noch ausbauen.

DO, Tag 48

Die Morgenrunde halten wir auf eine Stunde begrenzt, denn nach dem Frühstück habe ich eine Verabredung. Miguel wird also heute zum ersten Mal mehrere Stunden ohne mich zu Hause bleiben.

Es ist etwa halb zwei, als ich wieder nach Hause komme. Alles scheint gut, alles ruhig. Brave Jungs. Ich teile an Taki Futter aus, und Miguel bekommt seine Mittags-Kaustange.

Draußen sieht es nach Regen aus, es ist kalt und windig. Das ist kein Wetter für die Rheinwiesen, ich fahre mit Miguel wieder zum Baerler Busch. Heute eine kleine Schleife links herum und dann eine kleine rechts herum. So kommen wir auch auf gut eine Stunde. Zum Glück regnet es nicht, es sind auch kaum Leute im Wald.

Zuhause höre ich Taki im Wintergarten scharren und sehe nach – da liegt ein „Würstchen". Naoko ist nicht mehr da, also muss es von Taki sein. Aber warum nur? Hat er sich nicht aufs Klo getraut? Protestiert er damit gegen den Hund? Oder gegen die Einsamkeit, wenn wir Gassirunden machen?

Mir ist aufgefallen, dass der Kater in Bezug auf sein Futter immer nörgeliger wird. Ich vermute, dass Naoko ihm fehlt. Hoffe, dass es sich noch von allein einrenkt. Andernfalls muss ich mich nach einem neuen Kumpel für ihn umsehen.

FR, Tag 49

Auf dem Weg zum Park holt ein Mädchen uns ein, vielleicht sieben oder acht Jahre alt und auf dem Weg zur Schule, sie bewundert Miguel. Da wir denselben Weg haben, gehen wir zusammen weiter. Sie erzählt, dass sie auch gern einen Hund hätte, aber jetzt würden ihre Eltern das noch nicht erlauben, da sie sich ja nicht genug drum kümmern könnte. Sie hätte so gern einen Chihuahua, weil nämlich ihre Freundin einen hat, der ist ja so süß …

Ich nutze die wertvolle Gelegenheit, einem Mitglied der jungen Generation etwas über Modehunde-Zucht zu erzählen und dass es wichtiger ist, sich gut beraten zu lassen. Ich spreche das Mädchen auch auf den Echtpelzbesatz an seiner Kapuze an und betone, dass echte Tierfreunde so etwas ablehnen.

Mit ihrer Freundin will sie in ein Tierheim gehen und da was mithelfen, wenn es wieder möglich sei, sagt sie. Die Richtung stimmt also, und falls wir uns morgens noch mal treffen, kann ich vielleicht noch die eine oder andere Info weitergeben, natürlich kindgerecht formuliert.

Als kleine Unterhaltung zwischendurch mache ich mittags mit Miguel im Garten ein Futter- Suchspiel, am Nachmittag wollen wir im Auto zum Rhein. Durch Leckerchen motiviert, hüpft der Hund selbständig auf die Rückbank – prima, gut gemacht! Ich hege neue Hoffnung, dass dies eines Tages standardmäßig und auf kurze Aufforderung funktioniert.

Kaum ist Miguel eingestiegen und angegurtet, fällt mir auf, dass ich die Schleppleine vergessen habe ... verflixt! Jetzt noch mal raus und zurück? Ihn warten lassen und eben allein gehen? Nein.

Da muss man improvisieren. Für den Spaziergang hake ich die zwei Leinen zu einer zusammen, das ergibt immerhin einen Radius von fast vier Metern. Damit muss mein Hund heute ausnahmsweise mal auskommen.

Nach unserer Runde wieder beim Parkplatz angekommen, springt Miguel fast ohne zu zögern ins Auto, wo ich Leckerchen für ihn deponiert habe. Geht doch!

Mai – SA, Tag 50 *Tag der Arbeit*

Heute möchte ich das morgendliche Muster durchbrechen und mal nicht zu „unserem" Park gehen. Wir steuern den Park hinter der Tankstelle an, um die Zeit (halb neun an einem Feiertag) ist kaum was los. Weiter hinten dem Weg folgend könnte man übrigens bis zu dem Essenberger See gelangen, verrät mir ein Hundeherrchen unterwegs. Da Miguel nicht in die Richtung gehen möchte, verwerfe ich die Idee für heute und verschiebe sie auf ein anderes Mal.

Tina ruft an, wir verabreden uns für den frühen Nachmittag bei ihr, dann wollen wir rüber zum Kloster Kamp spazieren.

Das Einsteigen ins Auto klappt (mit leckerem Lockmittel) immer besser, und wir kommen gutgelaunt bei Tina und Sparky an. Miguel kriegt seine Schleppleine dran, dann machen wir uns zu viert auf den Weg.

Am Klosterpark ist es voll, denn natürlich wollen alle Leute am heutigen Feiertag das sonnige Wetter nutzen. Meinen Podi sicher durch das Gewimmel zu kriegen ist echt anstrengend, zudem haben die zwei Hunde naturgemäß ein völlig unterschiedliches Tempo. Sparky mag das Geräusch von Bällen nicht, das ängstigt ihn. Spielenden Kindern weichen wir also besser aus. Die Auswahl an möglichen Spazierwegen reduziert sich immer mehr. Ich schlage den Wechsel in den gegenüberliegenden Wald vor, aber da hat Tina Angst, dass größere Hunde ihren Kleinen angreifen könnten.

Also weiter entlang der Straßen und Vorgärten. Miguel erscheint mir sehr hektisch und zieht vorwärts, Sparky dagegen ist müde und will nicht weiterlaufen – Tina muss ihn tragen. Und dann löst sich zu allem Überfluss die Sohle meines linken Schnürstiefels. Kann ich jetzt gar nicht gebrauchen. Ich versuche damit weiterzulaufen und komme mir vor wie ein Zirkusclown.

So kann es nicht weitergehen. Erst mal stehenbleiben und nachdenken, mein rechter Fuß steht auf der Schleppleine, damit mal ein Moment Ruhe ist. Ah – eine Idee.

Während ich bedächtig den langen Schnürsenkel löse und ihn als eine Art Sicherheitsgurt um den vorderen Teil von Stiefel und Sohle binde, nähert sich eine Passantin, ich höre ihre Stimme dicht neben mir: „Das ist auch so 'ne Rasse, stimmt's?"

Was? Oh, vermutlich meint sie Miguel. Aber dies ist gerade ein denkbar schlechter Zeitpunkt, also bleibe ich auf meine Knüpf- und Knotenarbeit konzentriert und sage mit hoffentlich neutraler Stimme: „Ich kann mich gerade nicht mit Ihnen befassen, werte Dame, ich muss meinen Schuh reparieren." Sie gibt daraufhin irgendwas Teilnahmsvolles von sich und geht weiter.

Mit der festgebundenen Sohle schaffen wir den Rest des Rückwegs, zum Glück haben wir es nicht mehr weit. Ich schlage Tina vor, dass wir den nächsten gemeinsamen Spaziergang lieber wieder anders planen, damit die Hunde ihrer Natur gemäß Auslauf kriegen. Ich würde schon eine Stunde eher am vereinbarten Platz sein, wir könnten uns ja dann dort – wo auch immer – treffen.

Miguel fand das wohl auch anstrengend, denn im Auto legt er sich schnell hin. Dass ich ihn mit so einer Spazierrunde nicht wirklich erfreue, war heute klar erkennbar, und auch ich habe mich nicht wohlgefühlt.

SO, Tag 51

Nach dem Palaver gestern tut heute die morgendliche Ruhe im gewohnten Park richtig gut. Das laute Vogelgezwitscher wirkt fast beruhigend und versöhnlich gegenüber den lärmenden Menschen, die – verständlicherweise – die Gelegenheit nutzten, rauszugehen. Seit wir nun auch noch eine Ausgangssperre zwischen 22 und 5 Uhr haben, fühlt sich das Leben noch zusammengedrängter an.

Mittags fahren wir zu meiner Mutter. Unterwegs fällt mir ein, dass ich Miguels Decke nicht mitgenommen habe. Aber ein altes Saunahandtuch von Mama tut's auch, denn letzten Endes geht es nur darum, einen Liegeplatz zu markieren. Der brave Hundejunge kapiert es jedenfalls sofort.

Meine Siesta nach dem Essen verkürze ich, da Miguel Unruhe zeigt. Also ab auf den Kirmesplatz. Dort spricht mich eine Frau an: „Oh, ist das so ein spanischer Windhund?"

Ihr eigener Hund ist aus Polen gerettet, sagt sie. Ja, überall auf der Welt können Tiere Hilfe gebrauchen.

Als wir zurückkommen, duftet die Wohnung nach Kaffee, auch Kuchen steht schon bereit. Miguel kriegt ein paar Leckerchen von mir. Mal wieder versuche ich, ihm dabei das Hinsetzen abzufordern. Zuhause tut er's, woanders nicht. Mama meint, dass ich vermutlich zu leise mit ihm spreche.

Bei den Riesenohren und auf nur 30 cm Entfernung? Nein. Er ist eben nicht der Sag-mir-was-ich-tun-soll-und-ich-mach's-Typ. Und es eilt ja auch nicht damit.

Doch ich spare nicht mit Lob, als er später bedächtig die Treppe hinuntergeht und dann sogar (mit Leckerchen-Motivation) von selbst ins Auto hüpft. Diese alltäglichen Notwendigkeiten zählen viel mehr.

Die Fortschritte der siebten Woche

Mit „Such" und Leckerchen klappt das Einsteigen ins Auto

Miguel kann ein paar Stunden alleinbleiben

Eine Treppe runterzugehen ist kein Problem mehr

★

P wie Pfoten strecken

Loslassen können tut gut

Das ideale Zuhause für einen Windhund ist vermutlich ein Haus mit Garten. Mit einem großen, hoch eingezäunten Garten. Nach allem, was ich gelesen habe, kann für Podencos diese Einzäunung gar nicht hoch genug sein. Dieser Hochsicherheitstrakt soll als Ausgleich dienen, wenn der Hund draußen nicht abgeleint werden kann.

Der mir zur Verfügung stehende Garten ist winzig, Miguel ist von seinem Pinkelbaum in der entferntesten Ecke mit drei, vier Sprüngen wieder vor der Terrassentür. Auch die Spaziergänge mit Schleppleine sind kein dauerhafter Ersatz. Damit er seine Beine regelmäßig strecken und mal ordentlich Gas geben kann, fahren wir zu einem öffentlichen Hundefreilauf. Der befindet sich zwar in Dinslaken und ist zwanzig Kilometer weit entfernt, aber es lohnt sich.

Schon das Gefühl, dass mein Pödel hier relativ ungefährdet herumtoben kann (die Brombeerranken sind natürlich nicht zu unterschätzen), lässt mich entspannen.

Wenn wir dort ankommen und ich ihn nach Durchqueren der Schleuse von der Leine lasse, ist er die ersten zehn Minuten lang unsichtbar. Das weiß ich inzwischen und beobachte die dichten Büsche am Rand. Irgendwo taucht er hin und wieder auf, schaut sich um und verschwindet wieder. Völlig klar, dass er zunächst kontrollieren muss, ob es seit dem letzten Besuch neue Kaninchenfährten gibt.

Ich mag den Moment, wenn er dann offenbar fertig ist und raus auf die Wiese kommt und sich suchend umsieht. Ich rufe ihn und wedele mit den Armen. Er macht ein lachendes Gesicht und wetzt auf mich zu und knapp an mir vorbei. Ein Leckerchen wird gern genommen, erst dann schaut er nach seinen vierbeinigen Spielkameraden.

Es ist eine Herzensfreude und ein Spaß, Miguel beim Spielen und Rennen zuzusehen. In einem Affentempo fliegt er über das Gras, wenn die anderen Hunde ihn verfolgen, oder er vollführt die irrwitzigsten Luftsprünge bei einer Balgerei.

Ich sorge für kleine Pausen und dass er etwas trinkt. Irgendwann hat er sich aber ausgetobt, kommt zu mir und weicht nicht mehr von meiner Seite. Dann weiß ich, wir können uns allmählich auf den Heimweg machen, und er wird auf dem Autorücksitz ein Nickerchen halten.

Für den Rest des Tages ist Miguel dann hundemüde im wahrsten Sinne des Wortes und will außer gefülltem Futternapf, Kissen und Decke nichts mehr sehen.

Die achte Woche

MO, Tag 52

Die Nacht war kurz, ich habe seit Wochen zum ersten Mal wieder schlecht geschlafen. Bestimmt lag es daran, dass ich spät noch am Computer saß, das mache ich schon eine Weile nicht mehr.

Heute herrscht draußen eine unruhige Atmosphäre. Wie ich erst später erfahre, ist der Feuerwehr-Notruf ausgefallen. Aus diesem Grund fahren Einsatzwagen herum, die per Lautsprecher auf die Situation hinweisen. Es nervt ziemlich – aber da Miguel alles ausblendet, wenn er Kaninchen riecht, macht es ihm wohl nichts aus.

Ich fahre nach dem Frühstück allein zum Fressnapf für Knabber-Nachschub, mittags gönne ich mir ein wenig Schlaf.

Das Wetter ist eher mittelprächtig, sieht aber stabil aus. Für heute nehme ich mir den Baerler Busch vor, wir gehen mal wieder andere Wege. Durch eine Unterführung kommen wir auf die andere Seite der Hauptstraße, ein Trampelpfad bringt uns auf einen Weg entlang eines Feldes, einmal sind wir echt auf dem Holzweg ... und plötzlich schauen mehrere Lamas staunend herüber.

Wie kommen wir wieder in den Wald? Ein Stück geht es direkt an der Landstraße entlang, da ist nur der Grünstreifen. Ich habe zu kämpfen, dass Miguel links neben mir geht und von den Autos abgeschirmt bleibt. Er sträubt sich gegen das Bei-Fuß-Gehen.

Links führt ein schmaler Weg zurück in den Wald, den Spuren nach zu urteilen auch gern von Radfahrern genutzt. Irgendwo dort muss auch der Waldsee sein, aber den hebe ich mir für ein anderes Mal auf.

Bald kommen wir zu der Fußgängerbrücke über die Autobahn, die gegenüber vom Parkplatz auskommt. Punktlandung! Ich stelle fest, dass mein Käppi fehlt. Unterwegs hatte ich es in meine Jackentasche gesteckt – es passte nicht ganz hinein – und nun ist es weg. Zurückgehen und suchen? Ach nein, so gut hat es mir auch nicht gepasst. Irgendwo werde ich mir mal ein neues leisten.

Da wir unterwegs nichts zu trinken gefunden hatten, nimmt Miguel gern einen Schluck Wasser (habe im Kofferraum eine Flasche und einen Napf für ihn bereit).

Abend, es geht nach nebenan. Miguel weiß genau, was passieren wird, als ich die anderthalb Schritte nach rechts zur anderen Haustür mache, fast drängelt er sich hinein. Akina kommt uns auf der Treppe schon entgegen, und mit viel Getöse juchtern beide dann hoch, wo Mila nach ihnen ruft.

Heute lernt Miguel den Leckerchen-Ball kennen. Mila hat zwei davon, den kleineren gibt sie Akina, das größere Modell bekommt Miguel. Er braucht eine Weile, bis er verstanden hat, dass er den Ball selbst bewegen kann, damit für ihn die Bröckchen herausfallen. Dann ist er aber mit Feuereifer dabei und setzt die lange Nase zum Anstupsen ein. Er beobachtet auch Akina, wie sie es macht, aber seine eigenen Pfoten gebraucht er nicht.

Seine Decke habe ich dabei, damit versuche ich ihm einen Ort zu bestimmen, wo er sich mal hinlegen und zur Ruhe kommen kann. Mila schaut auf die Uhr, als er sich endlich für das Sofa entscheidet. Also gut – eine Stunde Palaver, dann ist Ruhe. Ein für menschliche Vorstellung entspannter Montagabend rückt somit wieder in den Bereich des Vorstellbaren.

Nach der späten Einblockrunde fällt Miguel unter dem Schreibtisch schnell in Schlaf, heute hatte der Tag viel Neues für ihn.

DI, Tag 53

Draußen muss es in der Nacht ordentlich gestürmt haben, auch jetzt ist in den Baumwipfeln noch viel Bewegung. Heruntergefallene Äste liegen überall, darum bleibe ich heute lieber im Park. Wenn mir schon etwas auf den Kopf fällt, dann wenigstens an einem Ort, den ein Rettungswagen gut erreichen könnte.

Miguel versteht das natürlich nicht. Er läuft mit mir ohne jedes Zeitgefühl durch den windigen Park, mit nichts als Kaninchen im Kopf. Als er merkt, dass wir den Heimweg einschlagen, sperrt er sich. Habe ich nicht anders erwartet.

Schließlich fügt er sich doch, vielleicht ist ihm eingefallen, dass ihn sein Frühstück erwartet. Hoffentlich ist am Nachmittag besseres Wetter und vor allem weniger Wind.

Bis zu unserer nächsten Spaziergeh-Zeit ist es mit dem Wetter kaum besser geworden. An den Rhein oder in den Wald fahren? Heute bleibe ich lieber in der Nähe. Es gibt auch hier herum genug Wege, die wir noch nicht gegangen sind. Eine große Tour über den Treidelpfad und durch den Park ist heute spannend genug. Auch dort ist viel zu schnüffeln.

Später ruft Petra an und will wissen, ob ich über einen neuen Kumpel für Taki nachdenke, denn gerade wurden zwei FiV-Kater übernommen. Sie gehen erst mal auf eine Pflegestelle, dort könnte man sich unverbindlich kennenlernen. Ich sage ja, warum nicht. Taki erscheint mir wirklich unterkuschelt. Ein Artgenosse würde seine kleine Welt wieder ganz machen.

FiV, auch Katzenaids genannt, ist eine ansteckende Immun-schwäche-Erkrankung, die jedoch nicht auf andere Tierarten oder auf Menschen übertragbar ist. FiV-Katzen sollten keine Freigänger sein, sie sind oft „nur" Virusträger und können bei stressfreier Haltung so gut und so lange leben wie gesunde Tiere. Bricht das Virus aus, ist der weitere Verlauf in der Regel tödlich.

FiVies haben es in der Vermittlung schwer, ganz zu Unrecht, wie ich finde. Darum adoptiere ich seit Jahren solche Katzen. Es sind ganz normale, liebenswerte Tiere, sie haben die Chance verdient.

MI, Tag 54

Draußen ist heute eine Stimmung wie an einem Novembermorgen. Es regnet, das Thermometer auf der Terrasse zeigt nur 5°C. Weder Miguel noch mich zieht es wirklich raus. Vielleicht geht er gleich kurz in den Garten, das biete ich ihm an.

Für die Mittagsrunde hätte ich eigentlich eine Verabredung mit Mila und Akina, aber das sehe ich auch noch nicht.

Wir warten einen passenden Moment ab und schaffen eine kurze Morgenrunde ohne Regen. Ich liebe meine Gummistiefel. Es duftet nach nasser Erde, ich mag das.

Aus der Verabredung wird heute nichts. Erst am Nachmittag erwischen wir ein Zeitfenster mit trockenem Wetter und fahren zum Baerler Busch – allein. Heute bleiben wir auf vertrauten Pfaden, ab und an schaue ich prüfend nach oben. Ich habe keine Lust, hier geduscht zu werden. Beim nächsten Besuch will ich aber gern den Waldsee umrunden.

DO, Tag 55

Die Morgenrunde bleibt heute wieder zeitlich stark unter Kontrolle, denn um elf werden die Pflanzenregale für den Garten gebracht. Auf dem Weg beim Schwimmbad geschieht es, dass Miguel in aller Ruhe ein Eichhörnchen beobachtet, ohne sich zu mucksen.

Pünktlich kommt die wertvolle Fracht an. Alles passt und sieht toll aus. Ich mache die Bepflanzung mit Farnen fertig.

Nachmittags geht es nach Asterlagen an den Rhein. Hier kann man sich entspannt fühlen, weil es so viel Platz gibt. Im Auwald bei den umgestürzten Bäumen mache ich mit Miguel ein Suchspiel. Er klettert sogar sehr geschickt auf einen Stamm, und ich hätte jetzt gern die Kamera parat.

Eine Frau mit Labbi kommt heran, ich scherze: „Wir wollen mal zum Zirkus!" Sie verzieht keine Miene und bemerkt nur: „Ich würde gern weitergehen."

„Sie können doch vorbeigehen", sage ich nur und locke Miguel mit neuen Leckerchen aus ihrer Marschrichtung. Den Humor muss wohl das letzte Hochwasser weggeschwemmt haben.

Trotzdem – ich mag diese Spaziergegend, auch wenn es immer wieder vorkommt, dass ich Menschen treffe, auf deren Wellenlänge ich offenbar nicht bin.

Der Abend verläuft ruhig, außer dass ich mit Tina telefoniere und wir den letzten Samstag noch einmal besprechen. Wegen vieler

Termine ihrerseits gibt es wahrscheinlich erst in der nächsten Woche einen neuen Versuch.

FR, Tag 56

Es gießt – erst gegen halb zehn kommen wir endlich raus, bei blauem Himmel und Sonnenschein. Ich denke, dass Miguel sich doch freuen müsste, schließlich hält er seit mindestens sechzehn Stunden ein ... aber er blockt mal wieder. Die ersten hundert Meter kosten Überredungskunst, dann geht es normal voran.

Mittag, es sieht schon wieder nach Regen aus. Für 16 Uhr habe ich eine Einladung zum Kaffee, vorher will ich noch was einkaufen. Spaziergang mit Miguel werde ich darum erst hinterher machen, dann ist das Wetter hoffentlich besser.

Mit Miguel fahre ich rüber nach Beeckerwerth, heute will ich mir die Seite ansehen, wo Petra so gerne hingeht. Es sind kaum Leute unterwegs. Wir gehen hoch zum Rheindamm und dann rechts, unter der Autobahnbrücke durch. Die Wiesen sind sattgrün, der Himmel über uns endlos. Eine total schöne Gassistrecke. Die Baumgruppen sehen von oben, wenn man über die Brücke fährt, recht klein aus. In Wirklichkeit sind das Mini-Dschungel mit Baumriesen. Miguel gefällt es auch. Er findet so aufregende neue Gerüche, und als uns Leute mit zwei Leonbergern begegnen (von denen einer gern mit ihm spielen will), mutiert er kurzzeitig zum Flummi.

Man könnte hier noch sehr viel weiter laufen, aber ich habe die Uhr im Blick. Als wir zum Auto zurückkehren, sehe ich eine Frau mit Wolfshund. Petra ist angekommen, ihre Spazierzeit ist später als unsere. Und noch eine Freundin, mit Wolfshund und Barsoi. Ich denke, da können wir uns eines Tages mal anschließen. Jetzt genügt eine kurze gegenseitige Kenntnisnahme.

Taki freut sich sichtlich, als wir nach Hause kommen, er läuft bei der Begrüßung sogar unter Miguels Bauch durch. Vielleicht dauert es nicht mehr lange bis zum ersten Körperkontakt.

SA, Tag 57

Auch wenn ich morgens Sonnenschein und blauen Himmel sehe, gehen wir immer noch bei 5°C und somit warm eingepackt aus dem Haus. Irgendwo herumstehen können wir dann aber wenigstens, wo die Sonne uns aufwärmt.

Ich habe den Eindruck, dass Miguel schon weniger zögerlich aus dem Haus geht. Woran es allerdings liegt, dass er sich damit so schwertut, verstehe ich nicht.

Nach dem Frühstück fahre ich (allein) zum Recyclinghof – es ist sehr voll dort – und zum Fressnapf. Nebenan im EKZ finde ich einen Ersatz für mein verlorengegangenes Käppi.

Im Fressnapf habe ich Kaustangen aus Rinderkopfhaut gekauft, für den Mittagssnack. Die mag Miguel total gerne. Es ist schön zu beobachten, wie genüsslich und versunken er mit dem Ding unter dem Schreibtisch liegt und ganz in seiner Tätigkeit aufgeht.

Am Nachmittag fahren wir an den Rhein. Wenn Miguel an der Schleppleine ist, kommt es seltener vor, dass er stur stehen bleibt. Allerdings ist nicht jede Umgebung geeignet dafür, es braucht Platz. Darum wird es für die Morgenrunde wohl doch bei den zwei Leinen bleiben.

Unten am Wasser machen wir eine Pause, ich lotse ihn mit „Such" und Leckerchen auf einen großen Stein. Wie er in die Ferne schaut ... welch stolze Pose für ein Foto. Aber nicht für lange. Wenn er doch bloß stillhalten würde!

Es stellt sich bei mir so ein Gefühl ein, dass wir doch schon ganz gut zusammengewachsen sind. Da geht natürlich noch mehr, aber bis jetzt können wir schon zufrieden sein.

Den Abend verbringe ich vor dem Fernseher und fühle mich wohl. Auch wenn die Tiere einfach nur faul herumliegen, finde ich es angenehm gesellig. Taki nölt irgendwann herum, dass ich endlich in Bett gehen soll. Ich glaube, dass er Naoko abends am meisten vermisst. Tue ich übrigens auch.

SO, Tag 58 *Muttertag*

14°C – ein Sprung von plus neun Grad, es ist kaum zu glauben! So kann Miguel ohne Mantel gehen, und er trabt freudig voran. Lag sein Zögern vielleicht nur an der Morgenkälte?

Noch immer ist sein großes Geschäft von nur mittelfester Konsistenz. Ich überlege darum, ob ich mal diese Möhrensuppe kochen soll, von der Tina so geschwärmt hat. Nach fast zwei Monaten sollten seine Innereien doch zur Ruhe gekommen sein, oder braucht so etwas noch länger?

Auf dem Rückweg vom Park gehen wir zum Bäcker, um Kuchen für Muttertag zu kaufen. Draußen ist eine lange Warteschlange, da stellen wir uns an. Da ist mein Hund zum Glück auch geduldig.

Mit ziemlich viel Zeug in den Taschen (Hundedecke, Schleppleine, Tupperdosen, Leckerchen, Käppi) treten wir unsere Fahrt zu Mama an. Das Treppensteigen erfordert keine Diskussion mehr, da bin ich erleichtert.

Wie sonst auch halten wir nach dem Mittagessen unsere Siesta. Miguel schläft wieder auf der Küchenbank, raus will er nicht.

Den Kaffeetisch deckt Mama auf dem Balkon, weil es so warm ist. Miguels Decke haben wir ebenfalls draußen ausgelegt, und tatsächlich lässt er sich darauf nieder. Erfreulicherweise macht er heute auf Aufforderung (und mit Leckerli in Aussicht) endlich mal „Sitz", was sonst nur zuhause klappt. Ein Meilenstein.

Plötzlich setzt er die Vorderpfoten auf das Tischchen, als ob er nur über die Balkonbrüstung schauen will. Zweimal macht er das, keine Ahnung warum.

Es ist sowieso an der Zeit zu gehen, also packe ich unseren Kram zusammen. Miguel gibt sich aufgeregt und steht mit der Nase zur Tür. Die Treppe runter scheint er es eilig zu haben. Ich verfrachte nur das Zeug ins Auto und gehe mit ihm zum Kirmesplatz.

Anscheinend drückten ihn doch dringende Geschäfte. Gut zu wissen, was Miguels Zeichen sind. Wir gehen durch die angrenzende Kleingartenanlage und biegen heute mal links ab. Auf den

Wiesen und beim Spielplatz sind viele Leute, einige sind sogar zum Picknick hier.

Es gibt viel Neues zu erschnüffeln, denn hier waren wir noch nie. Miguel zieht seinen Kopf aus einem Gebüsch und kommt mit einem halben Baguette an, legt es auf den Boden und sieht mich an.

Ich lasse es ihm natürlich nicht und ziehe ihn weiter. Erst nach ein paar Schritten kommt mir die Idee, dass er mir gerade sozusagen ein erbeutetes Kaninchen gebracht hat und dass ich ihm ein Leckerchen im Austausch hätte geben sollen.

Meine Belohnung kommt nun zu spät, aber wenn er ein solches Verhalten nochmal zeigen sollte, bin ich besser vorbereitet. Außerdem spricht es dafür, dass er das Apportieren lernen kann.

Eine andere Grünanlage schließt sich an, wir kommen im großen Bogen zum Auto zurück, damit ist unser Nachmittagsspaziergang auch erledigt.

Wie gewohnt kringelt Miguel sich zuhause unter dem Schreibtisch zusammen und schläft, während ich im Internet ein paar Dinge bestelle, darunter eine Tasche fürs Gassigehen. Denn die kleine, die ich bisher benutze, reicht mir einfach nicht.

Die Fortschritte der achten Woche

Er lernt den Leckerchen-Ball kennen und versteht das Prinzip

Miguels erstes „Sitz" bei Mama

Eine gefundene Beute wird abgegeben

★

Q wie Querkopf

Spazierenstehen

Unter Kennern dieser Rasse kursiert die Aussage, dass Podencos eine Mischung aus Hund, Katze und Esel seien. Wobei der Esel für die Eigenschaft steht, eine Sturheit zu zeigen, die man so nur von den Grautieren kennt.

Wir spazieren im Park so vor uns hin, ich erfreue mich am sprießenden Frühlingsgrün und dem Vogelgezwitscher, Miguel schnüffelt mit gesenktem Kopf einer Kaninchenfährte (oder was auch immer) hinterher. Plötzlich ein Ruck an der Leine – der Hund steht, alle vier Füße wie in den Boden gegraben, und schaut in die Ferne.

Diese Stopps dehnen sich meist auf mehrere Minuten aus. Sie kommen so unverhofft, dass ich aufpassen muss, dem Jungen nicht auf die Füße zu treten oder über ihn zu fallen, wenn er gerade vor mir ist. Über die Gründe für dieses abrupte Innehalten habe ich mir natürlich ein paar Gedanken gemacht.

Möglichkeit Eins: Er scannt die Umgebung ab nach dem verräterischen Gehoppel seiner Jagdbeute, wie sein Vorbesitzer es ihm wohl beigebracht hat. Ich folge also seinem Blick und sehe – nichts. Keinerlei Bewegung, kein aufblitzendes Weiß von einem Kaninchenschwanz. Als ein Eichhörnchen durch das noch lichte Unterholz der Parkbepflanzung huscht, spannen sich Miguels Muskeln kurz an, doch er erkennt sofort, dass dies nicht zu seiner Zielgruppe gehört.

Möglichkeit Zwei: Geht der „Blick in die Ferne" voraus den Weg entlang, auf dem wir gerade unterwegs sind, könnte Miguel dort etwas wahrgenommen haben, dem er nicht begegnen möchte und welches ich mit meinen beschränkten Sinnen bloß noch nicht mitgekriegt habe. Eine Sondierung meinerseits ergibt – nichts. Weder Menschen noch andere Hunde auf unserem Weg, da ist alles frei.

Möglichkeit Drei: Wir befinden uns an einer Stelle im Park, die er mit dem Beginn des Rückwegs assoziiert, und er will einfach noch nicht zurück nach Hause. Mir allerdings knurrt mittlerweile der Magen (wir haben unsere Gassirunde vor dem Frühstück gestartet), deshalb wäre ich einer baldigen Heimkehr durchaus nicht abgeneigt.

Wie kommen wir nun aus der Situation wieder raus? Das ist gar nicht so einfach.

Im Esel-Stadium verdoppelt der Hund sein Gewicht auf schier magische Weise. Hättest du jetzt einen Yorkie oder so, wäre das leicht zu regeln, geht es mir durch den Kopf, aber den Gedanken wische ich leicht beiseite. Vielleicht hätte ich nicht genau das Problem, aber dafür wahrscheinlich ein anderes (siehe Kapitel „Kleiner Hund, große Klappe?").

Weiterhin wird der Hund im Esel-Stadium urplötzlich taub, die Reaktion auf Name, Zungenschnalzen oder sonstige Äußerungen ist gleich Null. Die Nase tut es wenigstens noch. Mit einem vorgehaltenen Leckerchen konnte ich Miguel heute einen ganzen Meter weiterbewegen. Allerdings hätte er auf diese Weise bis zur Haustür eine Wochenration Futter einkassiert, und mit so etwas will ich gar nicht erst anfangen. Gegessen wird zuhause, basta.

Anderes, das nicht funktioniert hat: Ihm die Blickrichtung zu verstellen – so breit kann ich gar nicht werden, dass der Pödel seinen wendigen Hals nicht doch in eine Richtung verdreht, die er für sehenswert hält.

Richtungswechsel – nach rechts oder links wegführen (sofern das geht) und in einem Kreis wieder den ursprünglichen Weg einschlagen, das kann man vielleicht mit einem Pferd machen. Doch Podencos ticken offenbar anders. Miguel stoppt exakt wieder an der Stelle, wo er vorher schon verweigerte, somit sind wir keinen Schritt vorwärtsgekommen.

Ungemütliches Wetter – man sollte meinen, dass regnerische Kälte einem solch empfindlichen Sonnenkind die Entscheidung für einen flotten Gang ins trockene, warme Zuhause erleichtert. Doch nein ...

Was soll man da machen?

Am erfolgversprechendsten bisher ist Anpassung. Ich lasse die Leinen etwas locker und stelle mich so, wie ich weiterzugehen beabsichtige. Und dann stehe ich eben auch herum und tue nichts. Hin und wieder frage ich nach, ob's genehm ist, den Weg fortzusetzen. Irgendwann ist dieses Herumstehen für Miguel so langweilig geworden, dass er sich in Bewegung setzt. Sofort wird gelobt, ein Leckerchen gibt es auch noch.

Miguel mag ja täglich sein Eselchen auspacken, aber in puncto Sturheit (oder Geduld, das klingt besser) habe auch ich einiges an Reserven.

Die neunte Woche

MO, Tag 59

Bilde ich es mir ein, oder ist Miguel insgesamt leichtführiger geworden? Oder liegt es doch nur daran, dass ich ihn hin und wieder mit Leckerchen besteche? Seiner Jagdleidenschaft insgesamt tut das keinen Abbruch, weiterhin beobachtet er gern Kaninchen. Inzwischen sind auch unerfahrene Jungtiere zu sehen, da passe ich doppelt auf.

Eine Weile beobachten wir zwei Starenmütter, die im Park auf der großen mittleren Wiese nach Nahrung suchen und von ihren fast ausgewachsenen Jungen angebettelt werden. Tierbabys überall, da bleibt mein Hund schön unter Aufsicht.

Während er am Mittag unter dem Schreibtisch selbstvergessen seine Kaustange wegknurpst, schaue ich kritisch auf sein Äußeres. Stimmt schon, was Mama gestern sagte – er sieht nicht mehr ganz so knochig aus wie zu Anfang. Das Fell ist auch besser geworden, wir können zufrieden sein.

Die Nachmittagsrunde machen wir im Baerler Busch, und heute geht es auf die linke Seite. Das Waldsee liegt jenseits der Gleise, wir gehen einmal ganz herum. Viele Wege führen durch das Grün, es gibt bequeme in ausreichender Breite und auch solche, die wohl eher von Mountainbikern genutzt werden.

Früher konnte man hier im Waldsee baden.

Wir laufen und laufen, treffen auch auf viele Leute mit Hunden. Der Weg zieht sich. Als wir endlich wieder beim Auto ankommen, sind mehr als zwei Stunden vergangen – stramme Leistung! Für heute soll's aber gut sein.

DI, Tag 60

Ein Regenschauer hält uns davon ab, morgens zur gewohnten Zeit rauszugehen. Den warten wir erst mal ab, zum Glück ist es nicht kälter geworden. Der Park ist feucht … Gummistiefelwetter.

Bei Hundebegegnungen ist Miguel ignorant bis zurückhaltend. Aber als wir den kleinen Fiete treffen, ist die Wiedersehensfreude groß, und er wäre wohl auch einem Spielchen nicht abgeneigt. An der Leine geht da leider nicht viel.

Mittag – der Himmel ist grau und sieht nach weiterem Regen aus. Ich würde gern die Heizung wieder einschalten.

Es regnet jetzt. Miguel hat sich nach seinem Knabbersnack zusammengerollt. Wenn das Wetter nicht besser wird, ist heute der Garten die Alternative, dazu Futter-Suchspiele.

Zeit für die Nachmittagstour, doch es regnet. Nicht viel zwar, aber da kommen deutlich Tröpfchen von oben. Ich gehe kurz in den Garten, um zu prüfen, ob ich diese Intensität meinem Podenco zumuten kann. Wenigstens für die ein, zwei Minuten, die er von der Terrasse bis zu seinem Pinkelbaum in der Ecke und danach wieder zurück braucht.

Ich meine, das geht, und rufe ihn. Er weigert sich. Also wandere ich allein ein bisschen herum, schaue nach den Austrieben vom Blauregen (den ich in diesem Jahr zu stark beschnitten habe) und sinniere über die Anpflanzung von Stockrosen.

Da ich nicht wieder reinkomme, will Miguel nun doch raus. Doch kaum berühren seine Pfoten den Terrassenboden, meldet er Zweifel an. Nur mit viel Zureden folgt er mir auf die kleine Plattform unterm Blauregen-Pavillon, dann macht er kehrt.

So, das war's. Ab ins Haus. Lieber verkneift er sich alles und bleibt im Trockenen. Ich werde weiterhin das Wetter beobachten und ihm später noch mal einen Vorschlag machen.

Telefonat mit Claudia. Wir unterhalten uns über dies und das, zum Beispiel welche Veränderungen und Fortschritte bei Miguel bis jetzt zu verzeichnen sind.

Das Wetter bleibt trübe. Ich habe eine Idee und rufe Mila an, ob wir am Abend die Einblockrunde zusammen gehen. Denn Akina wird Miguel hoffentlich animieren, dass er mitgeht.

Tatsächlich fragt er gegen Abend nach Garten. Inzwischen ist es seit Stunden regenfrei, trotzdem hält er sich draußen nicht länger auf als nötig.

Mein Plan mit der Dackeline als „Animierdame" geht auf.

Während Miguel noch in der Haustür steht und überlegt, ob er die Stufen zum Bürgersteig runtergehen soll, kommen Akina und Mila (in dieser Reihenfolge) aus der Tür nebenan, und schon ist er in Bewegung. Großes Hallo, großes Trara, kein Zögern mehr.

Das hat sich doch gelohnt.

MI, Tag 61

Morgenrunde, wir sind auf Höhe der Schule. Ein Stück voraus auf der anderen Straßenseite ist eine Frau mit einem Welpen, etwas Schlaksiges, Langbeiniges in Schwarz (der Hund!). Miguels ganze Körpersprache sagt, dass er gern da hinüber will. Da so etwas selten passiert, denke ich: Warum nicht? Tu ich ihm doch den Gefallen.

Ich rufe zu der Frau hinüber: „Darf mein Hund mal das Baby kennenlernen? Er ist sehr interessiert."

Sie ruft zurück: „Aber nicht an der Leine! Der darf nämlich keinen Kontakt an der Leine haben!"

Meine Antwort: „Dann wird nie was draus, ich kann ihn nämlich nicht ableinen!"

Sie gehen weiter und verschwinden um eine Ecke, wir bleiben einen Moment stehen. Also, kein Kontakt an der Leine. Wieder was gelernt. Die Dame und ihren Hund muss ich mir merken, damit wir ihnen in Zukunft rechtzeitig ausweichen können.

Der frühlingshafte Morgen im Park bringt mich bald auf andere Gedanken. Ich überlege mir aber, künftig Schreibzeug mitzunehmen, damit ich mir solche Szenen als Anregung für das Buch sofort und „erinnerungsfrisch" notieren kann.

Am Nachmittag fahren wir nach Asterlagen. Als wir unten am Rhein eine Strecke gegangen sind, kommen wir an einer Frau mit ihren zwei Hunden vorbei. Nach einem aufmerksamen Blick auf meinen fragt sie: „Ist das der Miguel?"

Oh, so bekannt ist der Junge schon?

Es stellt sich heraus, dass sie und Mila sich vom Gassigehen her kennen, ich erinnere mich an ein paar Erzählungen. Das ist ja nett! Und sie kennt meinen Hund schon. Wir unterhalten uns eine Weile, vermutlich wird man sich hier dann öfter sehen.

Bei den umgestürzten Bäumen mache ich mit Miguel wieder Suchspiele, er kapiert es immer schneller. So ganz lauffreudig ist er aber nicht heute, kürzt über die große Wiese sogar ein Stück ab. Ist auch okay, schließlich trainieren wir nicht für einen Marathon-Lauf.

Gegen Abend findet eine WhatsApp-Mehrfachschaltung mit Freundinnen statt, die ich wegen Corona schon seit Monaten nicht treffen konnte. So kann ich ihnen mein Hundi auch live vorstellen. Da kommen viele Komplimente.

DO, Tag 62 *Himmelfahrt*

Heute ist ein Feiertag. Draußen ist alles ruhig, ein wunderschöner Gang durch den Park. Zum ersten Mal geht Miguel ohne Gezicke hinterher mit mir nach Hause, sogar ohne Leckerchen! Das ist ein echter Quantensprung!

Für mittags hat meine Mutter Kartoffelsalat angekündigt. Heute klappt es, dass wir schon eine halbe Stunde eher fahren. So ist Zeit für eine Gassirunde vorher, und einer durchgehenden Mittagsruhe steht nichts mehr im Wege.

Weil es warm und windstill ist, essen wir heute wieder auf dem Balkon. Miguel kriegt seine Decke dort hingelegt, das findet er zuerst komisch. Doch dann akzeptiert er das Arrangement. Für das Mittagsschläfchen allerdings geht nichts über die Küchenbank.

Eine Premiere erleben wir am Nachmittag. Kaffee und Kekse sind aufgetischt, für Miguel haben wir wie immer ein paar Leckerchen. Und wie immer versucht Mama ihm ein „Sitz" abzuringen, weil ihrer Meinung nach ein Hund das einfach können muss.

Heute habe ich den Eindruck, dass er darüber nachdenkt, und anscheinend fällt der Groschen endlich. Das „Sitz" gilt auch, wenn jemand anders es sagt. Er setzt sich hin und kassiert endlich seine Belohnung.

Wieder zuhause angekommen, hänge ich noch schnell eine Einblockrunde an, für alle Fälle. Denn das Wetter hat sich in kurzer Zeit zusehends verschlechtert. Wir sind erst ein paar Minuten im Haus, da geht draußen das Gewitter los.

Es blitzt und donnert. Miguel sitzt zitternd neben dem Schreibtischstuhl. Da ich gerade telefoniere, bin ich nicht versucht, ihn zu trösten. Ich rede also munter weiter und lege ihm nur einen Arm über. So harrt er neben mir aus, bis das Gewitter abklingt.

Für Silvester muss ich mir überlegen, womit ich ihm die Nacht erleichtern kann.

FR, Tag 63

Neuer Morgen, neue Gassirunde. Miguel geht heute sehr entspannt an der Leine, selbst die sechs Babykaninchen im Park bringen ihn kaum aus der Fassung.

Wie schon gestern ist der Weg nach Hause nicht mehr zum Sträuben, also ist das Thema jetzt hoffentlich dauerhaft vom Tisch.

Nach dem Frühstück habe ich draußen mit den Pflanzen zu tun. Miguel schaut zu, was ich mache, hat aber ansonsten kein Interesse an Gartenarbeit.

Am Nachmittag drehen wir unsere Runde am Rhein beim PCC-Stadion. Der große Stein, auf dem ich vor wenigen Tagen noch eine Pause eingelegt habe, ist heute halb von Wasser umspült. Der viele Regen hat also für einen erhöhten Pegel gesorgt.

Ich beobachte den grauen Himmel – da drüben, vielleicht in Stadtmitte, regnet es offenbar. Doch der Wind weht von hier in diese Richtung, also bleiben wir hier hoffentlich verschont.

Langsam gehen wir zurück zum Parkplatz; eine Gruppe Spaziergänger kommt uns entgegen, mit drei freilaufenden Pitbulls. Die

Hunde ignorieren die Rufe ihrer Menschen und wuseln neugierig auf uns zu. Ich sehe, dass Miguel so viel geballte Bullypower wohl zu aufdringlich findet und stelle mich dazwischen. Die wären so im Rudel auch nicht meine Kragenweite.

Wir sitzen kaum im Auto, als doch ein paar Tropfen fallen. Als wir zuhause ankommen, ist genau vorm Haus leider kein Parkplatz frei, ich finde einen um die Ecke. Und inzwischen regnet es richtig. Miguel hat sich auf der Rückbank hingelegt. Ihn da raus zu komplimentieren brauche ich gar nicht erst zu versuchen.

Wir bleiben im Auto und warten.

Die Minuten vergehen, irgendwann lässt der Regen nach. Ich denke, jetzt müsste es doch gehen, wenn wir schnell machen, also fordere ich Miguel zum Aussteigen auf. Er setzt sich zwar hin, schaut mich aber aus Rehaugen an, als würde ich Gottweißwas von ihm verlangen.

Es rauscht, ein neuer Regenschwall kommt über uns. Ich hechte zu meinem Hund auf den Rücksitz und muss laut lachen. Schöner Mist, wir hätten es bis zur Haustür schaffen können, wenn er sich nicht geweigert hätte …

Auch dieser Schauer geht vorbei, schließlich hieve ich den Hund entschlossen aus dem Auto, denn ich kann ihn ja schlecht hierlassen und allein reingehen.

Pfoten abtrocknen und dann ein voller Napf, das versöhnt ihn hoffentlich wieder mit dem Leben. Auch ich kann jetzt ein Handtuch und einen tröstlichen Kaffee gebrauchen.

SA, Tag 64

Gräulicher Himmel, aber es ist trocken. Der Gang zum Park ist entspannt, wir spazieren noch ein wenig die Allee auf und ab und schwenken dann in den Alten Friedhof ein. Am jenseitigen Ausgang geht es zu der kleinen Anlage, die ebenfalls ein gern gegangener Teil unserer Morgenrunde ist.

Nach wenigen Metern tröpfelt es. Neben uns befindet sich ein junger, dichter Ahorn, seine Blätter bereits so groß wie meine Hand. Da wird es sicher trocken bleiben, also stellen wir uns unter.

Ein paar Minuten später wünsche ich mir, ich hätte mich sofort an den Tunneldurchgang zum PCC erinnert, der ist recht nah und garantiert dicht von oben. Denn der Regen wird stärker, die Blätter können nicht alles abhalten. Miguel wandert einen Meter weiter, er will einen eigenen Baum.

Da hilft nur stoisches Ertragen. Obwohl ziemlich durchweicht, setzen wir die Runde fort, als es nicht mehr regnet. Miguel schüttelt alles ab, mir gelingt das leider nicht. Muss mal nach der Regenjacke suchen, die ich irgendwo habe.

In einem langen Telefonat mit Petra am Nachmittag empfiehlt sie mir die App „Wetter online", die eine sehr zuverlässige Vorschau auf mögliche Regenfälle bieten soll. Und sie sagt mir auch gleich, wann ich heute ein kleines trockenes Zeitfenster habe.

Als Hundemensch muss man wohl „appsolut" auch solche Hilfsmittel haben, ich werde mich also drum kümmern. Weil aber die Möglichkeiten heute begrenzt sind, entscheide ich mich nur für eine

Einblockrunde. Denn ich muss ohne Regenschirm klarkommen, brauche beide Hände für die Leinen.

SO, Tag 65

Der Morgen ist bedeckt, aber trocken. Wir wandern gutgelaunt durch menschenleere Grünanlagen, ich mache sogar ein kleines Filmchen über das laute Vogelgezwitscher. In Gedanken zähle ich ab, wie viele Arten ich hier schon gesehen oder gehört habe, und das sind nicht wenige.

Wegen Parkplatzsuche kommen wir heute haarscharf pünktlich bei meiner Mutter an. Um Miguel blasentechnisch nicht wieder in Verlegenheit zu bringen und später am Kaffeetisch Ruhe zu haben, kürze ich heute meinen Mittagschlaf ab und gehe mit dem Hundi zum Kirmesplatz. Das wird auf Dauer wahrscheinlich die sicherste Variante sein (sofern das Wetter mitspielt).

Es gibt unerwarteten Besuch: Meine Tante, Mamas Schwester, kommt dazu und vergrößert unsere Kaffeerunde. Miguel begrüßt sie freundlich und ist nicht die Spur wachsam.

Er findet es klasse. Jetzt sind drei Frauen da, von denen er sich im Wechsel Streicheleinheiten und Leckerchen abholen kann. Ein wahrer Genießer!

Eigentlich wollte ich Miguel abends noch eine kleine Runde anbieten, aber er verschläft einfach alles.

Die Fortschritte der neunten Woche

Keine Weigerung mehr, vom Spaziergang nach Hause zu gehen

Das erste Hinsetzen auf Mamas Kommando

★

R wie Rücksichtnahme

Die lautlose Gefahr

Das Unterwegssein in der Natur schärft zwar die Sinne, doch wir stoßen auch an unsere Grenzen. Besonders bei schönem Wetter lauert dort draußen eine Gefahr, die nicht unterschätzt werden darf. Auf Park- und Waldwegen schaue ich nach ihren schmalen, verräterischen Spuren: Radfahrer.

So gefährdet sie selbst mancherorts durch den Autoverkehr sind, so gefährlich sind sie für zwei- und vierbeinige Lebewesen. Denn sie sind schnell, fast lautlos und oft genug auch unsichtbar.

Als Fußgänger (ob mit oder ohne tierischen Begleiter) trifft man, auch mitten in bebautem Gebiet, hin und wieder auf eine Sorte Radfahrer, die ich der Vollständigkeit halber erwähnen will: Besorgte Eltern, die ihrem noch recht jungen Nachwuchs das Radfahren vermutlich gerade erst beibringen oder ihn aus anderen Gründen noch nicht damit auf die Straße lassen wollen. Die Kleinen radeln auf dem Bürgersteig.

Das kann zu echten Engpässen führen, wenn selbiger relativ schmal ist oder wenn man selbst nicht so schnell ausweichen kann, wie es die Situation erfordern würde.

Weit häufiger aber ist ein Zusammentreffen draußen im Grünen, wo das Radfahren als Freizeitsport ausgeübt wird.

An einer Ecke des alten Parks, den Miguel und ich während unserer Morgenrunde aufsuchen, ragt ein verwitterter Stein aus dem Boden. Er ist halb versunken, die eingemeißelte Schrift aber noch leserlich: NICHT RADFAHREN, HUNDE ANLEINEN.

Ich weiß nicht, wann ich den letzten Radfahrer gesehen habe, der sein Rad führte. Absteigen scheint heutzutage keine in Betracht zu ziehende Handlungsweise mehr zu sein. Klingeln allerdings auch nicht. Ich weiß, dass die Dinger standardmäßig damit ausgerüstet sein müssen, auch mit Licht. Beides wird anscheinend ungern eingesetzt (was das Licht angeht, schreibe ich auch aus meiner Erfahrung als Autofahrer).

Gehe ich mit meinem Hund spazieren, haben er und das ganze Drumherum meine volle Aufmerksamkeit (schon deshalb, damit ich die Kaninchen vor ihm entdecke). Nähert sich ein Radfahrer von vorn (und fährt er nicht zu schnell), kann ich ihn wahrnehmen und rechtzeitig die Leinen verkürzen, zur Seite gehen, mich vor den Hund stellen, oder was sonst gerade am besten passt.

Schwierig kann es werden, wenn besagter Radfahrer aus der Richtung hinter mir kommt und überholen will. Sehen kann ich ihn nicht, hören erst dann, wenn er schon recht nah ist. Diese Reifen machen kein lautes Geräusch. Die Klingel täte es, aber er benutzt sie nicht. Ein einzelnes „Ping" würde schon genügen, um meine Aufmerksamkeit zu wecken und mich vorzuwarnen, aber geklingelt wird nicht. Von zwanzig Zusammentreffen mit Radfahrern haben vielleicht zwei, drei ihre Klingel benutzt.

Bisher ging alles gut, aber ich habe mit Miguel zum Zeitpunkt dieses Textes noch nicht mal die Drei-Monats-Marke erreicht. Da ist noch reichlich Platz für Gelegenheiten, wo mal etwas schiefgehen kann.

Denn: Zwar bleibt der Hund angeleint, aber typischerweise läuft er, die Nase am Boden, im Zickzack vor mir her. Hin und wieder bleibt er kurz stehen, schaut, lauscht, dann übernimmt wieder die Nase. Ich als Mensch mit weit weniger feinen Sinnen konzentriere mich nach vorn und zu den Seiten, doch was hinter mir los ist, kriege ich nicht mit. Ich muss mich darauf verlassen, dass Leute hinter mir ebenfalls nach vorn schauen und meine Situation in ihr Verhalten mit einplanen, so wie ich das mit den Leuten tue, die vor mir unterwegs sind.

Sollte aber jemand mit dem Rad herangerauscht kommen (dessen Rauschen ich erst höre, wenn es etwa zwei Meter hinter mir ist), und wechselt Miguel genau in dem Moment auf die andere Seite, zieht mich womöglich mit, dann könnte das Stürze und Verletzungen geben. Das wäre mit einem kleinen Klingeln zu vermeiden gewesen.

Neulich war ich mit Mila und Akina spazieren. Dabei marschierten wir natürlich nicht stumm nebeneinander, wir haben uns auch unterhalten. Die Hunde schnüffelten kreuz und quer und waren in ihrer Welt glücklich.

Den Radfahrer hinter uns bemerkten wir erst, als er uns schon fast in den Hacken stand. Auch er hat seine Klingel nicht benutzt. Warum bloß nicht?

Es gibt viele Wege, die Fußgänger und Radfahrer sich teilen müssen. Und je besser das Wetter, desto dichter wird es darauf. Mit gegenseitiger Rücksichtnahme, und zwar von allen Nutzern der Straßen und Wege, können Unfälle vermieden werden.

Wenn ich mit Miguel unterwegs bin, gilt: Da er auf nichts um sich herum achtet, wenn er im Kaninchenspur-Schnüffelmodus ist, muss ich das tun.

Aber da ich keinen Rundumblick habe, bleibt die Gefahr bestehen, dass eines Tages wie aus dem Nichts jemand auf dem Rad hinter uns erscheint und nicht mehr bremsen kann oder dass wir so schnell nicht ausweichen können. Ein dramatisches Szenario, das hoffentlich nie passieren wird.

Die zehnte Woche

MO, Tag 66

Bei der Morgenrunde, kurz vor der Fußgängerbrücke, ist Miguel schneller als ich und schnappt sich ein Maulvoll von irgendetwas Weggeworfenem an der Seite. Ich erkenne nur Papierservietten, in denen vermutlich Fastfood-Reste stecken. Sofort pule ich ihm das Zeug aus den Zähnen, denn freiwillig gibt er es nicht her. Bääh, es ist fettig. Irgendwas mit Frischkäse?

Als Trösterchen für seinen Verlust gibt es ein Leckerli, und dann versuche ich mir den weißen Schmodder im nassen Gras von der Hand zu wischen.

Ich muss schneller werden, solche Verlockungen vor ihm zu entdecken. Es könnte ja auch mal ein Giftköder sein.

Auf dem Weg beim Klärwerk kommt uns ein fröhliches Trüppchen entgegen, zu dem mir in dieser Konstellation sofort ein Name einfällt: Der Mini-Club. Der schwarze Zwergspitz Shadow, das weiße Pudelchen Cassy und die beiden King-Charles-Spaniels. Alle etwa in einer Höhe, alle wuseln und wedeln um Miguel herum, der von dem lustigen Ansturm etwas überfordert scheint.

Ein Stück weiter überholt uns eine Dame, sie führt zwei große Hunde an lockerer Leine, einer sieht nach Galgo-Mix aus. Ich sage leise zu Miguel: „Nimm dir an dem mal eine Beispiel."

Sie geht vorbei, grüßt nicht einmal. Kontakt unerwünscht. Na, muss ja auch nicht. Da ist mir der Mini-Club lieber.

Die Wetter-App sagt, besser wird's heute nicht mehr, also gehen wir halb vier raus. Noch während ich Miguel versuche aus seinem Treppensitzstreik rauszulocken, fallen Tropfen. Also stelle ich mich neben ihn und warte. Da hinten ist es schon heller, dieser Schauer ist bestimmt gleich vorbei.

Mila und Akina kommen raus, wir lachen und kuscheln uns dann zu viert in die Haustür. Tatsächlich hört der Regen bald auf. Wir beschließen, gemeinsam zum Essenberger See zu fahren.

Eine neue Route. Es geht um ein paar Ecken, hier war ich noch nie, wir erreichen eine weite Brachfläche mit einem Parkplatz. Der Fußweg zum See gleich daneben.

Die Schleppleine habe ich heute nicht mitgenommen, denn die Wege sind hier vergleichsweise schmal. Miguel arbeitet sich durch die Bepflanzung der Wegränder, assistiert von Akina. Wir gehen einmal rund um den See – so groß ist er ja nicht – und dann ist es Zeit für den Rückweg. Die nächsten dunkelgrauen Wolken ziehen schon heran.

DI, Tag 67

Heute sind wir spät dran. Es regnete, doch dank der neuen Wetter-App wusste ich, dass es auch noch eine Weile anhalten würde. Also haben wir uns einfach alle nochmal hingelegt.

Auf dem Weg zum Park treffen wir die Dame mit den beiden King-Charles-Spaniels und bleiben für eine kleine Plauderei stehen. Wenig später muss Miguel schon wieder geduldig sein, als sich ein Gespräch mit einem Hundeherrchen ergibt, ein pensionierter Lehrer und jetzt Untertan einer kleinen wuscheligen Hundeprinzessin.

Ein paar Regentropfen erwischen uns auf dem Rückweg, aber mehr wird das nicht.

Die Tiere sind gefüttert, ich habe mein Müsli vorbereitet und will gerade an den Schreibtisch ziehen, da sehe ich Miguel, wie er mit prüfendem Blick am Sofa steht. Taki ist nicht zu sehen.

Der Hund springt hoch und inspiziert alles. Ich fotografiere die Szene, denn dies ist in all der Zeit erst das zweite Mal, dass er Augen für das Sofa hat. Taki kommt dazu, sie beäugen sich unsicher. Dann faltet Miguel sich klein zusammen, Taki bleibt zunächst auf dem Sessel, wechselt aber nach einer Weile auf das andere Ende des Sofas. Ich beobachte von meinem Sitzplatz aus, wie sie gedanklich umeinander eiern.

Schließlich zieht Miguel doch wieder um auf sein Kissen unterm Schreibtisch – Höhle ist sicherer. Aber ich habe meine Fotos.

Am Nachmittag erwischen wir eine ausreichend große Lücke für eine Gassirunde am Rhein. Heute scheint wirklich der Tag der neuen Bekanntschaften zu sein – die erste Hälfte der Strecke gehen wir in Begleitung einer Dame mit einer lustigen kleinen Hündin, auch aus dem Tierschutz adoptiert. Unten bei der ausgebaggerten Stelle gesellt sich kurz jemand mit einem pubertierenden schwarzen Hund namens Pepe dazu, der sich Miguel gegenüber etwas lästig verhält. Als die beiden in eine andere Richtung weitergehen wollen, wird es schwierig. Pepe kommt zurück zu uns gelaufen, aber jetzt stelle ich mich dazwischen. Er kapiert endlich, dass Schluss ist und kehrt zu Frauchen zurück.

Der Pegel des Rheins ist weiter angestiegen. Dies scheint mir der nasseste und kühlste Mai seit Jahren zu sein, aber die Natur kann es ja brauchen. Da will ich mal nicht meckern.

Für Mila habe ich heute drei Päckchen angenommen, die kommt sie abends abholen. Ihr fällt der neue große Wassernapf auf. Ich finde, dass Miguel wenig trinkt, jedenfalls hier zuhause. Deshalb mische ich ihm sein Futter als „Suppe mit Einlage" an.

Ob sein Verhalten womöglich daran liegt, dass er früher keinen freien Zugang zu Trinkwasser hatte? Schreckliche Vorstellung.

MI, Tag 68

Die Art, wie Miguel morgens das Haus verlässt, ist immer noch von Vorsicht oder sogar Misstrauen geprägt. Zwar kommt er und lässt sich anziehen, doch geht dann die Wohnungstür auf, rührt er sich nicht mehr.

Ich bitte ihn dann mit freundlichen Worten in den Treppenflur, und er schnüffelt sich über den Fußabtreter hinaus. Das Stück bis zur Haustür wird ebenfalls einer Prüfung unterzogen. Die Tür geht auf, der Hund erstarrt.

Schrittchenweise bewegt er sich hinaus, während ich Mühe habe, die schwere Tür mit einer Hand offenzuhalten, damit ihm keine Füße eingeklemmt werden oder so.

Dann ist er endlich draußen – und setzt sich erst mal hin. Hier ist der Moment, in dem Miguel die Außentemperatur wahrnimmt (die selten der inneren entspricht). Er fängt dann an zu zittern, auch mit Mantel. Friert er oder ist er angespannt? Die vier Stufen runter auf den Bürgersteig kosten offenbar Überwindung.

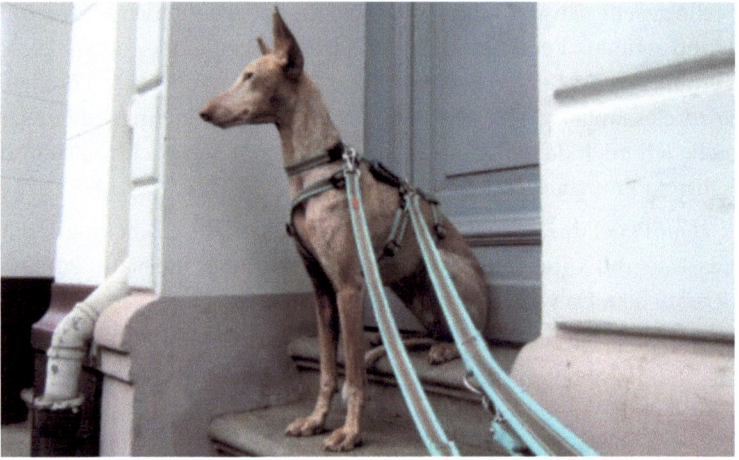

Seinen „Sitzstreik" fotografiere ich heute, zu ulkig sieht diese Pose aus. Endlich lässt er sich bitten, die paar Meter bis zur Ecke geht er schon unternehmungslustiger. Haben wir endlich die Fußgängerbrücke erreicht, bin ich ihm sogar zu langsam.

Im Park werden heute die Rasenflächen gemäht, darum machen die Kaninchen sich rar. Wir wechseln also bald rüber zum Alten Friedhof, da gibt es nicht viel Rasen. Und die Hoppler haben wieder einen aufmerksamen Beobachter.

Für die Nachmittagsrunde lauere ich auf eine ausreichend große Lücke, mit 40% Regenwahrscheinlichkeit kann ich leben. Im Baerler Busch schlagen wir heute mal einen anderen Bogen. Inzwischen ist alles dicht grün, der Wald scheint endlos. Manche Wegstellen sind matschig und kaum passierbar, vor allem auf jenen Wegen, die auch für Reiter zu benutzen sind. Ich bin wieder mal sehr froh über meine Gummistiefel.

Miguel vermeidet die Pfützen, wo er kann, aber hier und da ist er auch abgelenkt und latscht mitten durch die Pampe.

Bevor er ins Auto hüpfen darf, bürste ich ihm die angetrockneten Brocken von den Pfoten (praktisches Autozubehör, normalerweise ist das Ding zum Wegfegen von Schnee auf der Windschutzscheibe gedacht).

Zuhause gibt es Futter für alle wie gewohnt (für mich Kaffee), danach nimmt Miguel wieder Platz auf dem Sofa. Taki schaut sich das an und legt sich in sein Körbchen. Beide behalten sich kritisch im Blick, aber irgendwann ist alles entspannt und sie schlafen ein.

Miguel liegt eng eingekringelt und wechselt nur alle paar Stunden die Drehrichtung. Als wir schließlich schlafen gehen, lege ich ihm die Plüschdecke über.

DO, Tag 69

Ich finde Miguel immer noch auf dem Sofa. Unter der Decke hat er sich in der Nacht hervorgewühlt, nun liegt er in das flache Katzenkörbchen gequetscht. Also gut, ich habe ja noch so eins, das lege ich ihm daneben.

Draußen ist es neblig und 9°C kalt, also den Mantel an. Im Park lernt Miguel heute seinen ersten Kangal kennen. Alles bleibt locker, beide gehen souverän miteinander um. Ich bin erneut fasziniert, wie unvoreingenommen er sich anderen Hunden nähert (oder sie völlig ignoriert, egal was sie anstellen).

Mein Highlight ist Takis Verhalten, als wir zurückkommen. Ganz intensiv schnuppert er Miguels Füße ab, an denen natürlich interessante Aromen aus drei Parks haften. Der Hund steht still wie eine Statue. Erst als Taki unter ihm durchläuft und die Schwanzspitze ihn am Bauch kitzelt, wird er unruhig. Ja, und dann liegen sie beide in ihren Katzenkörbchen auf dem Sofa, ein herrliches Bild.

Mila ruft an, ob wir nachmittags zusammen am Rhein spazieren, denn gestern habe Akina immer nach Miguel gesucht. Und ja, die

Wiedersehensfreude ist groß, bei dem Dackelchen aber weit mehr als beim Pödel.

Das Wetter ist erfreulich wärmer geworden, ein leichter Wind geht, es bleibt trocken. Das Gras ist schon so hoch, dass Akina hochspringen muss, um etwas zu sehen. Miguel ist auch sichtbar irritiert, solch üppige Vegetation kennt er nicht.

Nichts umkommen lassen. Miguels Futter mische ich heute mit dem Kochwasser vom Blumenkohl. Weil er dadurch heute mehr Flüssigkeit erhalten hat, gehen wir abends noch die Einblockrunde.

Ob diese Rezeptur tatsächlich so eine gute Idee war, bezweifle ich später. Mir kommt es so vor, als wären seine Pupse heute besonders geruchsintensiv.

FR, Tag 70

Ungewohnt schwungvoll und fast ohne zu zögern verlässt Miguel heute mit mir das Haus und steuert den Park an. Ebenso erstaunlich ist es, dass er schon auf der ersten Wiese den Rücken krumm macht. Ein Häufchen wie gemalt, leicht einzutüten und zu entsorgen. Auch sein weiteres Verhalten ist vorbildlich, ganz der liebe Jung!

Wir treffen den kleinen Fiete wieder, die beiden Hunde springen freudig aufeinander zu. Auf dem Weg nach Hause begegnet uns die Dame mit den beiden Spaniels, auch mit denen findet eine fröhliche Begrüßung statt.

Nach dem Frühstück erklimmt Miguel wieder das Sofa, und spontan lege ich ihm die Plüschdecke um. Erst schaut er ein bisschen verwundert, dann spürt er die Wärme und legt sich ganz vorsichtig damit hin. Erst gegen Mittag, als ich für Taki einen Napf vorbereite, kommt er auch dazu und kriegt natürlich seine Kaustange.

Für den heutigen Nachmittag habe ich mir einen Besuch im Schloss Broich, in Mülheim an der Ruhr, vorgenommen. Dort mache ich seit vielen Jahren am Pfingstwochenende meine Zeitreise ins Mittelalter. In diesem Jahr ist leider alles anders. Wegen Corona ist der Mittelaltermarkt abgesagt, darum möchte ich als Ersatz wenigstens „in Zivil" ein bisschen herumspazieren und mir vorstellen, wie es hätte sein können.

Nach einer Fahrt durch dichten Autoverkehr finde ich einen Parkplatz am Ringlokschuppen, dann betrete ich mit Miguel an der Schleppleine seufzend den Park.

Er ist voller Leute und spielender Kinder, ich bin ständig auf Ausweichkurs. Mir fehlt das gewohnte Ambiente, der Geruch nach Lagerfeuer, alles fühlt sich fremd an. Ich mache ein paar Fotos und hänge Erinnerungen nach. Hoffentlich haben wir bald wieder die Chance auf normales gesellschaftliches Leben.

Über die Fußgängerbrücke besuchen wir den anderen Teil des Parks, der ist wirklich schön. Miguel schnüffelt sich glücklich durch die Rabatten und Hecken, aber mir ist das alles irgendwie zu eng. Unsere gewohnte Schleppleinen-Umgebung sind doch eher Wald und Feld. Auf den Rasenflächen am Ufer der Ruhr gibt es eine Gruppe Kanadagänse, die machen natürlich Eindruck.

Langsam kehren wir zurück in Richtung Auto, nehmen auf der Burgseite noch den oberen Weg und die „Separée"-Gärten mit, und mehr muss nicht sein.

Ich bin kaum zehn Meter gefahren, da liegt Miguel schon auf dem Rücksitz. Hund kaputt. Für den Rückweg nehme ich lieber die langsamere Strecke durch die Stadt als auf der vollen Autobahn einen Stau zu riskieren.

Zuhause wird gefuttert und dann wieder das Sofa in Beschlag genommen. Unter der Plüschdecke schläft der müde Junge bald fest ein, während ich im Sessel daneben sitze und fernsehe.

Bald streckt er die Beine unter der Decke hervor, für mich eine gute Gelegenheit, ausgiebig Ballen und Krallen zu untersuchen. Meine Nagelfeile liegt bereit, um hier und da etwas zu glätten. Und anscheinend mag er es, dass ich ihm so an den Pfoten herummache, denn er hält völlig still.

Heute will Taki nicht neben dem Hund liegen. Er quengelt den ganzen Abend herum und gibt erst Ruhe, als ich endlich schlafen gehe. Denn das Bett ist immer noch „seins".

SA, Tag 71

Die Kaninchensituation im Park ist heute so, dass ich Miguel mal wieder vehement blockieren muss. All die unvorsichtigen Jungtiere, die da umeinanderhoppeln, da wacht natürlich der Jäger auf.

Unsere Morgenrunde führt uns deshalb heute nicht weit. Das Wetter ist aber auch nichts, dem man sich lange aussetzen möchte. Miguel ist ohne zu zögern bereit, den Heimweg anzutreten. Kein Sperren, kein Blick zurück.

Den Mittags-Snack gebe ich Miguel zwar immer noch auf dem Bodenkissen, und er knabbert ihn auch dort unter dem Schreibtisch, aber dann zieht er wieder aufs Sofa. Kann ich verstehen, es liegt sich schön da oben. Taki findet das doof, doch ich wiederum habe nicht die Zeit, dauernd daneben zu sitzen und den Kater auf dem Schoß zu haben (was er als Alternative zum besetzten Sofa noch annimmt).

Die Mittagsrunde startet bei leichtem Regen, ich habe nicht aufs Wetter aufgepasst. Egal – ich komplimentiere Miguel die Stufen hinab, ins Auto springt er fast ohne Aufforderung. Bloß nicht diese Tropfen von oben!

Wir fahren nach Asterlagen, nur wenige Autos stehen auf dem Parkplatz – klar. Wie kriege ich jetzt meinen Hund raus? Ein Dackel würde es mir da leichter machen.

Miguel ziert sich zunächst, aber einmal im Freien, kann ich ihn doch von der Notwendigkeit überzeugen, ein wenig herumzulaufen und wenigstens einen Busch zu wässern.

Diese Runde wird klein. Es ist noch keine Stunde vergangen, als wir wieder zuhause ankommen, gerade rechtzeitig. Denn der Regen wird stärker, Wind kommt auf. Bei dem Wetter mag niemand mehr draußen sein.

Erst spät starte ich noch einen Versuch, die Einblockrunde ist völlig ausreichend für alle Geschäfte, die noch zu erledigen sind. Warm zugedeckt bleibt Miguel auf dem Sofa, als wir uns für die Nacht verabschieden.

SO, Tag 72 *Pfingsten*

Pfingstsonntag – und es regnet. Ich kann mich genausogut wieder ins Bett legen. Die App sagt, gegen zehn Uhr wird es besser ... gut, dass wir gestern eine späte Runde gemacht haben.

Die Wartezeit nutze ich für einen kritischen Blick auf die derzeitige Anordnung meiner Möbel. Das eine Sofa reicht einfach nicht, das ist für Taki zu wenig Abstand. Im Moment liegt er auf meinem Schreibtischstuhl, was bedeutet, dass ich nicht darauf sitzen kann. Andernfalls würde er rumquengeln, denn er will zwar schon gern bei uns sein, nur eben nicht so dicht bei Miguel.

Sollte ein zweiter Kater dazukommen, bräuchte ich auf jeden Fall mehr Platz, um selbst auch irgendwo gemütlich liegen zu können. Also muss ich mir etwas einfallen lassen.

Tatsächlich kommt am Vormittag die Sonne raus, ich finde für die Gassirunde einen Kompromiss: Wir fahren an den Rhein, an eine andere Stelle etwas weiter stromabwärts, von da können wir über die Brücke direkt weiter zu meiner Mutter.

Hier am Rhein zu spazieren erweist sich als wenig angenehm, verglichen mit den anderen Stellen, die ich schon kenne. Der Weg über die Wiese bis zum Wasser ist recht kurz, weiterhin gibt es nur noch den Asphaltweg. Auf dem sind natürlich auch jede Menge Radfahrer unterwegs. Ich sehe auch viele Leute mit Kindern, die auf der Wiese ihre Drachen steigen lassen oder in den Bäumen unten am Ufer herumklettern.

Es funktioniert einfach nicht, dass ich Miguel dauerhaft auf einer Seite behalte, er will auch mal gegenüber schnuppern und läuft dann quer über den Weg. Wir brauchen mehr Raum.

Bei Mama ist heute erst noch ein bisschen Küchenarbeit zu tun – der Nudelauflauf, der Erdbeerboden … Miguel liegt mitten in der Küche, offensichtlich zufrieden, dass er einfach dabei sein kann.

Nach Mittagsschläfchen und Kaffee machen wir zu dritt eine kleine Runde draußen, die frische Luft tut gut.

Den Abend verbringen wir entspannt vor dem Fernseher. Ich räume auf dem Sofa noch etwas Platz frei und lege ein dickes Kissen als Trennwand und Abstandshalter zwischen die beiden Katzenkörbchen. Aber Taki akzeptiert das nicht. Er gibt sich unzufrieden, und ich hoffe, dass ein neuer Kumpel für ihn die Lösung sein wird.

Die Fortschritte der zehnten Woche

Miguel und Taki liegen gleichzeitig nebeneinander auf dem Sofa

Eine ausgiebige Pediküre wird sehr genossen

★

S wie Sch***e

Geschäftliches

Am liebsten sind mir die Spaziergänge, bei denen alles „Geschäftliche" schon innerhalb der ersten Minuten im Park erledigt wird. Leider sind sie die Ausnahme. Das Bein heben und einen Busch wässern, ja, das passiert recht schnell. Aber neidvoll beobachte ich andere Hundehalter, die mit ihren kleinen und großen Wuffis gerade erst ankommen, und schon steuert das liebe Tier einen geeigneten Platz an, um für eine komplette Darmentleerung den Rücken krumm zu machen.

Mein Hund dagegen erinnert mich eher an einen Menschen, der sich mit der Wochenendausgabe der Zeitung aufs Klo zurückzieht und sich erst mal in Stimmung lesen muss.

Nach einer aufmerksamen Studie des Wann und Wo habe ich kapiert, dass sich heckwärts so lange nichts tut, wie der Junge eine Kaninchenfährte in der Nase hat oder aus einem anderen Grund im Jagdmodus ist. Das verträgt sich einfach nicht. Es hilft, in die Gassistrecke einige Stellen einzubauen, die so langweilig sind, dass die entleerungswilligen Innereien Miguels Aufmerksamkeit erringen können.

Mit dem Häufchenthema habe ich mich natürlich schon lange vor Anschaffung meines Hundes beschäftigt, oft sogar mit den Häufchen von Hunden anderer Leute. Man begegnet ihnen ja auf Schritt und Tritt, wenn man Pech hat (obwohl das Reintreten in Hundehäufchen ja angeblich Glück bringen soll, weiß auch nicht warum). Und nach wie vor erstaunt mich die Ignoranz, mit der jemand ein größenmäßig gut zu bewältigendes Ensemble als Tretmine liegen lässt, obwohl ein Abfalleimer nur wenige Meter entfernt bereitsteht.

So schwer kann es doch nicht sein, eine Rolle Tütchen mit sich zu führen? Oder ein einzelnes an die Leine geknotet, wie man es auch immer mal sieht. Es gibt auch so praktische kleine Spender für die Rollen, die können am Hundegeschirr befestigt werden, dann braucht man sie noch nicht mal selbst zu tragen.

Aber nein. >*seufz*<

Erst heute wieder so ein Paradebeispiel gesehen: Da gibt es diesen relativ schmalen Spazierweg, rechts und links mit Grün, eine Abkürzung zwischen zwei Parallelstraßen, darum sehr stark frequentiert. Kurz vor seinem Ende lag da dieser Haufen, der als Urheber eine Dogge oder einen Bernhardiner vermuten ließ, also ziemlich groß. Zwar nicht mitten auf dem Weg, aber doch so, dass ein ungewollter Kontakt nicht ausgeschlossen war.

Zum Entsorgen hätte es vermutlich eine größere Tüte und beide Hände gebraucht, aber egal – der Abfalleimer stand maximal fünf Meter weiter. Aus Sicht des betreffenden Hundehalters muss das einer anderen Galaxis gleichgekommen sein.

Alternativ könnte sich das Mitführen einer kleinen Gartenschaufel oder eines Klappspatens als nützlich erweisen.

Ob ich mich nicht davor ekeln würde, hat mich meine Mutter gefragt, als das Ganze noch in der Planungsphase war. Nein, denn seit vielen Jahren spiele ich ja die Klofrau für meine Kater. Ich finde es nicht ganz unnütz, einen prüfenden Blick auf ihre Hinterlassenschaften werfen zu können, da sie gleichermaßen ein Indikator für den Gesundheitszustand sind. Auch der Geruch verändert sich dann, diesen Unterschied können selbst menschliche Nasen erkennen.

Bei den ersten Malen dachte ich noch: Gut, dass Miguel nicht größer ist, sonst wäre meine Hand zu klein fürs Aufsammeln. Nach einer Futterumstellung reduzierte sich das Volumen. Eine klare Formel: Gutes Futter bedeutet weniger Füllstoffe, mehr gut Verwertbares. Es lohnt sich immer, diesbezüglich mit anderen Hundeleuten zu sprechen und sich Tipps anzuhören.

Ich möchte an dieser Stelle aber einen herzlichen Dank an all die Leute aussprechen, die Häufchen aufsammeln, eintüten und ordentlich entsorgen. Sie bleiben gegenüber denen, die es nicht tun, hoffentlich immer weit in der Überzahl.

Die elfte Woche

MO, Tag 73 *Pfingsten*

Pfingstmontag, das Wetter ist so lala. Ab und zu ist auch mal die Sonne zu sehen, aber insgesamt für Mai eher enttäuschend. Den Hundemantel lasse ich aber weg, so kalt ist es nun doch nicht mehr. Wenn Miguel in Bewegung bleibt – und das tut er ja meistens – kommt er damit zurecht.

Nach der Morgenrunde schreibe ich zwei kurze Zwischenkapitel für das Hundebuch, mittags machen wir uns wieder auf den Weg zu Mama.

Da ich seit gestern endlich wieder meine Garage benutzen kann, muss Miguel jetzt lernen, außerhalb der Reichweite des schwingenden Tores zu bleiben. Noch ist das neu und ungewohnt für ihn, aber sicher juckt ihn das bald auch nicht mehr.

Vor dem Kaffeetrinken gehe ich kurz mit Miguel zum Kirmesplatz, denn passenderweise regnet es gerade nicht. Das müssen wir ausnutzen.

Meine Tante ist heute auch eingeladen (sie hat mir einen Regenmantel mitgebracht, juchu!), und Miguel wandert fröhlich von einer zur anderen, um sich mit vielen Streicheleinheiten und Leckerchen verwöhnen zu lassen. Ich merke aber nach einer gewissen Zeit, dass er unruhig wird und gern wohl wieder nach Hause möchte. Eine volle Blase kann ja der Grund nicht sein, darum nehme ich an, dass er sich nach seinem gemütlichen Kuschelkissen sehnt.

Er weiß ja nicht, was „Feiertag" bedeutet. Wir hatten sozusagen zwei Sonntage direkt hintereinander, die haben ihn vielleicht aus seiner Routine gebracht, sodass er sich von dieser Strapaze erst mal erholen muss.

Also verabschieden wir uns bald. Mein Hund verschwindet, ein üppiges Abendessen im Bauch, unter dem Schreibtisch, von wo er sich auch nicht mehr wegbewegt.

DI, Tag 74

Den neuen Regenmantel kann ich heute direkt einweihen, denn auch ohne dass die Wetter-App mir eine Regenwahrscheinlichkeit von 60% anzeigt, erkenne ich das Potential der nahenden Wolken.

Zunächst ist alles entspannt, doch nach einer halben Stunde – wir erreichen gerade die Parkanlage seitlich des Alten Friedhofs – fallen die ersten Tropfen. Wo unterstellen? Ein hoher, dichter Busch mit großen Blättern verspricht Schutz, Miguel kriecht schon von selbst tief darunter. Er braucht einen eigenen Regenmantel.

Der Schauer geht vorbei, wir schlagen den Weg nach Hause ein. Heute hat Miguel nichts dagegen einzuwenden.

Unsere Mittagsruhe ist nicht so ausgiebig wie sonst. Schon gegen 14 Uhr wird Miguel unruhig und läuft herum. Gerade kommt die Sonne raus, also beschließe ich spontan, eine kleine Runde im Park hinter der Tankstelle zu gehen.

Doch noch bevor wir an der Ampelkreuzung ankommen, melden sich Zweifel bei mir. Die Wolken sehen gar nicht gut aus, wir kehren um. Bald darauf zerreißt ein Donnerschlag die Stille. Miguel fährt heftig zusammen, will weg. Es fängt heftig an zu regnen, wir schaffen es unter einen Hauserker, der etwas Schutz bietet. Den Hund klemme ich zwischen mir und der Hauswand ein, denn er zittert wie Espenlaub.

Als der Regen nachlässt, laufen wir schnell nach Hause, für heute reicht es erst mal. Miguel wird trockengerubbelt und verkriecht sich. Draußen fängt es an zu hageln. Wären wir in den Park gegangen, hätte uns das voll erwischt.

Am späten Abend – seit Stunden ist es trocken geblieben – gehe ich mit Miguel die Einblockrunde, damit er nochmal Gelegenheit zu einem „Klogang" hat. Erst schaut er misstrauisch umher, und als fern von uns irgendein ein lautes Geräusch ertönt, kriecht er wieder in sich zusammen, aber mit Leckerchen kriege ich ihn vorwärts.

Gewitter ist nichts für Sensibelchen.

MI, Tag 75

„Wechselnd bewölkt" sagt die App, das ist ermutigend. Der Jahreszeit angemessen sehen wir auch heute wieder junge Wildkaninchen im Park, die vermutlich nicht scheu genug sind, um lange zu überleben. Ich halte Miguel fest an der Leine, an uns soll's nicht liegen.

Es scheinen weniger Hundeleute als sonst unterwegs zu sein, vielleicht sind einige in Urlaub? Oder haben wir zu sehr getrödelt und dadurch die übliche Gassi-Begegnungsstruktur verschoben?

Es liegt vermutlich an der Urlaubszeit. Denn auch nachmittags begegnen uns nur wenige Leute. Wir fahren nach Asterlagen zum Rhein und haben das Gelände fast allein für uns. Der Wasserstand ist noch weiter gestiegen, allerdings niedrig genug, dass wir unseren gewohnten Weg nehmen können.

Bei den umgestürzten Bäumen mache ich mit Miguel ein Suchspiel und entdecke auf einem der Stämme zwei große Hundekekse, die offenbar jemand dort ausgelegt hat. Merkwürdig. Warum hat derjenige nicht dafür gesorgt, dass sein Hund sie findet? Ich zeige sie Miguel nicht. Dies erscheint mir suspekt.

Es beginnt zu nieseln, als wir zurückfahren. Zuhause wartet Taki schon hinter der Tür. Miguel muss stillhalten, damit der Kater ihn nach all den spannenden Düften vom Rhein abschnuppern kann, zumindest in solchen Momenten gibt es keine Berührungsängste.

DO, Tag 76

Schon der erste Blick nach draußen zeigt, dass der Versuch eines Morgenspaziergangs überhaupt keinen Sinn macht. Es regnet. Nicht allzu stark, aber für Miguel inakzeptabel. Ich bekomme ihn noch nicht mal kurz in den Garten. Von mir aus, dann soll er sich wieder in seiner Schreibtischhöhle verkriechen.

Am späten Vormittag lässt der Regen nach. Mit einer Handvoll Leckerchen kann ich Miguel raus und bis um die Ecke locken. Aber selbst für die Einblockrunde ist der Junge nicht zu begeistern, also drehen wir um – ich resigniert seufzend, er vermutlich erleichtert.

Zuhause ist er heute ungewohnt schmusig. Er stellt sich neben mich ans Sofa und lässt sich streicheln, auch eine Ohrenreinigung ist akzeptiert. Ja, dann soll er sich halt bemerkbar machen, wenn er wirklich raus will.

Gegen halb drei scheint es dann soweit zu sein. Die App meint, dass die Regenwahrscheinlichkeit weiter nachlässt, also fahren wir an den Rhein beim PCC-Stadion. Auch hier ist gähnende Leere … dafür sind mehr Kaninchen unterwegs. Ich riskiere eine große Runde, die Wolken sehen nicht nach Regen aus.

Unten am Wasser ist ein Paar mit Labrador, und Miguel albert mit ihm herum. Das ist an der Leine zwar blöd, aber ich kann ihn ja deswegen nicht losmachen. Dann sprintet er plötzlich davon, zu überraschend und zu schnell. Die Schleppleine zieht durch meine Hand, ich fühle brennenden Schmerz. Ich kann meinen verrückten Hund aber stoppen und mit einem Suchspiel so ablenken, dass er in seinem ausgelassenen Zustand wenigstens in meiner Nähe bleibt.

Der Finger scheint unverletzt, das ist schon mal gut. Den werde ich später mit Heilsalbe verarzten. Wir kehren zum Auto zurück, die Wolken ziehen sich dichter zusammen. Das Timing ist perfekt – als wir vom Parkplatz wegfahren, fängt es an zu regnen. Wer jetzt noch da draußen am Rhein unterwegs ist, wird leider nass.

Noch einmal kriegt Miguel so einen kuscheligen Moment, als ich mit einem Buch auf dem Sofa liege. Ich lade ihn neben mich ein, das will er aber nicht. Ich biete ihm den Sessel an, den probiert er aus, findet ihn aber wohl zu klein. Aber er lässt sich gern in den Arm nehmen und rollt sich dann wieder unterm Schreibtisch zusammen.

FR, Tag 77

Grauer Himmel, aber wenigstens ist es trocken. Mit Leckerchen überzeuge ich Miguel, dass wir das Haus verlassen, nach den ersten zwanzig Metern trabt er dann auch ganz freudig voran.

Einem besonders arglosen Kaninchenbaby nähern wir uns heute bis auf zwei Meter, mein Hund bleibt brav. Dafür gibt es eine Extra-Belohnung. Ich zweifle nicht daran, dass er ohne die Leine einen schnellen Satz nach vorn machen würde, das Kleine hätte keine Chance. Aber so, in meinem Beisein, benimmt er sich.

Ein Stück weiter gibt es ein fröhliches Zusammentreffen mit dem Beagle Kalli, sieben Monate alt, und einem gestromten Mix, acht Monate alt. Die Hunde wuseln durcheinander, dann zieht Miguel sich aus dem Geschehen und steht lieber ruhig neben mir. Die zwei jüngeren sind auf einer Wellenlänge und amüsieren sich prächtig.

In der Grünanlage gegenüber ist ein erwachsenes Kaninchen zu sehen, das Miguels Jagdtrieb schon mehr in Wallung bringt. Die kleineren fallen bei ihm noch durchs Beuteraster, vermute ich. Darum bleibe ich lieber bei doppelter Leine und gutem Festhalten.

Wir brauchen Nachschub an Knabberstangen, darum fahre ich am Nachmittag zum Fressnapf. Außerdem will ich Miguel dort auf die Waage stellen, denn ich habe nicht den Eindruck, dass er seit seinem Einzug bei mir zugenommen hat.

Richtig vermutet, und sogar schlimmer: Die Waage zeigt 22,7 kg an (mit Geschirr). Angekommen ist er mit über 23,5 kg. Ihm fehlt ein knappes Kilo, da muss ich gegensteuern! Die tägliche Ration wird dementsprechend erhöht. Eine große Futtertüte geht direkt mit, auch genug Knabberkram für die nächsten ein, zwei Wochen.

Vom Fressnapf aus fahre ich nur noch ein kleines Stück weiter, unser Ziel für die Nachmittagsrunde ist die begrünte Deponie hinter dem Modellflugplatz am Rhein. Wer hier (mit Hund) wohnt, hat nur einen kurzen Weg zum grünen Paradies. Die Wege sind breit und deshalb auch gern von Radfahrern benutzt, das ist ein kleiner Nachteil. Am Wochenende würde ich hier nicht hinfahren wollen.

Zuhause kriegt Miguel ab sofort eine größere Portion Futter, mehr als das empfohlene Maximum für seine Größe. Ich werde mich außerdem mal schlau machen, wie es eventuell möglich ist, seinen Energieverbrauch zu reduzieren. Eine Maßnahme wird auf jeden Fall sein, dass ich ihn öfter zudecke, so braucht er schon mal keine Reserven für die Körperheizung aufzuwenden. Ich habe nämlich den Eindruck, dass er unter seiner Kuscheldecke viel entspannter schläft.

SA, Tag 78

Der Morgenspaziergang beginnt dramatisch. Miguel läuft zügig mit mir aus der Wohnung in den Hausflur, folgt mir durch die Haustür – und stoppt dann unvermittelt auf der oberen Treppenstufe. Also gehe ich vor und locke ihn, da schreit er plötzlich erschrocken auf, schaut sich um, kommt dann aber die vier Stufen runter, bevor ich bei ihm bin.

Ich kann mir nur zusammenreimen, dass die hinter ihm sich langsam schließende Haustür sein Schwanzende erwischt hat, als er so abrupt stehenblieb. Jetzt steht er auf dem Bürgersteig, verwirrt, ich biete ihm zur Ablenkung ein Leckerchen an. Das nimmt er, wir können weiter, und bis zur Straßenecke ist der Vorfall vergessen.

Auf der Fußgängerbrücke lauert das nächste Schrecknis. Drei Männer in grellfarbenen Overalls kehren den Weg und schaufeln das Aufgekehrte auf eine Schubkarre. Das Geräusch der über den Boden kratzenden Schaufel ist selbst meinen Ohren unangenehm, Miguel mag es noch weniger. Ich versuche ihn auf meine andere Seite zu bugsieren, doch die Männer erkennen zum Glück die Situation und halten inne. Einer tippt dem Kollegen mit der Schaufel auf die Schulter: „Hör doch mal auf, der Hund hat Angst."

Ich verteile schnell ein paar Leckerchen, damit überzeugen wir gemeinsam den Hund, dass die Herren von der Straßenreinigung gar nicht zum Fürchten sind. Der Rest unserer Morgenrunde verläuft ohne Zwischenfälle, der Sonnenschein macht gute Laune.

Das Wetter hält sich. Keine Notwendigkeit, ein trockenes Zeitfenster zu finden, wir können einfach rausgehen, wann es uns passt. Sehr wahrscheinlich tun das die meisten anderen Menschen auch, weshalb einige Ziele heute nicht in Frage kommen.

Auf dem Weg zum Baerler Busch fahren wir am Rhein entlang, der Parkplatz ist übervoll. Sogar an den Straßenrändern sind viele Autos abgestellt, dementsprechend dicht bevölkert werden auch die Rheinwiesen sein. Nein, danke.

Wir tauchen ein in die grüne, zwitschernde Dschungelwelt und begegnen nur wenigen Menschen, Hunden und Pferden. An manchen Stellen sind die Wege noch schlammig, oder jene, die sich alle teilen müssen, sind aufgewühlt von Pferdehufen.

Aber egal – die Ruhe hier ist Erholung pur, und Miguel findet tausend spannende Dinge zum Schnüffeln, einige Stellen bieten sich auch für ein Suchspiel an. Das fühlt sich wie Urlaub an. Ob es hier Wildschweine gibt? Rehe bestimmt. Der Baerler Busch ist klein und isoliert. Andernorts könnte so ein Wäldchen auch Wölfen gefallen. Das muss ich berücksichtigen, wenn ich mal mit Miguel irgendwo Urlaub machen will.

Zuhause werden die Tiere versorgt, dann fahre ich noch kurz zum Einkaufen. Heute ist Miguel wieder mehr fürs Sofa. Die Heizung mache ich nicht an, aber er kriegt seine Kuscheldecke. Später träumt er intensiv, wufft und schmatzt und zuckt. Zu gerne würde ich das mal filmen, vielleicht gelingt es mir eines Tages.

SO, Tag 79

Der blaue, sonnige Morgen sorgt für Urlaubsstimmung, Miguel gibt sich entspannt. Im Alten Friedhof geht er ruhig an einem nur drei Meter entfernten Kaninchen vorbei (das er sehr wohl gesehen hat), welches wiederum auch ruhig sitzen bleibt und sein Gras mümmelt.

An anderer Stelle springt ein erschrecktes Kaninchenbaby fast vor Miguels Nase davon. Natürlich zuckt er spontan nach vorn, lässt sich aber man meinem „Schsch…" stoppen. Ich bin sehr stolz auf ihn, dass er solche Situationen schon so gut meistert.

Die mittägliche Kaustange gibt's wie gewohnt bei Mama, aber nach dem Essen und Abwaschen folgt keine Siesta. Nach einer kurzen Gassirunde fahre ich zu einer Freundin, die ein paar Pflanzen für mich hat, die sollen in das neu angelegte Beet.

Das ist aufregend. Ein neues Haus, hier riecht es gut, ein großer Garten, fremde Katzen … Miguel ist ganz Nase. Die lange Leine lässt ihm genug Erkundungsradius, während wir auf der Terrasse Kaffee trinken. Und für ihn gibt es noch eine Kaustange. Der zum Haushalt gehörige schwarze Kater kommt kurz herüber, beäugt den Hund souverän. Miguel beschwichtigt und will keinen Stress.

Mit sechs Pflanzen im Gepäck geht es nach Hause. Das Auto stand die ganze Zeit in der Sonne und ist aufgeheizt, zum Glück hat es eine Klimaanlage. Miguel legt sich fast sofort hin, offenbar fehlt ihm die Mittagsruhe. Und weil er sich bei Ruth so gut benommen hat, dürfen wir gern wiederkommen.

Am Rhein ist es noch voller als gestern, wie ich im Vorbeifahren sehe. Ich beschließe, dass wir unsere Sonntage besser so gestalten, dass die Naherholungsgebiete uns egal sein können. Denn in solch einem Getümmel können wir uns nicht wohlfühlen.

Miguel verkrümelt sich nach seiner Abendmahlzeit unter den Schreibtisch, ich setze noch schnell die neuen Pflanzen in die Erde. Ein rundum gelungener Tag.

Die Fortschritte der elften Woche

Miguel lernt dem Garagentor auszuweichen

Fegende Männer in Warnwesten sind gar nicht gruselig

Er meistert einen Kaffeebesuch mit fremdem Kater

★

T wie Tierische Vielfalt

Parkerlebnis mit allen Sinnen

Was schenken wir dem Kind zum Geburtstag, zu Weihnachten? Ach, Tierbücher gehen immer.

Schon immer habe ich die Pflanzen- und Tierwelt um mich her aufmerksamer wahrgenommen als der Durchschnittsmensch. Als Kind fragte ich nach den Namen der Vögel, die man zwar hörte, aber kaum sehen konnte (das war eine Zeit, in der es noch üblich war, bei schönem Wetter einen Sonntagsspaziergang oder gar -ausflug zu machen, und zwar in Sonntagsklamotten).

Kein Wunder also, dass jetzt dieses Interesse wieder reichlich Nahrung findet. Morgens im Park, da ist allerlei Getier unterwegs. Und weil immer wieder darauf hingewiesen wird, wie schlecht es insgesamt der Vogelwelt geht, habe ich aufgelistet, welche Arten ich bisher hier gesehen und gehört habe. Das sind gar nicht wenige:

Amsel	Kohlmeise
Blaumeise	Rabenkrähe
Buchfink	Ringeltaube
Buntspecht	Rotkehlchen
Dompfaff	Grünspecht
Drossel	Schwanzmeise
Eichelhäher	Star
Elster	Zaunkönig
Heckenbraunelle	Zilpzalp
Kleiber	

Dazu kommen vermutlich auch noch weitere kleine Singvögel, die ich im morgendlichen Konzert zwar höre, sie aber nicht sehe und keinem Namen zuordnen kann.

In offenerem Gebiet und am Rhein sowie nur als „Überflieger"
zu sehen, hätten wir noch mehr Arten:

Bachstelze	Kormoran
Blässhuhn	Lerche
Fasan	Mäusebussard
Graugans	Möwe
Graureiher	Nilgans
Haubentaucher	Schwalbe
Kanadagans	Stockente
	Teichhuhn
	Turmfalke

Ich freue mich, dass mein heimatliches Umfeld offenbar die
vielfältigen Lebensbedingungen anbietet, mit denen diese Arten
sich hier wohlfühlen. Und wäre Miguel nicht so ein lauffreudiger
Typ, würde ich mich auch einfach mal auf eine Bank setzen und
Vögel beobachten. Doch Pausen findet er schnell langweilig.

Aus meiner Erinnerung kann ich sagen, dass die Artenvielfalt
noch größer war, doch mangels passender Nahrung oder weil
die Gegend sich nicht (mehr) zum Nisten anbot, sind diese Vögel
nicht wiedergekommen. Doch gesehen habe ich sie vor einigen
Jahren noch:

Distelfink

Kiebitz

Nicht vergessen werden dürfen die vielen Tauben, die aber
hauptsächlich in der Umgebung von Gebäuden anzutreffen sind.
Als domestizierte Form der Felsentaube ist ihnen solcher Lebens-
raum genetisch vorgegeben, sie können nirgendwo anders hin.

Nur wenige der zarteren grauen Türkentauben sind noch zu
sehen. Hier und da gibt es auch eine Spatzenkolonie, die aber
ohne Zusatzfütterung vermutlich nicht überleben könnte.

Ebenfalls seltener anzutreffen – und ich würde auch einen großen Bogen drum machen – sind Schwäne. Sie finden Gefallen an Grünanlagen mit Teichen, so etwas steht nur gelegentlich auf unserem Spazierplan.

Auf den Dachantennen der Häuser gegenüber sehe ich oft Dohlen sitzen, sie unterscheiden sich von den Krähen durch Größe, Färbung und die hellen Augen.

Ich bin sicher, dass meine Liste nicht vollständig ist und dass in anderen Stadtteilen oder Randgebieten noch viele weitere Überraschungen zwitschern. Das Bewusstsein und Interesse für natürliche Zusammenhänge nimmt glücklicherweise zu, man wird sich jetzt mancher Problematik bewusst, wie diese Beispiele zeigen: Begradigte Bachläufe werden renaturiert, Schottergärten sind schon hier und da verboten, und der Platz für tierische Vielfalt wird hoffentlich erhalten.

Die zwölfte Woche

MO, Tag 80

Die Straße, auf der wir morgens gehen, ist schon seit Monaten mit wechselnden Baustellen geschmückt, heute klingt ein Bohrhammer-Stakkato herüber. Dieses Geräusch müssen Miguels feine Ohren nicht ertragen, wir nehmen einen Umweg zum Park.

Ansonsten verläuft der Morgenspaziergang unspektakulär, abgesehen von der Tatsache, dass mein Hunde-Eselchen wieder ein paar Stellen findet, wo ein Weitergehen in der von mir gewählten Richtung anscheinend keine Option ist. Es ist nervig, aber zuletzt setze ich mich doch durch.

Der Vormittag gehört der Gartenarbeit. Meine Idee mit den Pflanzkästen als optische Mauererhöhung war gut, muss aber nachgebessert werden, denn der erste Kasten war leider falsch, weil ohne Wasserablauf. Ich finde meinen Farn halb ersoffen und pflanze ihn sofort um. Die neuen Behältnisse haben einen Ablauf, und es regnet ja hoffentlich nicht immer so viel.

Miguel ist auch ein Weilchen mit draußen, findet meine Gartenarbeit jedoch nicht sonderlich spannend. Mitmachen will er zum Glück auch nicht, alles Gepflanzte bleibt an seinem Platz.

Die zweite Runde machen wir in Asterlagen. Zwar sind wenige andere Gassigänger dort, aber unten am Wasser gibt es reichlich … ich nenne sie mal „Tagescamper". Einige mit Decke und Buch, andere mit Klappstühlen und Picknickkorb, oder mit Kindern und Spielsachen. Urlaub zuhause kann eben auch so aussehen.

Die Wiesen am Rhein sind gemäht worden, das Heu ist bereits gerollt und eingepackt. Wie moderne Kunst liegen die Riesenballen in himmelblauer Folie auf den Stoppeln. Ich lasse Miguel erst mal in Ruhe verstehen, dass die nicht gefährlich sind.

Er scheint heute nicht sonderlich schnüffelfreudig zu sein, oder es liegt am warmen Wetter, jedenfalls bleibt er den Rest der Tour nah bei mir, bis auf eine Begegnung mit einem schwarzen Labbi, der den Kasper in ihm weckt, aber nur kurzzeitig.

Sein Abend gehört wieder dem Sofa, den Kopf bequem auf einem Kissen abgelegt. Ich beschließe, dass er endlich auch so einen gepolsterten Kringel haben muss. Gibt's in verschiedenen Farben bei Dog-Smilla und kostet nicht die Welt.

Juni – DI, Tag 81

Seit Miguel neulich das Malheur mit der Haustür hatte, bewegt er sich nun etwas schneller hindurch, aber noch immer neigt er dazu, seinen Lauf abrupt zu stoppen. Also kontrolliere ich jetzt, dass er wirklich vollständig aus dem Gefahrenbereich heraus ist und hoffe, dass er mir ohne Zögern auf den Bürgersteig folgt.

Beim heutigen Spaziergang fällt mir wieder diese Marotte auf, die er von Anfang an zeigt: Er geht rechts von mir, bleibt stehen, ich fordere ihn zum Weitergehen auf, er kreuzt hinter mir auf meine linke Seite und schießt von dort aus vorwärts wieder nach rechts.

Das ist echt nervig. Ich möchte es einerseits gern verstehen, denn es könnte sich ja um eine Kommunikation handeln, die seinem Jäger etwas Bestimmtes mitteilte. Andererseits wäre das eine Verhaltensweise, die ich gern abtrainieren würde.

Ein Versuch: Ich hindere Miguel am Kreuzen, indem ich einen halben Schritt rückwärts mache und ihm so den Weg versperre. Er stoppt tatsächlich verwirrt, kommt aber nicht auf die Idee, einfach rechts zu bleiben und dort voranzugehen, wo die Leine ist und wo er Platz hat.

Bei einem andern Mal bin ich nicht schnell genug, kann ihn aber ausbremsen, bevor er mich links überholt. Ich kreuze also vor ihm, sodass er wieder auf meiner rechten Seite landet, und weiter geht's. Ich erwarte ja kein perfektes Bei-Fuß-Gehen, aber dieses Umrunden könnte auch mal einen Sturz verursachen. Das möchte ich möglichst vermeiden.

Am Nachmittag erledige ich kurz was im Garten und merke, wie die Sonne brennt. Miguel kommt dazu, zweimal hat er die Gelegenheit, einen der Bäume zu wässern, aber er tut es nicht. Bei der Hitze irgendwohin rausfahren? Der gestrige Nachmittag war nicht gerade der Brüller. Ich beschließe darum eine „große" Einblockrunde (also eigentlich zwei Häuserblocks), wir gehen erst halb sechs.

Miguel ist es recht. Er zeigt keine Ambitionen auf eine größere Tour und scheint sehr froh zu sein, als er sich wieder aufs Sofa betten kann. Dabei sind es heute nur 26°C. Wir kriegen es bestimmt noch heißer … nicht sofort, aber das wird kommen.

MI, Tag 82

Ein frischer, warmer Morgen – die beste Zeit zum Spazierengehen. Das kann man gemütlich sich ausdehnen lassen, darum darf Miguel die Wegführung aussuchen. Ich bleibe gern einfach mit ihm stehen, schaue in der Gegend herum und genieße die Natur um mich her.

Heute haben wir mehrere nette Begegnungen und entspannte Plaudereien auf Mensch- und Hundeebene. Anscheinend sind alle gut drauf.

Den Rückweg gehen wir zusammen mit Frauchen und den zwei Spaniels, so in Gesellschaft macht Miguel keine Anstalten zu zögern. Aber andere Leute anbetteln, das kann er. Ist vielleicht ein Überbleibsel von früher, als er plötzlich heimatlos war und nach Hilfe suchte. Manchmal sieht es aber auch so aus, als suche er nach Bekannten oder nach seiner vorherigen Familie.

Ein bisschen Wind um die Nase wehen lassen kann nicht verkehrt sein, darum steuern wir am Nachmittag den Rhein am PCC an. Da parkt das Auto schön im Schatten, und Miguel könnte seine Pfoten im Wasser kühlen, wenn er wollte.

Auch hier sind die Wiesen gemäht, das Gras liegt noch da zum Trocknen. Darum bleiben wir lieber im vorderen Bereich bei dem ausgebaggerten Stück und gehen stromabwärts ein Stück am Deich entlang.

An einer Stelle im hohen Grün raschelt es, Miguel hüpft sofort mit einem imposanten „Mäuselsprung" darauf. Ein kleines Etwas huscht davon, er will sofort hinterher, aber das lasse ich nicht zu. Wir sind im Bereich einiger Zäune, da gibt es auch Stacheldraht. Lieber locke ich ihn den Deich hoch, oben gehen wir zurück und steuern langsam den Parkplatz an.

Dort angekommen, nimmt er gern etwas Wasser. Ich kann auch einen Schluck vertragen. Dann heim in die noch kühle Wohnung und ab aufs Sofa, zudecken nicht vergessen.

DO, Tag 83 *Fronleichnam*

Es ist so still draußen … habe völlig vergessen, dass heute Fronleichnam ist. Wir schlendern also eine ruhige Morgenrunde, bei der wir nur auf wenige Leute treffen.

Der Himmel bewölkt sich, Feuchtigkeit ist in der Luft. Mittags regnet es, und damit stellt sich die Frage, wo wir denn später unsere Nachmittagsrunde gehen werden.

Mila sagt, dass es in Baerl nicht geregnet hat, darum fahren wir am Nachmittag in den Wald. Unterwegs sehen wir (bzw. sehe ich), dass es am Rhein wieder voll von Leuten ist.

Auch der Parkplatz vom Baerler Busch ist heute voller als sonst, aber trotzdem tritt man sich dort nicht auf die Füße.

Als wir erst wenige Meter gegangen sind, kommt uns ein Pärchen mit zwei kleinen schwarzen Hunden entgegen, darum wickle ich Miguels Leine vorsichtshalber etwas auf. Der Mann geht vorweg und sagt zu einem der Hunde hinter sich: „Komm weiter, Smilla."

Ich stutze. „Ist das DIE Smilla?" frage ich. Die Frau dreht sich zu mir um und fragt zurück: „Welche denn?"

Ich greife an meinen Gürtel und zeige ihr den Leckerli-Beutel, mit den Worten: „Die hier!"

Oh ja, der ist von ihr. Das ist also Frau Dog-Smilla, so ein lustiger Zufall. Wir plaudern ein paar Minuten, dabei kündige ich an, dass ich bald mal gern vorbeischauen würde für so einen Kuschelkringel und eventuell einen Regenmantel für Miguel.

Nur ein Stückchen weiter lernt Miguel den Mopswelpen Dexter kennen, der mit seiner Familie hier unterwegs ist, meinem Großen kaum bis zur halben Beinhöhe reicht und ihn wedelnd bestaunt.

Es ist die pure Entspannung im Wald. Wir probieren einen neuen Weg aus, der uns bis zu einem Reitstall bringt. Ein bisschen lästig sind die kleinen Fliegen, die überall herumschwirren, die gab es bei kühlerem Wetter noch nicht.

FR, Tag 84

Kaninchen gibt es zwar überall, aber momentan scheinen die beim Kleingartenverein am besten zu riechen. Jedenfalls ist das schon seit Tagen Miguels bevorzugtes Schnuppergebiet. Ich bestehe nicht auf einer immer gleichen Route, ich behalte nur die Uhr im Auge und dass er seine Geschäfte erledigt. Tatsache ist auch, dass das Gras bei der Kläranlage so hoch steht, dass mein Hund eventuelle Kaninchen jenseits des Grabens nicht mehr sehen kann, also langweilig.

Gegen Mittag fahre ich zum Mega-Zoo und hole Nachschub an Futter und Knabberzeug, auch einen neuen Trinknapf. Der hübsche rustikale aus glasiertem Ton ist leider auf Dauer nicht geeignet, der feuchtete doch irgendwie durch.

Der Himmel ist bedeckt, aber es sieht derzeit nicht nach Regen aus. Wir können es riskieren, zum Rhein zu fahren. Wo das Gras gemäht wurde, ist der Weg hindurch trotzdem gut in den Stoppeln zu sehen, wo alles noch steht, läuft man wie auf einem Trampelpfad durch einen dichten Grasdschungel. Es ist so eng, dass Miguel hinter mir bleibt und mich noch nicht mal überholt.

Der Pegel des Rheins ist weiter gesunken, da ist jetzt auch wieder flaches Wasser, um die Füße zu kühlen.

Auf dem Sofa baue ich Miguel aus Kissen eine Umrandung, in der er sich zusammenrollen kann und gleichzeitig etwas hat, um den Kopf bequem abzulegen. Ja, das gefällt ihm. So ein weicher Donut-Kringel wird also die richtige Anschaffung sein.

Am Abend gibt es dann doch ein Gewitter, aber Miguel in seiner Kissenburg, mit einer Decke drüber, bleibt gelassen. Denn ich sitze im Sessel neben ihm und halte Pfötchen, der Fernseher läuft, Taki schnurrt auf meinem Schoß, kein Grund zur Panik. Gute Aussichten für Silvester.

SA, Tag 85

In der Nacht hat es ordentlich geregnet, alle Wiesen sind nass. Ich entscheide mich für barfuß in Birkenstocks. Miguel lässt sich von dem Wetter die Laune auch nicht verderben (von oben fällt ja nichts Nasses herunter), er trabt fröhlich voraus.

Heute treffen wir Beagle Kalli, der sich begeistert auf den Rücken schmeißt. Miguel beschnuppert ihn mit mäßigem Interesse. Oh, geht es schon nach Hause, Frauchen? Ja, denn mir knurrt der Magen und ich will einen Kaffee.

Für ihn könnte so ein Morgen ewig dauern.

Mila lädt mittags zu einem Kaffee ein. Sonst sehen wir uns eher abends, darum gehe ich allein rüber. Sie zeigt sich enttäuscht, Akina guckt auch ganz verwirrt. Wo ist mein Hund? Also schnell Miguel von seiner Mittags-Knabberstange weggeholt, und dann gibt es ein lautstarkes Wiedersehen. Ja, die haben Spaß …

Am Nachmittag regnet es wieder, also müssen wir ein trockenes Zeitfenster abwarten, in dem wir sicherheitshalber auch nur eine Einblockrunde gehen.

SO, Tag 86

Morgendliche Stille mit Vogelgezwitscher – mein liebster Tagesbeginn. Miguel zeigt heute ein Verhalten, an dem ich einen Teil seiner Jagdausbildung zu erkennen glaube. Im Park sitzt auf der mittleren Wiese ein Kaninchen beim Frühstück. Wir stehen eine Weile da und beobachten es, er natürlich starr fixierend. Ich will weiter und ziehe ihn mit, er kreuzt hinter mir, läuft knapp vor mir vorbei und starrt wieder das Kaninchen an, während er meinen Weg blockiert. Ich schiebe mich vorbei und gehe zwei Schritte, da umrundet er mich wieder und weist auf die Beute.

Wie eine sich im Kreis bewegende Kompassnadel, die auf einen Mittelpunkt zeigt. Ein Ablenkungsversuch mit Leckerchen scheitert. Er nimmt es zur Kenntnis, will es aber nicht annehmen.

Ja, das wäre schon etwas, woran ich mit einem Trainer arbeiten würde, der sollte sich aber gut mit diesem speziellen Verhalten auskennen. Im Idealfall merkt Miguel irgendwann von selbst, dass ich nicht am Jagen interessiert bin und hört mit dem Beutemelden auf, wenn ich nicht darauf eingehe.

Mittags geht es zu meiner Mutter, wie üblich. Nach dem Essen will ich sofort mit Miguel raus, doch er weigert sich. Das ist nicht die gewohnte Reihenfolge. Erst Siesta, dann raus, so muss das sein.

Wir verteilen uns also auf die verschiedenen Ruhestätten, und zu angemessener Zeit wandere ich mit dem so auf Ordnung bedachten Hund rüber zum Kirmesplatz. Währenddessen deckt Mama den Kaffeetisch, es gibt Erdbeertorte.

Miguel darf die Quirle vom Sahneschlagen ablecken und kriegt auch noch den Rest im Schälchen. Das deute ich als seine offizielle Erhebung zum Enkelhund. Ob sich in seinem Gehirn so etwas wie „Oma ist die Beste" formt?

Die Fortschritte der zwölften Woche
Hausgroße Heuballen liegen nur herum, die tun nichts

Miguels erster Mäuselsprung

Gewitter findet er erträglich, wenn er in der Kissenburg sitzt

★

U wie Überraschung

Das hat er ja noch nie gemacht!

Den Satz kennen wir alle. Und es gibt für alles ein erstes Mal. In der Entwicklung des neu adoptierten Hundes wird es ganz viele erste Male geben, von denen viele erwünscht, einige aber auch verzichtbar sein werden.

Das erste Schwanzwedeln des neuen Mitbewohners wird wahrscheinlich nicht lange auf sich warten lassen. Miguel freut sich auch nach Wochen noch recht verhalten, aber er tut es. Da ich selbst nicht der überschwängliche Typ bin, finde ich das völlig ausreichend und nehme es nicht als hundertprozentiges Stimmungsbarometer.

Das erste Sich-Auf-Den-Rücken-Rollen auf dem Kuschelkissen zeugt von Entspanntheit und Annehmen der Wohnverhältnisse.

Die erste Pfütze in der Wohnung möchte niemand haben (wenn auch bei Welpen die Wahrscheinlichkeit hoch ist), darum sind regelmäßige Gassirunden ein Muss. In den ersten Tagen geht man lieber öfter, um sich langsam an ein brauchbares Maß heranzutasten. Als Faustregel kann man dabei ruhig annehmen, dass je kleiner oder älter die Blase, desto öfter Entleerung nötig. Miguel war zu meiner Erleichterung von sich aus stubenrein.

Das erste Mal den Kater angeknurrt – keine Sorge, das war situationsbedingt. Miguel war mit seinem Napf beschäftigt, da stört man nicht. Und Taki hatte seinen schon leer und ging mit einem zu neugierigen Blick offenbar zu nah vorbei. Der Hund sagte ihm, dass ihn dieses Futter nichts anginge, und damit hatte sich's. Taki schlenderte weiter und war überhaupt nicht traumatisiert. Und Miguel ist weiterhin defensiv-freundlich zu ihm. Da ich das mitbekommen hatte, achte ich aber jetzt genauer darauf, dass die Mahlzeiten in Ruhe eingenommen werden können.

Das erste Wälzen im Gras hat lange auf sich warten lassen und liegt wohl daran, dass ich im heimischen Mini-Garten keine geeignete Grünfläche anbieten konnte. Der Rasen im Park taugte anscheinend auch nichts. Erst ein Kaffeebesuch bei Bruder und Schwägerin (mit sehr großem Garten und viel Rasen) ermöglichte Miguel ein solches Gefühl von Ausgelassenheit, dass er sich fröhlich auf das Gras schmiss. Bei dieser Gelegenheit erledigte er auch sein erstes Mal Hundedecke-Totschütteln. Wir hatten alle viel Spaß an dem Tag.

Aufgrund seines vorherigen Lebens auf Fuerteventura konnte ich davon ausgehen, dass sehr viele (oder alle) Dinge meines täglichen Lebens für Miguel fremd sein würden. Ich lobe ihn noch immer, wenn er bedächtig die vielen Stufen zur Wohnung meiner Mutter rauf- und wieder runtersteigt. Und sehr herzerwärmend war der Moment, als er zum ersten Mal auf seinen neuen Namen reagierte.

Mit einem Hund, der eine unbekannte Vergangenheit hat, kommt eine vierbeinige Wundertüte ins Haus, und man kann nur hoffen, dass sich keine bösen Überraschungen darin verbergen. Kein Dauerkläffer, kein Postboten-Angreifer, kein Brötchendieb, kein Angstbeißer.

Ob Miguel mich manchmal auch als Wundertüte ansieht und denkt: Was? Platz? Musste ich doch früher auch nicht. Und – oh, was ist das? Hüttenkäse? Den hat sie mir ja noch nie gegeben.

Ob Überraschungen gut sind, liegt ganz in unserer eigenen Deutung.

Die dreizehnte Woche

MO, Tag 87

Im Park treffen wir eine Dame mit einem Cane Corso, das macht mich wirklich froh über meinen (abwartend neben mir stehenden) Hund. Denn während ich mit ihr ein paar Worte wechsle, fordert sie ihn immer wieder auf, sich hinzusetzen. Diese Position hält er drei bis fünf Sekunden, dann steht er wieder auf. Pubertäre Taubheit, sagt sie. Nein, auf so etwas hätte ich keine Lust. Und auch dieses Kaliber von Hund wäre mir zu gewaltig.

Es geht weiter, an den Schrebergärten entlang und dann beim Schwimmbad vorbei, schließlich durch den Park zurück.

Mein Auto geht heute in die Inspektion, wir fahren zum Autohaus. Die Wartezeit überbrücken wir bei Mama, sie holt uns ab. Für Miguel hat sie ein großes Handtuch auf die Rückbank gelegt, mit Leckerchen kann ich ihn auch ohne großes Palaver in das ihm fremde Auto locken. Wir halten unterwegs bei der Gärtnerei, um ein bestelltes Gesteck abzuholen, dort schmeichelt mein Hund sich schnell in die Herzen der Floristinnen.

Wie gestern um die Zeit machen wir eine kleine Siesta, danach trinken wir Kaffee. Wir gönnen uns Kekse, Miguel kriegt seinen Knabberknochen. Bevor wir wieder losfahren, drehe ich mit ihm eine Gassirunde über den Kirmesplatz.

Auch beim Abholen später – mit dem Wagen ist alles prima – benimmt er sich im Autohaus tadellos, wartet mit mir geduldig, wenn es gerade nichts zu tun gibt und schaut sich still um.

Für abends sind wir mit Mila und Akina zu einer späten Runde verabredet. Eigentlich schlief Miguel schon und hätte wohl auch bis morgen durchgepennt. Während wir vor der Haustür warten, steht er da und scheint sich zu fragen, wozu ich ihn aufgeweckt habe. Als aber die Dackeline aus der Tür stürmt, freut er sich doch, und es ist eine friedlicher Spaziergang an einem schönen Sommerabend.

DI, Tag 88

Auch nach fast drei Monaten treffen wir immer noch auf Leute bzw. Hunde, die wir noch nie gesehen haben. Heute ist es eine Dame mit braunweißer Podenca, auf die Miguel sofort kontaktfreudig zugeht. Ein Abschnapper ihrerseits rät ihm aber, Abstand zu halten. Wir bleiben trotzdem stehen und unterhalten uns eine Weile.

Diese Hündin darf an bestimmten wildarmen Stellen frei laufen. Nach Frauchens Erzählung ist sie zwar nicht gut abrufbar, bleibt aber von selbst in der Nähe und kommt nach einer gewissen Zeit zuverlässig zurück.

Während die Dame mit mir spricht, streichelt sie ihrem Hund durch das Fell. Es ist etwas länger und dichter als das von Miguel, ich sehe in den Sonnenstrahlen und der Morgenbrise hunderte feine Härchen davonfliegen.

Miguel haart kaum und hätte unter den Umständen schon längst eine Ganzkörperglatze.

Ein Mann mit einer kleinen Pudeline kommt vorbei. Die Kleine wehrt heftig ab, als Miguel sie beschnuppern will. Das tut sie, erklärt Herrchen, seit sie in den Rheinwiesen von ein paar großen Hunden gehetzt wurde.

Ja, da hätte wohl jeder die Nase voll.

Nachmittags fahren wir an den Rhein. Heute wird an anderer Stelle das hochgewachsene Gras gemäht, der frische Geruch hängt überall in der Luft. Miguel patrouilliert an der neuen Kante entlang und überlässt es mir, auf den Weg zu achten.

Als wir nach Hause kommen, stelle ich das Auto in die Garage, hake die Führleine an Miguels Halsband und bedeute ihm auszusteigen. Er guckt mich nur seelenvoll an und bleibt auf der Rückbank. Ich locke, hole ein Leckerchen raus. Miguel möchte es gerne haben, kommt aber nicht aus dem Auto.

Was hat er nur? Ich will ihm raushelfen, Pfote für Pfote, doch er sperrt sich. Wieder dieser Blick.

Als ich gerade einen neuen Versuch unternehmen will und ins Brustgeschirr greife, erkenne ich, dass mein armer Hund gar nicht aussteigen kann. Der Sicherheitsgurt ist noch dran.

Au weia! Ich entschuldige mich, hake das verdammte Ding aus und stelle mich der Erkenntnis, dass dies noch kein automatisch funktionierender Ablauf ist.

Der Hund kriegt endlich sein Leckerchen, dann machen wir gemütlich Feierabend. Später wird mich jemand wegen eines neuen Kater-Freundes für Taki anrufen. Hoffe, dass es klappt.

MI, Tag 89

Auf dem Weg zum Park steht in einem Vorgarten ein hoher Strauch, der oben überhängt und man muss drunter durchgehen. Seit ein paar Tagen mache ich einen Umweg, denn mittlerweile ist er dicht bevölkert von kleinen, hellen Raupen. Es fing damit an, dass sie wie Vorhangschnüre bis auf den Bürgersteig hingen. Jetzt sind es zwar nicht mehr so viele, die meisten haben sich oben eingesponnen, aber ich weiche ihnen trotzdem aus. Den gefährlichen Raupen namens Eichenprozessionsspinner sind wir zum Glück noch nicht begegnet.

An verschiedenen Stellen haben wir heute wieder spannendes Kaninchenkino, da braucht es wie gewöhnlich Geduld und Überzeugung, Miguel auf den Rückweg zu bringen.

Für den Nachmittag habe ich Lust auf Wald. Der Baerler Busch ist dafür genau richtig, also tauchen wir dort in üppiges Grün ein. Es ist erst drei Uhr, nichts los. Hier und da blüht der Fingerhut.

Am Abend ist Miguel erstaunlicherweise zu einer kleinen Runde aufgelegt, das nutze ich doch gern aus. Sonst schläft er meist durch, aber heute fordert er mich tatsächlich selbst auf.

DO, Tag 90

Es ist jetzt so warm, dass ich schon morgens die schattigen Stellen bevorzuge. Wir sind auf dem Rückweg und fast aus dem Park raus, da treffen wir auf den (nach Aussage seine Herrchens nur draußen sabbernden) Bully Boris, natürlich mit Herrchen. Die Hunde gehen erst nur nebeneinander her und beäugen einander. Dann macht Boris ein paar Spielaufforderungen, und Miguel geht darauf ein – mit einer Begeisterung, die ich so nur selten an ihm sehe.

Losmachen? Das möchte ich nicht riskieren. Ich verbinde die zwei Leinen zu einer langen, damit hat er einen für Boris' Verhältnisse ausreichenden Spielraum. Denn der Kleine rennt nicht, er ist eher so was wie ein Hunde-Sumo-Ringer. Miguel hat Spaß, biegt sich und hüpft, wir alle werden ziemlich besabbert.

Nach ein paar Minuten beenden wir das Spiel, Boris schmeißt sich hechelnd bäuchlings auf das kühle Gras, Miguel kommt mit ein paar Leckerchen zur Ruhe.

Ein Stück weiter begegnet uns der junge, verspielte Labrador Odin, den Frauchen kaum bändigen kann. Damit nicht alles von vorn losgeht, locke ich Miguel lieber weiter. Zuhause legt er sich nach einem reichlichen Frühstück hin und lässt sich mit grinsendem Gesicht den Bauch kraulen.

Ich finde es zu heiß zum Spazierengehen. Den Garten als Alternative akzeptiert Miguel aber nicht, er will raus. Gut, also fahren wir nach Rheinhausen und gehen über die alte Deponie bis runter über die Wiese und ans Wasser.

Es gibt da eine flache, sandige Badebucht, in der sich fünf oder sechs Menschen tummeln, einige bis zu den Knien im Wasser, dazu eine noch größere Anzahl Hunde unterschiedlichster Art. Leider bin ich nicht passend angezogen, sonst würde ich mich dazugesellen (Notiz an mich selbst: Shorts für den nächsten Sommer nähen).

Ob ich Miguel hier mal ins Wasser kriege? Eine der Frauen lockt ihn, und tatsächlich stapft mein Hund zu ihr, bis ihm das Wasser fast bis an den Bauch reicht. Als er zu mir zurückkommt, gibt's dafür natürlich eine große Belohnung.

Ich bin ganz stolz auf den großen Jungen, der immer mehr zu einem „normalen" Hundeleben findet.

FR, Tag 91

Im Park treffen wir auf zwei Frauen mit zwei sich balgenden jungen Hunden. Nachdem Miguel gestern seinen inneren Clown entdeckt hat, möchte er jetzt am liebsten mitmischen. Tatsächlich findet Jagdterrier Cookie ihn ganz interessant und fordert ihn zum Spielen auf. Sie hüpfen ein bisschen herum, dann muss Frauchen zur Arbeit.

Wir ziehen weiter und gehen Kaninchen gucken.

Heute wird es wieder heiß, darum biete ich Miguel den Garten an, um mal zu pinkeln. Aber nein, er macht nichts. Drei Uhr, draußen kocht die Luft, aber er will spazieren gehen. Na gut, aber wir gehen nur in den Park hinter der Tankstelle. Da ist viel Schatten, und bei der Gelegenheit lerne ich noch ein bisschen besser die Gegend dort kennen. Nach einer Stunde sind wir wieder zuhause.

Eine späte Einblockrunde machen wir auch noch (wobei wir Odin treffen, der wieder nur Spielen im Kopf hat), es ist immer noch sehr warm. Dann ist endgültig Feierabend.

SA, Tag 92

Bei der Morgenrunde schließen wir uns für ein Stück des Weges einem Paar mit zwei Hunden an. So in Gesellschaft läuft Miguel etwas flüssiger und bleibt nicht so oft und so lange stehen.

Heute muss ich die Uhr im Blick behalten, denn für 14 Uhr ist die Vorkontrolle angekündigt, die sich Kater Edwards mögliches neues Zuhause ansehen will. Bis dahin wirbele ich noch durch alle Räume, damit die Bude vorzeigbar ist. Miguel verkrümelt sich unter den Schreibtisch und gibt sich unbeeindruckt.

Die Vorkontrolle läuft gut ab. Mein Hund zeigt sich von seiner besten Seite, wie um klarzustellen, dass der neue Kater ein ruhiges, schönes Heim zu erwarten hat.

Heißes Sommerwetter. Nachmittags fahren wir zum PCC an den Rhein. Es gibt ein paar Wolken und viel Wind, so lässt es sich aushalten. Das zuletzt gemähte Gras liegt noch zum Trocknen aus, wunderbar zum darin Schnüffeln und Stöbern. Ich habe erwartet, mehr Leute zu treffen, aber es ist nicht viel los. Ein Stück weiter scheint eine kleine Rheinwiesen-Party zu steigen …

Wir sind auf dem Rückweg und lassen den Deich gerade hinter uns. Fünf oder sechs Kaninchen blockieren vor uns den Weg, und Miguel verweigert das Weitergehen. Ich verstehe das Problem nicht. Minutenlang hampeln wir da herum, während die Kaninchen, in zehn, zwölf Metern Entfernung, sich insgeheim wohl kaputtlachen. Dann kommt ein Auto heran, sie verziehen sich ins Unterholz. Endlich kann ich Miguel in Bewegung kriegen.

Wir fahren noch kurz einkaufen, ich packe Möhren für ihn ein. Angeblich knabbern viele Podencos gern daran herum, also will ich ihn damit bekanntmachen.

Als er sich nach seiner Abendmahlzeit unter den Schreibtisch zurückzieht, biete ich ihm eine Möhre an. Er nimmt sie höflich und legt sie dann ab. Er hat keine Ahnung, dass man die essen kann. Ich muss mal in der Facebook-Gruppe nachfragen, ob jemand auch diese Erfahrung gemacht hat.

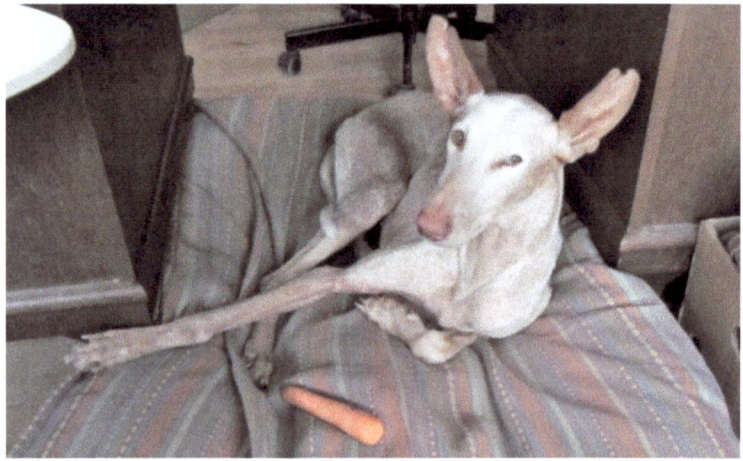

SO, Tag 93

Über Nacht hat es sich ein paar Grad abgekühlt. In den schattigen Stellen fühlt die Luft sich fröstelig an, ich versuche sonnige Lücken zu finden, die mich aufwärmen. Schwierig, wenn Miguel im Schatten zur Statue wird, um mal wieder ein Kaninchen anzustarren.

In der Facebook-Gruppe habe ich viele Tipps wegen der Möhren bekommen, die werde ich ausprobieren. Und hilft das alles nichts, kann ich die Dinger immer noch selbst essen.

Beim heutigen Besuch bei meiner Mutter läuft alles wieder in der gewohnten Reihenfolge: Mittagessen, dann Abwasch, dann Siesta, dann Gassi, dann Kaffee. Damit kommt Miguel gut zurecht, und die Kauknochen und Leckerchen sind auch nach seinem Geschmack.

Es geht dann zwar nach Hause, aber nur kurz zum Füttern. Anschließend fahren wir zu Freundin Susanne, die mich eingeladen hat, damit ich ihr Miguel mal vorstelle.

Taki hatte sich so gefreut, als wir nach Hause kamen, nun muss ich ihn wieder allein lassen. Es ist ein Jammer, aber er weiß ja nicht, dass in einer Woche die Situation eine andere sein wird.

Susanne wohnt sehr ländlich, Miguel saugt sofort all diese neuen Gerüchen ein. Im Garten machen wir es uns gemütlich, er darf derweil mit festgebundener Schleppleine auf Entdeckungstour gehen und stöbert überall herum.

Dann wollen wir einen Spaziergang machen, ich rufe ihn, doch er gibt sich beschäftigt. Als ich ihn endlich aus dem Busch ziehe, trägt er etwas im Maul. Ein Stück Holz? Ich will es ihm abnehmen, doch er presst die Kiefer fest zusammen und will es nicht hergeben.

Jetzt erkenne ich die Form. Meine Gedanken verselbständigen sich und analysieren den Fund: Dinosaurier sind ausgestorben, so große Eidechsen gibt es nicht, das muss demnach ein mumifizierter Fasanenfuß zu sein. Welch ein Schatz!

Susanne bringt mir den Leckerchenbeutel, ich schlage Miguel ein Tauschgeschäft vor. Er akzeptiert, und während er seine Belohnung knuspert, lassen wir den Fuß schnell im Mülleimer verschwinden.

Wir starten unseren Spaziergang, der Hund findet die Gegend super. In einem kleinen Wäldchen mit Naturlehrpfad wuchern die

Brombeerranken ganz gewaltig. Egal – das ist für ihn ein großer Abenteuerspielplatz.

Wieder zurück im Garten, machen Susanne und ich es uns noch gemütlich, wir sehen uns nicht oft und haben uns viel zu erzählen. Miguel kommt nicht wirklich zur Ruhe und knöttert ein bisschen herum. Schließlich versucht er durch das Gitter vom Gartentor zu klettern, damit ich endlich kapiere, was er meint.

Also ab nach Hause. Als ich den Wagen starte, legt Miguel sich hin. Ihm langt's für heute, das ist deutlich.

Taki ist froh, dass wir endlich wieder da sind, für den Rest des Abends ist Gemütlichkeit angesagt.

Die Fortschritte der dreizehnten Woche

Erste Fahrt in einem fremden Auto

Zum ersten Mal geht Miguel tiefer ins Wasser

Hergeben der Beute gegen eine Belohnung

★

V wie Vertrauen

Ein zartes Pflänzchen

Für eine gute Hund-Mensch-Beziehung ist eine vertrauensvolle Atmosphäre nötig, die beiderseitig empfunden wird. In der Anfangszeit wird erst mal ein Vertrauensvorschuss gewährt, der nur auf der Beschreibung fußen kann, die verantwortungsvolle Tierschützer verfasst haben. Wird der Hund von ihnen als freundlich, sozialverträglich und ruhig beschrieben, muss ich darauf vertrauen, dass dem tatsächlich so ist.

Der Vierbeiner wiederum hat keine Wahl – er wird von einem Ort, den er als sicheres Zuhause empfindet (kann eine Pflegestelle oder ein Tierheim sein) herausgenommen und in eine ihm völlig unbekannte Umgebung gebracht. Wenn er mit Menschen bisher noch keine oder wenigstens nicht zu viele schlechte Erfahrungen gemacht hat, wird er darauf vertrauen, dass auch diese neuen Leute gut zu ihm sind.

Aufbauend darauf geht es dann an die Festigung dieser Beziehung, des gegenseitigen Sich-Beweisens, dass das Vertrauen gerechtfertigt ist. Zuverlässigkeit ist der Schlüssel.

Zuverlässigkeit bedeutet auch dies: Als ich Miguel den Liegeplatz unter dem Schreibtisch anbot, war klar, dass das Kissen dort liegen bleibt und frei zugänglich ist. Wenn ich etwas esse, ist das allein meine Nahrung – vom Teller oder am Tisch gibt es nichts. Also auch keine Bettelei. Wenn ich Miguel ein Leckerchen in Aussicht stelle, dann kriegt er es (wenn auch manchmal erst gegen Leistung, zum Beispiel Sitz oder Sprung ins Auto).

Diese kleinen Dinge des Alltags formen ein Gerüst, in dem der Hund sich sicher und aufgehoben fühlen kann.

Vor diesem Hintergrund kann er so sein wie beschrieben: freundlich, sozialverträglich und ruhig. Damit kann ich wiederum auch ihm vertrauen. Ich weiß inzwischen, dass ich Miguel und Taki ein paar Stunden miteinander allein lassen kann. Der Hund wird sich unter dem Schreibtisch zum Schlafen hinlegen und entspannt bleiben, denn er weiß, dass ich zurückkomme.

Noch leben wir nicht lange miteinander. Die gegenseitigen Vertrauensbeweise werden mit der Zeit mehr, und wir werden uns immer besser aufeinander einspielen. Es hat keine Eile. Wir haben gut angefangen und machen in diesem Tempo weiter.

Die vierzehnte Woche

MO, Tag 94

Heute habe ich einen frühen Termin in der Stadt, darum sind wir schon vor acht Uhr draußen, die Morgenrunde dauert auch nur halb so lang wie gewöhnlich. Im Park treffen wir wieder auf Jagdterrier Cookie, der Miguel so toll findet und den sein Frauchen kaum zum Weitergehen bewegen kann. Miguel macht die kurze Runde nichts aus, er freut sich über sein anschließendes Frühstück zuhause.

Ich parke hinter dem Bahnhof und ärgere mich, dass ich mich nicht besser vorbereitet habe. Ich hätte den Leckerchen-Beutel von Dog-Smilla mitnehmen sollen, denn hier ganz in der Nähe ist die Hundekeksbäckerei. Mit Vorzeigen des Beutels würde ich da Rabatt kriegen. Bei der nächsten Fahrt in die Innenstadt muss ich also dran denken.

Nachmittag – die Sonne scheint vom knallblauen Himmel, und ich überlege, wo ich mit Miguel hingehen kann, um ausreichend Schatten zu finden. Wahrscheinlich kennt er von Fuerteventura weit größere Hitze und käme sogar damit zurecht, aber ich muss auch auf mich aufpassen.

Meine Wahl fällt auf den obersten Zipfel des Rheinufers, wo es auch die schmale Brücke gibt, die leider schon seit Jahren gesperrt ist. Dort ist auch eine kleine schattige Parkanlage, unten gibt es eine ungemähte wilde Wiese, die man umrunden kann. Mit der Wiese fangen wir an.

Das Wetter lockt natürlich viele Sonnenanbeter raus. An der durchs hohe Gras sichtgeschützten Wasserseite liegt ein Pärchen dicht beieinander und lässt sich den Rücken bräunen. Im Moment unseres Erscheinens sehe ich eine Hand, die sich auf nackter Haut südwärts bewegt. Ich bin sehr froh, dass wir nicht zehn Minuten später hier vorbeikommen, das hätte peinlich werden können.

Schnell sind wir daran vorbei, Miguel kümmert es überhaupt nicht. Er ist vollauf damit beschäftigt, das Ufer abzuschnuppern.

Wir entdecken einen grünen Durchgang, der uns in Richtung eines anderen Parks bringt, dort beginnt ein schmalerer Pfad, der an dessen Rand verläuft – abenteuerlich! Und dabei immer schön im Schatten. Wir tauchen ein Stück weiter in einen Teilbereich unserer Morgenrunde ein, hier kennt Miguel sich wieder aus. Dort ist die Unterführung, die uns unter der Hauptstraße hindurch wieder zum Park bringt. Ein seltsames Geräusch klingt daraus hervor.

Wir überraschen einen Sprayer, der gerade eine Dose schüttelt, im Vorbeigehen werfe ich einen kurzen Blick auf sein Werk. Es sieht nicht gerade nach hoher Kunst aus, aber er ist ja auch noch nicht fertig. Miguel geht zielstrebig daran vorbei, der Farbgeruch ist ihm schnuppe.

So sind wir doch auf eine Stunde Spaziergang gekommen. Auf dem Rückweg freue ich mich einmal mehr über die Klimaanlage im Auto, so kann Miguel schon mal ein bisschen runterkühlen.

Wir raffen uns aber am Abend noch einmal auf und gehen mit Mila und Akina die Runde am Rhein. Es ist dort angenehm windig, die Sonne steht tief genug, dass sie nicht mehr so heizt. Miguel patscht ein paarmal knöcheltief durchs Wasser, auch Mila fällt auf, dass er schon viel mehr Selbstbewusstsein ausstrahlt als zu Anfang.

Das war ein intensiver Tag heute, leider war Taki viel allein. Aus diesem Grund ist zuhause nur noch Sofa auf dem Programm.

DI, Tag 95

Während ich im Park Miguel beobachte, der seinerseits das schattige Laub unter einigen Büschen beobachtet, höre ich hinter mir ein plumpsendes Geräusch. Ich drehe mich um und sehe mitten auf dem Weg einen jungen Grünspecht sitzen. Anscheinend hat er sich direkt aus dem Baum fallen lassen. Ob er verletzt ist? Ich gehe langsam auf ihn zu und überlege schon, wo ich Miguels Leinen solange festmachen könnte, falls ich das Vogelkind einfangen müsste. Doch der Kleine hebt ab und fliegt. Nicht hoch und auch nicht schnell, aber mit ihm scheint alles in Ordnung zu sein. Er verschwindet in der relativen Sicherheit eines dichten Gebüsches.

Wir gehen weiter, und Miguel schnüffelt eifrig die Kaninchenfährten der vergangenen Nacht ab. Als er mit gesenktem Kopf um einen dicken Baumstamm biegt, flattert vor ihm etwas Großes auf, er zuckt erschreckt zurück. Ich halte die Leinen fest und schaue dem Etwas hinterher – ebenfalls ein junger Grünspecht. Vielleicht das ältere Geschwisterchen des Kleinen von eben, denn dieser hier fliegt schon gut und bis in die Baumkrone hinauf.

Es ist Brut- und Setzzeit … ich kann nur hoffen, dass andere Hundehalter gerade gut aufpassen, damit hier keine Tierkinder zu Schaden kommen.

Der Alte Friedhof wirkt in manchen Teilen fast dschungelartig, der Adlerfarn steht dort zwei Meter hoch. An so einer Stelle findet Miguel einen Kaninchenbau, aus dem es offenbar anregend duftet, denn er kratzt sogar mit der der Pfote daran herum. Bevor er auf die Idee kommt, dort richtig zu graben, locke ich ihn lieber mit einem Leckerchen weg.

Mittags fahre ich zu einem Gartenmarkt, um ein paar schneckenresistente Pflanzen zu kaufen. Und das Café ist endlich wieder geöffnet, da gönne ich mir glücklich einen Latte Macchiato.

Zuhause habe ich dann im Garten reichlich zu tun, immer mit Blick auf die Uhr. Denn die Nachmittagsrunde muss ich so planen, dass ich abends pünktlich zu einer Verabredung komme, da will ich Miguel aber nicht mitnehmen.

Wir gehen durch die Grünanlage hinter der Tankstelle. Ich bin froh über den alten Baumbestand, der unsere Gassirunde erträglich macht. In der Sonne ist es nicht auszuhalten.

Ein Vögelchen sehe ich, das kenne ich nicht. Eine weitere Art für die Liste? Ich werde es nachschlagen. Das Wetter scheint heute auch Miguel an seine Grenze zu bringen, er schleicht fast neben mir her, wirkt jetzt schon kaputt und müde.

Ich komme spät vom Treffen nach Hause, meine Jungs begrüßen mich freudig. Wir lassen den Tag gemütlich ausklingen, ich mache eine Weile den Fernseher an, Taki kommt kuscheln.

MI, Tag 96

Es ist neun Uhr, als wir unsere Morgenrunde starten. Ich muss mir eingestehen, dass ich besser eine Stunde früher losgegangen wäre, allein wegen der Temperatur. Am Eingang zum Park treffen wir auf Boris und Herrchen, die wohl genau das beherzigt haben, denn sie befinden sich schon auf dem Heimweg.

Der Bully fordert Miguel zum Spielen auf, aber heute geht der Versuch ins Leere. Mein Hund ist nicht in Spiellaune, er will seine Morgentour fortsetzen.

Ich lasse ihn den Weg bestimmen, so kommen wir wenigstens voran. Aber ich achte auf die Zeit und dass wir nicht zu lange in der Sonne sind. Außerdem ist es wichtig, dass er bis zum Verlassen des Parks so entspannt ist, dass er seinen Haufen macht.

Als wir zurückgehen, spricht mich auf Höhe des Seniorenwohnheims eine Dame an: „Ach, heute will er laufen? Ich habe Sie neulich gesehen, wie Sie ihn versucht haben zu überreden …"

Na klasse, seufze ich innerlich. Bekannt wie ein sturer Hund. So schnell ist Miguel zur lokalen Berühmtheit gelangt.

Die Nachmittagsrunde versuche ich hinauszuzögern, biete auch den Garten an, aber gegen vier Uhr mache ich dann doch die Einblockrunde. Da ich gestern etwas über Mausgerste gelesen habe und wie gefährlich die Grannen sind, ziehe ich Miguel jetzt daran vorbei – diese Dinger wachsen ja überall. Eine nicht sehr gemütliche Tour.

Bei der Wiese angekommen, hoffe ich auf mehr Ruhe, aber da ist ein Beagle, dessen Gebell die Nerven strapaziert. Zu allem Überfluss scheinen wir auch noch denselben Weg zu haben. Das Frauchen erscheint auch genervt und kommentiert unser (ihrer Meinung nach zu nahes) Vorbeigehen ungehalten. Eine Antwort verkneife ich mir.

Fazit: Zu viel Unruhe hier. Miguel hockt sich nirgendwo hin, und ich freunde mich mit dem Gedanken an, abends noch mit ihm an den Rhein zu fahren.

Als wir kurz nach neun aus der Tür treten, sitzen Mila und Akina im Auto und wollen gerade losfahren. Umso besser! Am Rhein ist es voller als sonst um die Zeit. Klar, auch andere Hundeleute warten lieber den Abend ab. Heute fehlt der erfrischende Wind, aber trotzdem fühlt es sich an wie Urlaub. Auf dem Rhein fahren keine Schiffe (wegen einer Rettungsaktion ist er gesperrt, erfahre ich später), das Wasser ist glatt, keine Wellen erschweren das Trinken. Miguel patscht durchs flache Wasser und kühlt sich die Pfoten. Ob ich ihn eines Tages doch mal zum Schwimmen kriege? Aber nicht hier!

Der Vorfall vom Nachmittag ist inzwischen unwichtig. Es wird immer wieder vorkommen, dass Hunde (und/oder deren Menschen) sich nicht grün sind, das muss ich aushalten lernen. Und wo es sich anbietet, werde ich auf die Möglichkeit zur Kennzeichnung mit der gelben Schleife hinweisen.

DO, Tag 97

Heute warte ich nicht so lange. Schon kurz nach acht Uhr sind wir unterwegs, noch sind Wolken am Himmel, die sich aber zusehends auflösen.

Die Kaninchen werden immer dreister. Eines hoppelt vor uns von der Wiese mitten auf den Weg und legt sich dort gemütlich hin. Miguel wird zur Statue, und ich brauche gar nicht zu versuchen, ihn von der Stelle zu bekommen.

Im Alten Friedhof stehen zwei große Fahrzeuge von der Stadt, laut und blinkend. Die beeindrucken Miguel überhaupt nicht. Er geht einfach darauf zu, begrüßt freundlich die Arbeiter und lässt sich kraulen.

Auf dem Rückweg sind Boris und sein Herrchen weit vor uns zu sehen, wir holen die beiden kurz vor der Fußgängerbrücke ein. Ein Spielchen beginnt, Miguel mutiert wieder zum bellenden Flummi. Wir lassen das nicht lange dauern, es ist zu heiß (vor allem für den armen Bully).

Die Nachmittagsrunde führt uns wieder in die Anlagen hinter der Tankstelle, wir bewegen uns dort von einer schattigen Stelle zur nächsten. Unseren Aufenthalt insgesamt halte ich nur so lang wie nötig und so kurz wie möglich.

Gegen Abend fahren wir zu einer Freundin, die am Stadtrand in einer begrünten Siedlung wohnt. Zuerst sitzen wir auf ihrer Terrasse und trinken etwas Kaltes. Da ihr Garten nicht ausbruchsicher ist, muss Miguel leider an der Leine bleiben.

Dann spazieren wir zu den Walsumer Rheinauen. Lauter neue Geräusche und Gerüche, mein Hund ist schwer beschäftigt. Die Sonne steht tief genug, dass man es aushalten kann, aber ich bin auch froh, als wir wieder in der vergleichsweise kühlen Wohnung ankommen. Vom angekündigten Gewitter bis jetzt keine Spur.

FR, Tag 98

In der Nacht hat sich nichts getan – die Bewölkung macht auch jetzt keine Hoffnung auf Regen. Für ein erstes „Töpfchen" fragt Miguel nach Garten, der Baum freut sich.

Zielstrebig geht es zum Park, dort werden heute wieder die Rasenflächen gemäht. Die warme Luft ist erfüllt vom Duft des frisch geschnittenen Grases, dazu mischen sich die Aromen von Lindenblüten, Liguster und Falschem Jasmin.

Auf dem Rückweg schaltet Miguel mal wieder auf Eselmodus, doch zum Glück habe ich unwiderstehliche Leckerchen dabei, die seine Starre schnell auflösen.

Mittags fahre ich (allein) zum Fressnapf und hole Nachschub, vor allem Hunde-Knabberzeug. Miguels Zähne sehen nämlich schon viel weißer aus, das funktioniert also.

In brütender Hitze absolvieren wir nachmittags die Einblockrunde. Am Abend geht es an den Rhein. Wegen der Fußball-EM scheinen nicht so viele Leute hier zu sein, und Miguel hat auch keine Lust auf die große Runde.

Wir treffen eine Dame, die mit ihrem Hund zum Spazieren von der anderen Rheinseite herüberkommt, wir schlendern langsam zu den Parkplätzen zurück. Eine andere kommt uns entgegen, sie hat zwei Hunde dabei, einer davon ein Podenco Andaluz. Für einen

Moment quirlen alle Vierbeiner fröhlich durcheinander, dann entwirrt sich das Knäuel wieder. Der andere Podi darf frei laufen, ist nach Frauchens Auskunft aber gut abrufbar. Ob das jemals ein Thema für uns wird?

SA, Tag 99

Heute habe ich viel vor, darum brechen wir früh auf zur Morgenrunde. Den schmalen Weg oben, parallel zur Straße und längs der Kläranlage, nehmen wir schon eine ganze Weile nicht mehr. Miguel findet ihn nicht (mehr) sonderlich spannend, mittlerweile dürfte der auch ziemlich zugewuchert sein.

Zurück geht es also immer durch den Park, doch nie ist es ihm lange genug gewesen. Auch heute wieder diese Miene.

Punkt zwölf Uhr sitze ich im Auto, um Kater Edward in Hagen abzuholen. Der Zeitplan klappt perfekt. Schon kurz nach drei bin ich wieder zurück, halb vier mit Miguel zur Gassirunde unterwegs. Die Luft fühlt sich klebrig an, in der Nacht soll nun endlich das Gewitter kommen.

In Miguels kurzem dünnen Fell fallen Unebenheiten schnell auf. Auf dem Kopf finde ich eine Zecke, vorn am Hals eine weitere. Raus damit! Eine Zeckenzange liegt in der Hunde-Erstausstattung bereit. Die kleinen Biester sind nicht größer als zwei Millimeter, haben wohl noch nicht viel saugen können.

Abends fahren wir zum Rhein. Wieder ist es ziemlich leer, wir schwenken auf die große Runde ein. Auf dem Weg längs des Zaunes kommen uns Mila und Akina entgegen, die Wiedersehensfreude ist groß. Wir finden einen Kompromiss. Sie gehen ein Stück zurück, wir kürzen die Runde entsprechend ab, so haben alle was davon. Akina verschwindet komplett in einem Kaninchenbau … ich bin froh, dass Miguel dafür viel zu groß ist. Die Dackeline lässt sich auch sehr lange bitten, bis sie endlich wieder rauskommt.

Auf dem Weg zu den Autos wird es nochmal trubelig, als uns eine Gruppe Menschen mit ihren Hunden begegnet. Ein frei laufender schwarzer Labrador kommt forsch auf Miguel zu, der zunächst auch mit einer Spielaufforderung reagiert. Doch dann schaltet er schnell um und stellt sich schutzsuchend neben – Mila.

Ich gebe neidlos zu, dass von uns beiden sie die „Hundefrau" ist, offenbar merken die Hunde das auch.

Irgendwann in der Nacht – ich bin kurz vorm Einschlafen – geht es los mit dem Gewitter. Nach den ersten Donnerschlägen höre ich Miguels Krallen auf dem Laminat klacken. Ich spreche ihn an, er kommt ins Schlafzimmer, sucht Schutz. Ich baue ihm einen weichen Liegeplatz hinter dem Fußende des Bettes. Vermutlich würde er jetzt auch gern direkt mit im Bett liegen, aber das möchte ich nicht. Damit er die Nähe empfinden kann, streife ich ihm das T-Shirt über, das ich tagsüber getragen habe.

Er rollt sich also dort ein, ich mache das Licht wieder aus, Ruhe kehrt ein. Irgendwann nachts fängt er wieder an zu wandern, und letztlich schläft er doch unterm Schreibtisch.

SO, Tag 100

Die erfrischte Luft draußen nach dem nächtlichen Regen ist eine wahre Wohltat. Es scheint, also ob Miguel sein großes Geschäft extra hinauszögert, um die Morgenrunde möglichst lange auszudehnen. Egal – sonntags sollte man gelassen bleiben können.

Zur üblichen Zeit fahren wir zu meiner Mutter, ab heute ist eine entfernt wohnende Freundin bei ihr zu Besuch. Miguel begrüßt sie sofort ganz freundlich. Ich habe leider seine Kaustange vergessen und darum unterwegs in der Tankstelle eine Packung Hundefutter gekauft. Das wird auch gerne angenommen.

Unsere Siesta verläuft so entspannt wie immer, dann gehe ich die Gassirunde über den Kirmesplatz, während Mama und Elke Kaffee kochen. Wir sitzen auf dem Balkon – zwar wird es ein wenig eng, aber wir finden alle Platz, auch für den Hund bleibt eine Stelle, wo er sich auf seine Decke legen kann. Ich habe den Eindruck, dass er es richtig genießt. Wie zur Bestätigung genau am hundertsten Tag, dass er sich in meiner/unserer Gesellschaft geborgen fühlt, dass er

sein neues Leben angenommen und dass er Vertrauen gefasst hat.
Das freut mich sehr, für uns beide.

Später zuhause wird Miguel noch einmal „entzeckt", den Rest des Tages verschläft er auf dem Sofa.

Ich schaue nach Edward, aber der ist scheu und noch nicht so weit, in den Haushalt integriert zu werden. Er wird übergangsweise ein separates Zimmer mit Gittertür bewohnen. Da bleiben wir ganz gelassen, diese Vorgehensweise hat sich ja bis jetzt bewährt.

Letzte Notizen, kurz vor Mitternacht – draußen hat es wieder zu regnen begonnen. Gut für den Garten, schlecht für wasserscheue Hunde. Mal abwarten, was der Morgen bringt, und ebenso jeder weitere Tag. In unserer gemeinsamen Entwicklung als Mensch-Hund-Gespann stehen Miguel und ich ja noch am Anfang. Unsere ersten Schritte haben wir gut hinter uns gebracht, sie führen in die richtige Richtung. Auf dieser Basis können wir weiter aufbauen.

Die Fortschritte der vierzehnten Woche

Gärtnerische Arbeiten im Park sind nichts zum Fürchten

Erfolgreiche Zecken-Entfernung, Miguel hält still

★

W wie Wandlungen

Eine Vorher-Nachher-Betrachtung

Im Ablauf der beschriebenen hundert Tage haben Miguel und ich natürlich eine Entwicklung durchgemacht, die sich immer weiter fortsetzen wird. Heute in einem Jahr werde ich vermutlich zurückblicken und denken „Ach, das war doch noch gar nichts".

Jeder Tag bringt neue Erkenntnisse, beinhaltet weitere kleine Lernschritte und verfestigt das bisher Erworbene. Für das Buch aber gebe ich den aktuellen Stand der hundert Tage wieder.

Was sich verändert hat

Bei Miguel:

Einsteigen ins Auto – er springt auf die Rückbank, wenn auch nicht immer sofort (Leckerchen und Kommando „Such" hilft). Mein nächster PKW wird aber einer mit Heckklappe, das finde ich noch praktischer.

Der Ruheplatz – er liegt nicht mehr ausschließlich unterm Schreibtisch, das Sofa ist jetzt ebenfalls sehr beliebt. Hauptsache, er kann mit dabei sein.

Das Jagdverhalten – sein Interesse an Kaninchen beschränkt sich immer mehr aufs Melden und Beobachten. Ganz ablegen wird er es aber nicht, darum bleibe ich weiterhin wachsam.

Das Markieren – nach wie vor schnüffelt er an fremden Duftmarken, bei einigen setzt er inzwischen auch seine eigene dazu. Doch das hält sich in Grenzen, seine Hundezeitung soll er ruhig haben, es stört nicht beim Spazierengehen.

Die äußere Erscheinung – er wirkt insgesamt muskulöser, vor allem ist sein Fell viel seidiger geworden. Auch die Zähne werden allmählich weißer. Das führe ich auf regelmäßige Bewegung, Kaustangen und gutes Futter zurück.

Die Bindung zu mir – er orientiert sich zunehmend an mir und kommt auf Zuruf bzw. bleibt in meiner Nähe, wenn wir den Hundeauslauf besuchen. Vielleicht kann ich ihn eines Tages doch auch mal am Rhein laufen lassen.

Bei mir:

Meine Garderobe – ich habe viel mehr praktische Kleidung im Schrank als früher. Wettertaugliche Jacken und Schuhe, Regenmantel und Gummistiefel, das gehörte vorher bei mir in dieser Menge nicht zur Grundausstattung.

Meine Gesundheit – ich verbringe jetzt viel mehr Zeit an der frischen Luft. Dadurch schlafe ich besser und wache morgens ausgeruhter auf.

Die Länge des Geduldsfadens – inzwischen bin ich sehr gut im abwartenden Herumstehen, während Miguel die Kaninchen anstarrt. Die Zeit für Gassirunden plane ich darum großzügig.

Meine Kontakte – viele der anderen Hundeleute werden mehr und mehr zu guten Bekannten und Freunden. Und mein innerer Horizont erweitert sich ebenfalls, ich gewinne Selbstsicherheit.

Was sich nicht verändert hat

Bei Miguel:

Sein grundsätzliches Verhalten – er ist stubenrein, sanft und freundlich. Klirrende, metallische Geräusche ängstigen ihn. Er mag kein Regenwetter. Er hält sein Gewicht. Er bellt nicht.

Bei mir:

Meine Vorsicht – nach wie vor beobachte ich die Umgebung, wenn wir draußen unterwegs sind. Oft sehe ich die Kaninchen, bevor Miguel sie sieht. Ich benutze zwei Leinen oder, wenn die Umgebung es zulässt, die Schleppleine.

Hundetagebuch

Anregungen für Gerneschreiber

Erinnerungsfotos zu machen ist ja ganz nett, aber sie sind nicht dazu geeignet, die persönlichen Gedanken wiederzugeben oder Notizen festzuhalten, auf die man später zurückkommen möchte. Ich fand es nützlich, meine schriftlichen Aufzeichnungen in einem Heft zu versammeln, so konnte nichts verlorengehen.

Es geht natürlich auch anders. Man kann zum Beispiel eine Art Bullet-Journal ganz für den Hund anlegen und auf vorgestalteten Seiten eintragen, was man für wichtig oder erinnerungswürdig hält. Es gibt solche Büchlein schon vorgedruckt, doch individueller sind natürlich die selbst zusammengestellten Werke.

Nachfolgend ein paar Vorschläge, was solche Seiten beinhalten können. Zusammen mit eingeklebten Fotos, Stickern, Stempeln und eigenen Zeichnungen wird daraus etwas gleichermaßen Schönes und Nützliches, in dem man immer wieder gern blättert.

Was ebenfalls wertvoll sein kann, um dokumentiert zu werden:

Vergleichsliste von Hundeschulen und -trainern

Lernfortschritte im Training

Gewichtstabelle

Telefonnummern und Adressen rund um den Hund

Übersicht von Impfungen und Untersuchungen

Bei Allergie: Liste von Erlaubtem und Verbotenem

Empfehlungen anderer für einen Hundeurlaub

Körpermaße für Geschirre und Hundemäntel

Ideen zwischendurch als Wunschliste

Veranstaltungskalender zum Thema Hund

Im Mehrpersonenhaushalt wäre so eine zentrale Info-Sammlung nützlich, ein Mehrhundehaushalt dagegen bräuchte allgemeine und auf den jeweiligen Hund bezogene Seiten.

Hundetagebuch

Einzugsdatum _____

Name _____

☐ Rüde   ☐ Hündin   kastriert ☐ ja   ☐ nein

(wenn nein, vorgesehen für Datum _____)

Chip/Tattoo Nr. _____

registriert bei _____

Geburtsdatum/Alter _____

Geburtsort _____

Rasse _____ Fellfarbe _____

Besondere Merkmale, Gesundheitszustand _____

_____

Adoptiert von (Tierheim, Auslandstierschutz, private Vermittlung, Züchter, anderes)

_____

Vorgeschichte _____

_____

_____

_____

Kennenlernen, erste Kontaktaufnahme _____

_____

_____

Charakterbeschreibung _____

_____

_____

_____

Entwicklungsfortschritte

Datum	Tag	Nacht
MO		
DI		
MI		
DO		
FR		
SA		
SO		

Die medizinische Seite

Tierarztpraxis/-klinik _____ Datum _____

Grund des Besuchs _____

_____

Untersuchung/Diagnose _____

_____

_____

Medikation _____

_____

_____

Kosten _____

Notiz _____

_____

Tierarztpraxis/-klinik _____ Datum _____

Grund des Besuchs _____

_____

Untersuchung/Diagnose _____

_____

_____

Medikation _____

_____

_____

Kosten _____

Notiz _____

_____

Anekdötchen und besondere Erlebnisse

Geschenke-Liste – Was mein Hund mir draußen alles anschleppt:
□ (tote) Maus/Kaninchen □ Stöckchen □ Müll □ Federn □ anderen
Hund □ Tannenzapfen □ Flöhe/Zecken □ fremdes Spielzeug □ Sonstiges:

_____

_____

_____

_____

Lieblingsbeschäftigung – Was tut mein Hund gern, wenn er entscheiden darf:
□ rennen □ apportieren □ Dinge suchen □ buddeln □ jagen □ spielen
□ dösen □ Sonstiges: _____

_____

_____

_____

_____

Schadensmeldung – Welche Umgestaltung mein Hund seit seinem Einzug bei
mir vorgenommen hat: □ Garten □ Kissen □ Polstermöbel □ Blumen-
töpfe □ Deko □ Teppiche □ Kleidungsstücke □ Sonstiges: _____

_____

_____

_____

_____

_____

Warum ich meinen Hund trotzdem über alles liebe: _____

_____

_____

_____

_____

X wie ein Satz mit X

Abgeben? Das war wohl nix.

Am Rhein gibt es eine hochgelegene, langgestreckte Wiese, gern besucht von Kaninchen. Sie ist gleichzeitig eine Stelle, an der viele Hundehalter ihre Lieblinge gern von der Leine lassen. Das bringt natürlich die Langohren regelmäßig in Bewegung, und nicht alle schaffen es rechtzeitig in den rettenden Bau. Vor allem die Jungtiere sind benachteiligt.

Ein Spazierweg führt daran vorbei, mit dichtem Gebüsch auf der anderen Seite. Weil hier auch viele Radfahrer unterwegs sind, ist das nicht meine Lieblingsstrecke. Bei Hochwasser allerdings ist diese Wiese eine der wenigen grünen Flächen, die man dort noch begehen kann.

Tags zuvor konnten wir noch unten ein Stück entlang, da fand Miguel unterhalb der Wiese ein totes Kaninchen. Die lebenden entdecke ich ja meist vor ihm und kann mich darauf einstellen, aber dieses war für mich unsichtbar gewesen. Glücklicherweise ließ er es kurz fallen, sodass ich ihn schnell wegziehen und mit Leckerchen ablenken konnte.

Am Tag darauf war die Stelle überschwemmt. Gut, dachte ich, damit ist dieses Kaninchenproblem gelöst. Das dürfte inzwischen auf dem Weg Richtung Nordsee sein.

Wegen des Hochwassers gingen wir also oben entlang, auf besagter Wiese, wie gewohnt war Miguel an der Schleppleine. Wo die Wiese in den Deichhang überging, schnüffelte er in jeden Kaninchenbau hinein, so kamen wir langsam bis zum Ende und gingen nah am Zaun neben dem Spazierweg zurück.

Plötzlich ein Innehalten. Gleichzeitig mit Miguel sah ich den kleinen Kadaver da liegen – doch mein Hund reagierte schneller. Happs, und er hatte das Ding im Maul. Natürlich versuchte ich sofort, es ihm wegzunehmen, aber er gab es nicht frei und fasste stattdessen nochmal nach. Daran ziehen wollte ich auch nicht, sonst hätte es zerreißen können und wäre für ihn leichter zu schlucken gewesen. Übrigens verströmte das Tierchen einen (für Miguel vermutlich unwiderstehlichen) Duft, der mich auch nicht zum festeren Zupacken animierte.

Was tun? Ich umklammerte mit der linken Hand weiterhin fest seinen Oberkiefer, in der rechten hielt ich die Leinen, und hoffte auf eine rettende Idee. So standen wir minutenlang in einer Patt-situation, da hörte ich von der Seite: „Kann ich Ihnen helfen?"

Auf dem Spazierweg wenige Meter neben uns näherte sich ein Paar mit zwei Kindern. Ich antwortete dem Mann: „Ja, wenn Sie ein totes Kaninchen anfassen mögen ..."

Schnell war er bei uns, erkannte die Situation mit einem Blick und bemerkte nur, dass er so ein Verhalten kenne, sie hatten auch mal einen Hund, der alles festhalten wollte. Da Miguel sich trotz kräftig zupackender Hände weiterhin widersetzte, formte mein Retter aus der Schleppleine zwei Schlaufen, mit denen er Ober- und Unterkiefer auseinanderziehen konnte, ohne mit den Zähnen in direkten Kontakt zu kommen.

Ich griff das Kaninchen an einem gammeligen Bein und zog es mit einem Ruck aus Miguels Maul. Triumphierend hielt ich es hoch, woraufhin die Kinder nur „Iiiiih" schrien, die Frau aber, ganz praktisch denkend, sich anbot, es in den Büschen drüben zu ent-sorgen. Gut. Da war es sicher vor erneutem Zugriff.

Mein Hund kriegte eine großzügige Leckerchen-Belohnung, die er hoffentlich als Tauschgeschäft verstand.

Auf der kurzen Strecke, die wird auf der Wiese noch bis zum Ausgang zurückzulegen hatten, beäugte ich misstrauisch jeden Meter und hielt Miguel kurz. Für noch so ein Abenteuer hatte ich echt nicht die Nerven.

Was nehme ich mit aus dieser Erfahrung?

Erstens: So oder so hätten zwei Hände allein nicht genügt. Die wären schon zum Öffnen des Hundemauls nötig gewesen, dazu eine dritte zum Rausziehen der Beute. Also: Immer aufpassen.

Zweitens: Der Mann riet mir aus seiner Erfahrung zu einem Maulkorb für Miguel, mit dem sich solches Verhalten natürlich unmöglich machen lässt. Ich werde drüber nachdenken.

Drittens: Ich werde mich nach einer Hundeschule umsehen, die sich im Idealfall mit Auslands-Tierschutzhunden auskennt und wo wir das Beute-Hergeben trainieren können. Dann wäre ich auch beruhigter in puncto Giftköder.

Viertens: Dieses Sommer-Hochwasser war eine Ausnahme, aber es wird immer wieder Überflutungen geben. Ich kenne nun die Begleiterscheinungen und werde beim nächsten Mal solch unübersichtliche Stellen meiden.

Eine kleine Leinenkunde

Doppelt hält besser

Im Vorgespräch für Miguel wurde mir dringend empfohlen, ihn im ausbruchsicheren Geschirr und unbedingt an zwei Leinen zu führen. Das tue ich noch immer.

Zwei Leinen, das wirkt vielleicht seltsam, aber ich finde es praktisch. Ich habe sie längenmäßig so aufeinander abgestimmt, dass die am Halsband etwas länger ist als die am Geschirr. So halte ich, wenn Miguel sich im zügigen Schnüffelgang vor mir her bewegt, zwei fast gleich lange Leinen in der Hand. Sollte er aber plötzlich nach vorn schießen (wie neulich, als zwei Eichhörnchen über den Weg und den nächsten Baum hoch wetzten), fängt das Geschirr die Wucht auf. Der Hals hat dabei kein Verletzungsrisiko.

Die Halsleine dient dazu, draußen eine Richtung vorzugeben. Sie ist auch nützlich, um ein gieriges Schnappen nach fressbaren Fundstücken zu vereiteln (sofern ich sie vor Miguel sehe). Das würde mir mit der Körperleine nicht gelingen, dazu ist der Hund zu wendig und könnte sich noch schnell in Richtung der Beute biegen.

Eine weitere Modifikation habe ich vorgenommen, da Miguel meist schnuppernd und mit tief gehaltenem Kopf läuft, sodass die Leine dann nach vorn rutschte und er mit einem Vorderbein darüber trat. Ich war es irgendwann leid, ihm immer wieder die Leine unter dem Bauch durch zu ziehen und habe am Geschirr über den Schulterblättern eine Befestigung angebracht, wo ich das Halsband einhake, sodass der Ring oben bleibt (und die Leine somit auch).

In den allerersten Tagen im neuen Zuhause trug Miguel auch drinnen sein Halsband, an das ich eine kurze Hausleine anhängte. Es war nur eine armlange Baumwollkordel, aber sie half uns bei der Kommunikation über Herankommen, Folgen und Abstand halten. Sobald er auf seinen neuen Namen reagierte, brauchten wir diese Hilfe nicht mehr.

Die Schleppleine ist draußen im Einsatz, wenn wir in freierem Gelände unterwegs sind, sie wird natürlich nur am Geschirr festgemacht. Sie ist gelb und aus Biothane mit gutem Grip. Ich bin schon öfter drauf angesprochen worden, warum ich nicht die Flexileinen-Version davon benutze, da würde ich mir doch das ständige Auf- und Abwickeln ersparen.

Ganz im Ernst: Ich wickle gern. Ich betrachte es als sportliche Übung für Arme und Schultern und empfinde es überhaupt nicht als lästig. Ich mag es auch gern, wenn die Leine schon gut von weitem zu sehen ist, zum Beispiel für Radfahrer. Dazu wird sie regelmäßig gewaschen, das ist ein Klacks.

Wenn wir bloß die paar Schritte nach nebenan gehen, trägt Miguel nur sein Halsband und eine Leine. Und die hake ich aus, sobald wir im Hausflur sind, damit er flott die Treppe hinauf rennen kann. Er bellt zwar nicht, aber Akina macht zur Begrüßung ein solches Theater, dass wir das möglichst abkürzen.

Was bedeuten Miguel die Leinen? Er sieht sie wohl vor allem als Versprechen, dass er mitkommen darf, wohin ich gehe. Ein kurzes Zeigen des Halsbands lockt ihn sofort vom Sofa. Wenn ich uns fürs Spazierengehen oder eine größere Tour fertigmache, sitzt er da, Halsband und Geschirr schon an. Geduldig wartet er, während ich herumlaufe und Kleinigkeiten zusammensuche. Greife ich endlich zu den Leinen, kommt er nah heran, wie um mich daran zu erinnern, dass ich ja nicht ohne ihn gehe.

★

Y wie Yellow

Was ein Schleifchen bewirken kann

Darüber gelesen habe ich schon mehrere Male, doch im echten Leben gesehen habe ich es noch nie: Das gelbe Schleifchen (oder Halstuch) an einem Hund. Andererseits sind mir in der kurzen Zeit, die seit Miguels Einzug in mein Leben vergangen ist, schon etliche Hunde begegnet, die eine solche Kennzeichnung hätten gebrauchen können.

Die eine oder andere Person mal darauf angesprochen, war die Antwort stets gleich: Gelbe Schleife? Kenne ich gar nicht. Was hat es denn damit auf sich?

Aus diesem Grund (und weil es hier so schön ins Alphabet passt) möchte ich die Gelegenheit nutzen und ein bisschen mehr über diese Aktion schreiben. „Gulahund" = Gelber Hund ist eine 2012 aus Schweden übernommene Idee, die es Hundehaltern ermöglichen soll, schon aus der Entfernung ein Signal zur Kontaktaufnahme oder eher Kontaktvermeidung zu geben.

Gelb bedeutet in dem Zusammenhang: Bitte Abstand halten.

Die Gründe, warum ein Hund eine gelbe Schleife an der Leine oder am Halsband/Geschirr hat, können vielfältig sein:

> Der Hund ist krank/verletzt
>
> Es handelt sich um eine läufige Hündin
>
> Der Hund ist ängstlich oder unsicher
>
> Der Hund ist alt und müde
>
> Der Hund befindet sich im Training
>
> Der Hund ist taub und/oder blind
>
> Der Hund mag keine anderen Hunde und will einfach nur in Ruhe gelassen werden

Bei Begegnungen draußen sollen gelbe Schleife oder Halstuch also den anderen Hundehaltern signalisieren: Hier ist mehr Freiraum erwünscht, oder gebt uns wenigstens genug Zeit und Platz zum Ausweichen.

Auch wenn der eigene Hund noch so nett ist und doch nur spielen will – sobald irgendwo etwas Gelbes zu sehen ist, sollte man auf Abstand bleiben und lieber fragen.

Im Baerler Busch begegneten wir zwei Damen mit einem Hund, und schon von Weitem sah ich Gelb an der Leine. Ich hielt Miguel also auf der abgewandten Wegseite und erkundigte mich im Vorbeigehen, was der Grund für die Markierung war.

Sie sahen mich verwundert an. „Aber das ist doch bloß ein Kotbeutel, damit wir ihn nicht vergessen", war die Antwort.

Aha. Wir unterhielten uns weiter. Zufällig war nun der Hund tatsächlich ein eher unsicherer Typ, sodass es gepasst hätte. Ich erzählte also von der Gelbe-Schleife-Aktion.

Neulich haben wir sie wiedergesehen. Der Hund trägt jetzt ein Schleifchen aus leuchtendgelbem Satinband. Vorbildlich.

So verbreitet sich die Kenntnis über dieses farbige Hilfsmittel hoffentlich ein bisschen weiter und wird von Haltern sensibler Hunde genutzt und von denen respektiert, die ihnen begegnen.

Podencos im Tierschutz

Die Hintergründe betrachten

Darüber, wie Podencos und andere Windhunde in ihren Heimatländern gehalten werden und was sie zu erleiden haben, ist in anderen Publikationen schon ausführlich berichtet worden. Wer sich über Details informieren möchte, wird im Internet leicht fündig.

Ich schreibe hier nur der Vollständigkeit halber davon. Es gibt etliche Vereine und Gruppen, die sich auf solche Rassen spezialisiert haben, dazu auch viele engagierte Privatpersonen, doch es erscheint einem wie ein Tropfen auf den heißen Stein gegenüber der Unzahl von Hunden, die jedes Jahr „verbraucht" werden.

Zu Beginn der Jagdsaison entscheidet sich schon das Schicksal vieler Hunde. Wer nicht als ausreichend fit und jagdtauglich angesehen wird, hat verloren. Wer die kommenden Monate überlebt, ist dennoch nicht sicher, denn die Jäger werden nur die besten Tiere behalten und bis zur nächsten Saison durchfüttern. Alle anderen werden auf die eine oder andere Weise aussortiert, vergleichsweise wenige schaffen es in ein liebevolles, neues Zuhause.

Der beste Tierschutz ist der, der eigentlich gar nicht nötig ist. Aber soweit ist die Welt nicht, wahrscheinlich noch lange nicht. Bis dahin zählt jedes einzelne gerettete Leben, jede kleine Zuwendung durch Futter oder medizinische Versorgung, jedes Teilen von Information oder von Hilfsaufrufen, jede Aufmerksamkeit.

Das gilt sowohl im eigenen Land als auch über Grenzen hinaus.

Wer sich für eine Adoption aus dem ausländischen Tierschutz entscheidet, hilft meist zwei Hunden (oder Katzen) bzw. rettet ihnen das Leben. Zunächst natürlich dem Tier, das ins neue Zuhause reisen darf und in Folge auch einem, das noch draußen herumläuft oder in der Tötungsstation warten muss. Es kann in die nun freigewordene Stelle bei den Tierschützern nachrücken.

Je älter das Tier ist, desto größer ist die Wahrscheinlichkeit, dass sein vorheriges Leben Narben auf der sensiblen Seele hinterlassen hat. Sich daran zu erinnern, hilft manche Verhaltensauffälligkeit oder Angst zu verstehen. Selbst ein schlichter Futternapf kann etwas Gruseliges sein, wenn einem Hund jahrelang der Fraß nur irgendwo auf den Boden gekippt wurde.

Trotz schlechter Erfahrungen sind aber die meisten Hunde bereit, Vertrauen zu fassen. Manche scheuen vor Männern zurück, da braucht es mehr Zeit und Fingerspitzengefühl oder eben einen reinen Frauenhaushalt. Andere haben nichts anderes gelernt als zu jagen und halten das weiterhin für ihren wichtigsten Job.

Jeder Hund ist ein Individuum und kommt mit einem Köfferchen voller Eigenschaften und Altlasten an, mit denen man sich auseinandersetzen muss. Es ist an uns, den Tieren die Wertschätzung zu geben, die ihnen in ihren Herkunftsländern versagt wird.

★

Z wie Zuhause angekommen ...

Irgendwann nach der Adoption eines Hundes wird man sagen können: „Ah, jetzt ist er wirklich angekommen." Abhängig von Umständen und Persönlichkeitstypen (sowohl des Menschen als auch des Hundes) kann das ein paar Tage, Wochen oder Monate dauern.

Natürlich fragte ich mich, woran ich diesen Zustand erkennen würde. Und ob die Entwicklung dahin eventuell zu beschleunigen sei, im Sinne des Hundes, der ja möglichst schnell ein Gefühl von Heimat bekommen sollte. Ist es ein besonderes Leuchten in den Augen, ein fröhliches Wälzen auf dem Boden, mit dem alle vorherige Anspannung abgestreift wird, ein sichtbarer Moment der Erkenntnis?

Und gemäß dem, was Miguel mir zeigt, lautet die Antwort: Es ist ein Prozess, der mit kleinen Zeichen beginnt und sich schrittchenweise fortsetzt. Zu Beginn heißt es Angekommensein und bewegt sich fließend in den Zustand namens Zuhausesein.

An welcher Stelle der Skala man sich gerade befindet, ist schwierig zu beurteilen. Aber der heutige Vormittag ist ein gutes Beispiel dafür:

Viertel nach acht morgens, wir sollten jetzt unsere Gassirunde antreten. Aber es regnet. Keine Chance, dass Miguel seine Pfoten aus der Tür bewegt. Zum Glück waren wir gestern noch recht spät draußen, sodass er nicht allzu viel Druck haben dürfte.

Wir warten also. Halb zehn scheint dann die Sonne, also raus und ab in den Park. Wir nehmen unseren üblichen Weg, doch der Sonnenschein lässt langsam nach, von Westen sieht es leider schon wieder grau aus. Wir erreichen eine große Platane, die von einer Eibengruppe umstanden ist, als ich das herannahende Rauschen höre und weiß: Gleich werden wir nass. Schnelle Flucht unter die Bäume, wo die Zweige am dichtesten überkreuzen, da ist auch schon der Regen. Fernes Donnergrollen untermalt die düstere Stimmung.

Miguel fängt an zu zittern. Ich bugsiere ihn hinter mich, näher unter ein paar Zweige, schlage meinen Kragen hoch und warte stoisch den Schauer ab. Meine Hand liegt auf Miguels Hals, sein Zittern lässt nach.

Wir stehen recht gut hier, nur vereinzelte Tropfen kommen durch. Irgendwann setzt sich Miguel hin, das werte ich als gutes Zeichen. Das Rauschen wird allmählich leiser, die Helligkeit nimmt zu. Weitergehen? Lieber nach Hause. Mein Hund folgt mir ohne Zögern, als ich die Sicherheit der Vegetation aufgebe und auf den Weg hinaustrete. Der Regen hat aufgehört, zartes Blau zeigt sich am Himmel.

Kein noch so verhaltenes „Wie, jetzt schon zurück?" kommt von Miguels Seite. Er bleibt ruhig neben mir, ein Muster von Bei-Fuß-Gehen wie sonst nur bei großer Müdigkeit nach über einer Stunde Gassi. Es geht nach Hause, und da geht man doch gern hin, nicht wahr?

Meine Deutung seines Verhaltens in Bezug auf Heimatgefühl ist: Zuhause ist da, wo Frauchen ist. Und natürlich die Behausung, wo Frauchen all ihre Sachen hat und wo es Futter gibt. Sollte Frauchen mal nicht da sein, kann man dort in vertrauter Gesellschaft ihrer Sachen (und des Katers) ein Schläfchen halten.

Dieser Prozess wird sich fortsetzen und verstärken. Wir werden allmählich dichter zusammenwachsen und uns gegenseitig immer besser lesen lernen. Seine Ängste kann ich Miguel nicht nehmen, aber ich kann ihm die Sicherheit vermitteln, dass er sie nicht allein mit sich ausmachen muss.

... und Z wie Zukunft

Das Leben mit Hund hatte ich mir, ganz naiv, in einigen Details anders vorgestellt. Außerdem hat Corona alle Lebensbereiche so sehr verändert, dass schon deswegen einige der Vorstellungen nie mehr Realität werden können.

Macht aber nichts. Innerhalb von Beschränkungen die größt-möglich freie Entfaltung hinzukriegen ist eine Herausforderung, der ich mich gern stelle. Miguel und ich gehen einen Entwicklungsschritt nach dem anderen. Hundeschule heißt einer davon, gemeinsamer Urlaub ein anderer. Was wir unternehmen und in welcher Reihenfolge, das lege ich nicht streng fest.

Bis jetzt kann ich nur immer wieder feststellen, dass ich den Hund bekommen habe, den ich brauchte (ich hoffe, Miguel sieht das umgekehrt ebenso) und dass wir perfekt zusammenpassen.

Als Mensch-Hund-Gespann werden wir weiterhin unseren wenig spektakulären Alltag meistern und hoffentlich bei guter Gesundheit noch viele Jahre miteinander verbringen.

Mehr braucht es nicht.

Eine nachträgliche Betrachtung

Mit Abstand sieht man besser

Dies schreibe ich aus dem Abstand von mehreren Monaten. Während ich meinen Text überarbeite und die beschriebenen Szenen mit aktuellem Wissensstand betrachte, kommt mir vieles davon naiv, unüberlegt oder zumindest banal vor.

Aber letztlich ist es genau das, was ich zeigen möchte: Man ist als Anfänger einfach so, mehr oder weniger. Trotz aller Vorbereitung gibt es jede Menge unvorhersehbarer Umstände. Man muss in Situationen mutig hineinspringen wie ins sprichwörtliche kalte Wasser. Manche Tage sind so voll von Neuem, dass man abends erschöpft auf die Kissen sinken möchte, an anderen Tagen passiert nichts, die sind geradezu langweilig.

Aus diesem Grund habe ich den Text so gelassen. Er spiegelt den Ausschnitt eines Entwicklungsprozesses zu einer gewissen Zeit, den vielleicht andere Anfänger in ähnlicher Form durchlaufen.

Sie mögen sich meine Erfahrungen als Anregungen nehmen oder als Negativ-Beispiele ansehen, wie sie es auf keinen Fall machen wollen. Das ist auch eine Art Nutzen.

Wir Menschen haben den Vorteil, dass wir uns ganz bewusst und proaktiv auf das Abenteuer Hund vorbereiten können (von der Moderatorin einer bekannten Tier-Vermittlungssendung im WDR gern „ambitionierte Anfänger" genannt).

Das können Hunde nicht. In der Regel können sie sich ihre Adoptanten noch nicht einmal aussuchen. Sie sind darauf angewiesen, dass sie mit dem nötigen Feingefühl an die passenden Stellen vermittelt werden und dass wir ihnen alles beibringen, was für ein sicheres, glückliches Leben mit Menschen wichtig ist.

Miguel und ich haben es diesbezüglich gut getroffen. Wir sind auf unserem gemeinsamen Entwicklungsweg inzwischen weitergekommen und werden noch etliche Hürden zu meistern haben. Ich bin gespannt, wie er seine erste Bekanntschaft mit Schnee finden wird, der nicht nur so vom Himmel fällt, sondern auch zentimeter-dick und tagelang liegen bleibt. Oder ob mein Plan, wie ich ihm die Silvesternacht erleichtern kann, tatsächlich funktioniert. Ich habe gelernt, dass ich sicherheitshalber immer noch einen Plan B oder C in petto haben sollte.

Podencos sind tolle Hunde, wie ich im Vergleich mit anderen Rassen und Mixen, die uns begegnet sind, festgestellt habe.

Podencos sind „irgendwie anders", sagt man. Ich bestätige das und hoffe, dass es noch viele Menschen geben wird, die genau diese Andersartigkeit zu schätzen wissen und für diese liebenswerten Hunde einen Platz im Herzen frei haben.

★

My Dog Fuerteventura e.V. stellt sich vor

Wir sind ein kleiner Tierschutzverein, der 2019 gegründet wurde. Unser Ziel ist es, den verstoßenen, ausrangierten und herrenlosen Hunden auf Fuerteventura eine Chance auf ein neues Leben zu geben.

Es sind Hunde, die oftmals gequält, getreten und verjagt werden, die eingefangen werden und in den Tötungsstationen der Insel landen, wo sie voller Angst um ihr Leben bangen.

Für diese verlorenen Seelen schlägt unser Herz. Wir wünschen uns für sie ein artgerechtes Hundeleben ohne Angst, Schmerz oder Leid. Sie sollen ein neues Zuhause finden, in dem sie geliebt werden, regelmäßig Futter bekommen, jemanden zum Kuscheln und Spielen haben und ein Teil der Familie werden.

Die Arbeit vor Ort ist uns ebenfalls sehr wichtig. Wir arbeiten auf der Insel mit verschiedenen Tierärzten zusammen und unterstützen finanziell auch hin und wieder bei Kastrationen. Zusammen mit einem befreundeten Verein haben wir während der Pandemie Futterpakete an bedürftige Familien ausgegeben, damit diese ihre Tiere versorgen und behalten konnten.

Wir vermitteln nicht direkt aus den Tötungsstationen (Perreras) heraus. Alle Hunde, die von uns vermittelt werden, sind bereits vom Verein aufgenommen worden und leben bis zu ihrer Ausreise auf einer Tierschutzfinca, die von zwei ganz besonderen Menschen betrieben wird. Sie kümmern sich um die Hunde, versorgen sie täglich, regeln alle medizinischen Untersuchungen und päppeln die kleinen Schätze mit ganz viel Liebe und Herzblut auf.

Jeder gerettete Hund ist für uns ein Erfolg.

Die größte Freude und Belohnung für uns sind die Bilder und Nachrichten über die Entwicklung der ehemaligen Schützlinge. Wir versuchen zu all unseren Adoptanten Kontakt zu halten, um mitverfolgen zu können, wie wunderbar sich die Hunde in ihr neues Leben eingewöhnen und ihren Menschen viel Freude bereiten.

Elke Eilers, My-Dog-Team

Hier kommt eure Unterstützung goldrichtig an

Miguel wurde über My Dog Fuerteventura vermittelt, seine Rettung verdankt er lieben Menschen, die hingesehen und geholfen haben. Auch meine Kater sind aus dem Tierschutz. Glücklicherweise gibt es immer mehr Menschen, denen nicht egal ist, was in unserem und in anderen Ländern passiert.

Beispielhaft für die vielen Tierschutzorganisationen möchte ich auf der nebenstehenden Seite diese drei vorstellen, die für ihre Arbeit dringend auf Spenden angewiesen sind.

My Dog Fuerteventura e.V.

Unsere Tierschutzarbeit auf Fuerteventura kostet viel Geld, oftmals mehr, als wir selber aufbringen können. Wir sind darum auf finanzielle Hilfe angewiesen, jeder Cent zählt und jeder Cent wird in die Rettung und Versorgung der Hunde investiert.

Bitte helfen Sie uns, damit wir den Tieren helfen können.

Spendenkonto Sparkasse LeerWittmund,

DE88 2855 0000 0150 6812 94, BIC: BRLADE21LER

PAYPAL: spenden@my-dog-fuerteventura.de

Katzenhilfe Niederrhein

Eine kleine Gruppe von Privatleuten ist mit viel Herzblut und Sachverstand seit vielen Jahren im Einsatz für Duisburg, das Ruhrgebiet und den linken Niederrhein.

Jeder Beitrag zu den hohen Tierarztkosten ist eine Hilfe.

Tierarztpraxis Linda Kampmann

Volksbank Niederrhein

IBAN-Nr. DE13 3546 1106 0116 2250 18

Verwendungszweck: Katzenhilfe Niederrhein

www.katzenhilfe-niederrhein.de

Körbchen gesucht

Privatinitiative, die ein Tierheim in Spanien unterstützt und mit dem No-Puppies-Projekt dort auch Tierhaltern direkt hilft. Neue „Möglichmacher" sind willkommen.

Mehr Infos auf der Website:

www.koerbchen-gesucht.de

Neugierig auf mehr?

Den Katzenfreunden unter euch möchte ich das Buch FELIMANIA ans Herz legen, das nicht nur gute Unterhaltung bietet, sondern es ist gleichzeitig ein Benefiz-Projekt zur Unterstützung der Katzenhilfe Bocholt e.V.

Fantastische Abenteuer in einer anderen Welt erlebt ihr mit den Büchern der Terrandessa-Reihe. Sie wird fortgesetzt, ein Folgeband ist bereits in Arbeit.

Nähere Infos zu den Büchern und allerlei anderen Themen findet ihr auf meiner Website www.silke-schaefer.de

Empfehlung: Weitere Bücher von Silke Schäfer

Für Tierfreunde und Fans bunter Fantasywelten

FELIMANIA

Eine Anthologie mit vielen kurzweiligen Geschichten, dazu Tipps und allerlei Nützliches rund um das Zusammenleben mit Katzen.

Paperback, 224 Seiten, Preis 12,80 Euro (davon gehen 2,- Euro als Spende an die Katzenhilfe Bocholt e.V.)

Einen Link zur Leseprobe und kostenfreien Direktbestellung im BoD-Buchshop gibt es unter www.silke-schaefer.de/buecher

ISBN: 9 783752 643442

ISBN: 9 783748 193043

ISBN: 9 783750 425323

die welt von TERRANDESSA

Starke Frauen

Tapfere Helden

Drachen

Geheimnisse

Romantik

Magie

Drama

Humor

Komm mit auf eine Abenteuerreise in eine neue Fantasywelt - Terrandessa erwartet dich!

Als Print und E-Book erhältlich, im Buchhandel oder unter www.bod.de/buchshop/

Leseproben und weitere Details findest du hier: www.silke-schaefer.de

Eigene Notizen